中国地方财政风险管控研究

RESEARCH ON MANAGEMENT AND CONTROL OF CHINA SUBNATION FISCAL RISKS

李淼焱◎著

中国财经出版传媒集团
中国财政经济出版社

图书在版编目（CIP）数据

中国地方财政风险管控研究 / 李森焱著. -- 北京：中国财政经济出版社，2022.9

ISBN 978-7-5223-1615-4

Ⅰ.①中… Ⅱ.①李… Ⅲ.①地方财政－风险管理－研究－中国 Ⅳ.①F812.7

中国版本图书馆CIP数据核字（2022）第154283号

责任编辑：闫　娟　　　　责任印制：刘春年

封面设计：陈宇琰　　　　责任校对：徐艳丽

中国地方财政风险管控研究

ZHONGGUO DIFANG CAIZHENG FENGXIAN GUANKONG YANJIU

中国财政经济出版社 出版

URL：http：//www.cfeph.cn

E-mail：cfeph@cfeph.cn

社址：北京市海淀区阜成路甲28号　邮政编码：100142

营销中心电话：010-88191522

天猫网店：中国财政经济出版社旗舰店

网址：https：//zgczjjcbs.tmall.com

北京财经印刷厂印刷　各地新华书店经销

成品尺寸：170mm×240mm　16开　15.25印张　214 000字

2022年9月第1版　2022年9月北京第1次印刷

定价：70.00元

ISBN 978-7-5223-1615-4

（图书出现印装问题，本社负责调换，电话：010-88190548）

本社质量投诉电话：010-88190744

打击盗版举报热线：010-88191661　QQ：2242791300

前言

全球经济进入新冠肺炎疫情常态化的第二年，中国先于其他国家从疫情影响中复苏。在经济下行压力不断加大的情况下，财政政策为扩内需、稳增长、稳投资提供有力支持，而地方债是财政政策“更加积极有为”的重要工具。经第十三届全国人民代表大会第五次会议审议批准，2022 年全国地方政府债务限额为 376474.30 亿元，其中一般债务限额 158289.22 亿元，专项债务限额 218185.08 亿元。截至 2022 年 6 月末，全国地方政府债务余额 347503 亿元，控制在全国人大批准的限额之内。其中，一般债务 144858 亿元，专项债务 202645 亿元；政府债券 345881 亿元，非政府债券形式存量政府债务 1622 亿元。截至 2022 年 6 月末，地方政府债券剩余平均年限 8.4 年，其中一般债券 6.2 年，专项债券 9.9 年；平均利率 3.44%，其中一般债券 3.44%，专项债券 3.43%。

为应对新冠肺炎疫情对经济造成的冲击，地方财政收支缺口压力巨大，刚性支出不断增多。地方债务规模的急剧扩张、管理制度的不完善导致债务风险不断累积，地方政府债务已然成为威胁我国经济发展的“灰犀牛”。当前，我国地方政府债务管理依然存在发行规则模糊、运行效率不高、偿债责任不明、监管责任滞后等问题，导致债务结构不合理，债务运行效率不高，社会对债务的可持续性存在质疑，严重影响了政府的公信力。基于此，本书认为建立中长期地方风险管控机制尤为紧迫。

地方财政的治理离不开财政体制改革的深化，而地方支出责任划分是有效进行地方财政风险管控的制度前提。从债务不可持续的研究视角出发，本书提出地方财政风险地方债务的不可持续的表象背后，其深层原因是中央和地方的财力划分和事权认定不匹配。在经济全球化背景下，地方财政风险不仅仅指地方政府自身运行过程中产生的各种风险，还包括公共风险在地方财政级次的转化。地方政府在提供公共品时，要处理与中央之间的关系，与环境资源约束的关系，同时也要处理经济发展模式与财政收入间的关系问题，这些构成地方财政可持续性风险的内容。因此，地方财政风险的监控不仅仅限于财政部门财务指标、债务指标的设置和监控，要从宏观环境和微观环境变化两方面出发建构财政风险的监控体系，从外控和内控两个层面建立地方风险防范预警点。我们要控制地方财政风险，需要从全球公共风险的防控理念出发，以契约和法制思维重塑中央和地方的管理理念及商谈机制，建立适合中国国情的中期预算制度，建立内控和外控结合的财政风险监控指标体系。

基于以上认识，本书的章节安排如下：

第1章　绪论。本章首先阐述了地方财政风险管控研究的背景和意义。其次，本书对国内外研究财政风险的文献进行梳理，并加以评述。在总结前人研究成果的基础上，针对现存研究的不足，本书从新的研究视角提出研究目标、研究内容和研究思路，最后指出本书的创新点。

第2章　地方财政风险基本理论概述。本章阐释了地方财政风险的相关概念，梳理了地方财政风险相关的公共风险理论、地方政府职能理论、政府间财政关系与风险分担理论、地方财政风险控制理论，为多角度透视地方财政风险提供理论分析框架。

第3章　地方财政风险的分类及内容。本章从财政资源配置效率、地方财政运行可持续、地方经济发展模式可持续三个方面归纳地方财政风险的表现形式，为后续地方财政风险的管控指标设置奠定系统性分析框架。财政资源配置风险具体表现为地方政府收入、支出和赤字风险；地方财政可持续性风险具体表现为生态环境和人口资源压力、宏观经济环境和政策的不确定性，以及地方财政隐性债务风险；地方经济发展模式可持续性风险具体表现为传统地方政府竞争模式、严重依赖房地产发展经济的模式和地方政府融资模式不可持续的风险。

第4章　地方财政风险产生的原因及机制分析。改革开放以来中央和地方之间的财政分配关系经历了四次重大改革。其中三次是实行对地方政府放权让利的财政包干制。财政包干制有其历史进步性，但易形成关系不稳定的风险。1994年分税制为改变包干制的缺陷，大大提高了中央财政收入占全国财政收入的比重，规范政府间财政分配关系。2000年，中央和地方政府开始试点部门预算改革，但仍有必要进一步深化预算体制改革，建立中期财政支出框架。中央和地方在承担公共风险方面的责任，由于中央对地方的问责模式、信息不对称以及道德模式不同，导致地方有意隐瞒风险，并依靠转移支付的方式转嫁风险。另外，中央和地方在事权、财权、财力和支出责任的划分方面界定不清，导致地方政府过多承担了公共服务，同时又没有相应的现实财力支持。地方财政的管理方面，存在支出固化、财政依存度高、转移支付资金使用效率低、债务信息不公开透明以及预算缺乏对未来风险的预测都可能导致地方财政出现风险。地方政府近年来在财力不足的情况下，试图采取各种融资方式。比如，地方融资平台、PPP和城投债等。

第 5 章　地方财政风险的实证分析。本章从中央和地方事权与财力划分不明晰、地方债务风险不可持续、以房地产为支柱的地方财政不可持续三个方面，用模型和数据实证的方式证明地方财政的风险。第一，在央地事权与财力划分方面，本章以环境支出为例，分析地方在提供环境公共品方面的支出效率低，造成财政风险。我们采用数据包络分析法，所有数据来源于国家统计局网站和历年《中国环境统计年鉴》。投入指标是2007—2015 年 30 个省级环境保护支出总额，支出指标包括废气、废水和固体治理三类指标。结果显示，在中央和地方环境治理的事权界定不明，地方承担的环境支出责任在没有中央政府的监控情况下，地方政府没有动力主动提高财政资金的使用效率，导致资金效率使用低下、支出过多的风险。第二，地方债务存在不可持续性的风险。地方债务统计口径不一导致隐性债务没有显性化，虽然现有披露的债务总量可控，但是局部地区的债务数量增速较快，隐性债务规模日益扩大。同时，地方债务的结构不合理，大部分债务投向资金占用量大、投资回报周期长的“铁公基”项目。以收费公路为例，其收入流不确定导致地方债务还本付息压力巨大。最后，中央出台地方政府性债务的置换政策，以缓解债务不可持续造成的破坏性。第三，我国地方财政收入与房地产开发紧密相关，土地出让金成为地方财政收入的重要来源，因而房地产市场的泡沫可能导致地方土地财政不可持续。我们利用 Wind 数据库统计 2010—2015 年中国 50 个城市的房价与家庭收入之比的年度变化情况，构建 35 个城市（省会城市及计划单列市）2002—2015 年房价影响因素的计量模型，结果显示，北京、上海、深圳均在一定程度上存在房价泡沫，其中，北京房价泡沫水平最高、上海次之、深圳紧随其后。结合定性分析和定量分析的结果，我们认为房价泡沫主要存在于北京、上海和深圳这样的一线城市，但是二线城市也存在房价泡沫的可能性，同样需要警惕。建议地方政府短期应该建立房地产价格泡沫的统一监测机制，中期中央和地方政府共同运用金融、土地、财税、投资等手段在稳定房价的基础上挤出泡沫，长期采取租购并举、长期租赁或者共有产权等方式降低房地产泡沫，以降低房地产泡沫对地方财政的冲击。

第6章　建构地方财政风险管理的理念及控制框架。在前面章节对地方财政风险的形成机理、原因以及风险的现状和表现形式的分析基础上，本章采用现代财政制度的基本理念，基于风险控制理论，从制度体系设计和风险指标管控两个层面建构地方财政风险的管控体系。首先，从制度层面看，要建立法制化的现代中央地方管理体系。该制度体系基于新型的中央和地方政府关系，以社会契约精神构建央地商谈和纠纷处理机制和管理模式，在权责利框架下事权与支出责任相匹配的管理制度，用法制形式确立中央地方的事权范围和最低支出责任。其次，建立中国特色中期预算体制。按照中期预算编制新方法，优化预算申报流程，建立中期绩效预算框架下的沟通与协调机制，融合中期预算与绩效评估的管理体系，优化专项转移支付绩效评估体系。最后，建立地方财政风险控制指标体系。内容包括地方财政风险防控整体体系、地方财政风险监控体系和地方财政中长期风险监控指标体系。

本书根据本人的博士后出站报告整理出版。博士后报告得到导师中国财政科学研究院刘尚希研究员的指导，该书顺利出版得到中国财政经济出版社的闫娟编辑及其同事的大力支持，在此一并致谢！

李森焱

2022年7月

目录

第 1 章

绪　论

1.1　选题背景及研究意义

1.1.1　选题背景

全球金融危机爆发后，地方债在中国刺激经济增长中起到重要作用，中国保持了高水平经济增长速度。目前随着中国经济进入“国内国际双循环”，地方政府作为提供公共品的职能机构正面临减收增支的财政困局。在事权财权都无力改变的情况下，地方政府只能通过预算外资金和地方债的方式缓解财政压力。首先，地方政府收入锐减表现在非税收入比重加大。2015 年很多地方非税收入接连出现 30% 甚至更高的增幅，其在财政收入中所占比重也有所提高。有地方官员认为要实现财政收入增长，只有靠非税收入来调节。个别地区负责人甚至表示：2015 年一季度非税收入主导财政收入增收。其次，地方政府刚性支出增大，表现在养老金亏空。《中国社会保险发展年度报告 2015》显示，河北、陕西、青海、辽宁、黑龙江和吉林六省份的城镇企业职工养老保险基金当期收不抵支。其中黑龙江收入比支出少 183 亿元，辽宁、吉林也收支相差 105 亿元、41 亿元。地方财政风险逐步加大，养老金亏空省份从

2014 年的 3 个变成 2015 年的 6 个。最后，地方政府通过发债缓解收支矛盾。央行公布的数据显示，2016 年 2—6 月，地方政府债券发行量超过 3.61 万亿元，相比 2015 年全年同期地方政府债券发行量 3.8 万亿元，地方政府用五个月的时间发行了接近去年全年量的债券。按照 2016 年中央和地方预算草案的报告要求，2016 年地方政府一般债务余额限额为 107072.4 亿元，而截至 2016 年 6 月底，地方政府债券托管余额为 8.3 万亿元，已接近限额量的八成。据银监会透露，2016 年地方政府债务置换规模或达到 5 万亿元人民币，2016 年可统计债务余额达到 16 万亿元。地方政府发债量偏多的背后，反映出地方政府的财政收支缺口压力增大，同时说明地方政府为了保持经济持续性增长采取的负债策略。目前，我国正处在城镇化快速发展时期，地方公共基础设施建设资金需求快速增长与地方财力相对不足的矛盾比较突出，必须兼顾短期应对措施和长期制度建设，疏堵结合，抓紧建立规范的地方政府举债融资长效机制①。

1.1.2 选题意义

地方政府债务的不断积累由诸多原因造成，但根本原因在于分税制的不完善。我国 1994 年建立的分税制财政体制，确定了中央与地方的财政收入划分，对中央集中财力、加大对中西部地区的财力补助、促进区域均衡发展、缩小地区间差距，都发挥了巨大的作用，但它没有确定财政支出的划分。现在各项财政支出都是由中央财政与各级财政共同承担，三农、文教、卫生、科技等支出都是由中央、省、市、县各级政府共同负责。这种体制，既不利于尽责，也不利于问责。近几年，公共预算收入增长很快，政府性基金收入也大幅增加，地方政府还举借了巨额的债务，仍感到财政吃紧，入不敷出。根本原因就是政府支出责任划分不清，随意扩大政府支出责任所导致的。如果地方政府自身不能生财②，

① 郎福宽："关于地方政府性债务管理问题——在全国预算与会计研究会部分地区工作座谈会上的讲话"，《预算管理与会计》，2013 年第 6 期。

② 高强：新一轮财税体制改革应重点解决支出责任与财力保障相匹配问题，新华网，2013 年 10 月 13 日，201http：//news. xinhuanet. com/2013 – 10/17/c_117752044. htm。

只能聚财，地方承担的责任越大，所需的财力就越多，企业和居民上缴的税费负担就越重。因此，政府承担的责任并不是越大越好，向社会和居民收取的税费也不是越多越好，应当在收入规模和支出规模之间取得协调与平衡（高强，2013）。因此，中央与地方之间事权的划分，财力与事权的匹配被提上历史日程。

2022年6月13日，国务院办公厅印发《关于进一步推进省以下财政体制改革工作的指导意见》（以下简称《意见》）指出，省以下财政体制改革的目标包括：第一，理顺省以下政府间财政关系，建立现代财政制度；第二，加快建设全国统一大市场；第三，推进基本公共服务均等化。为了理顺省以下财政关系，《意见》提出：第一，将教育、养老保险、跨市县基础设施等归为省级财政事权，将市政交通、公共设施管理等归为市县级财政事权。第二，将税基流动性强、区域间分布不均、年度间收入波动较大的税收收入，作为省级收入或由省级分享较高比例；将税基较为稳定、地域属性明显的税收收入作为市县级收入或由市县级分享较高比例。第三，适度增强省级调控能力，省级因规范财政体制集中的收入增量，原则上主要用于对下级特别是县级的一般性转移支付。为了建设统一大市场，《意见》提出逐步取消按企业隶属关系划分收入。为了推进基本公共服务均等化，《意见》要求逐步提高一般性转移支付规模，合理控制专项转移支付新增项目和资金规模，转移支付资金分配应与下级政府提供基本公共服务的成本相衔接。同时，《意见》要求强化开发区管委会等政府派出机构举债融资约束，坚决遏制地方政府隐性债务增量。

中央和地方财力分配和事权划分是财税体制改革中的一块“硬骨头”。《行政改革蓝皮书：中国行政体制改革报告No.5（2016）》指出，当前在央地关系及其权力结构方面还存在着不少突出问题，需要从“防止权力过度集中，导致严重腐败”“完善中央和地方事权财力匹配”“防止地方本位主义抬头”“加强中央对地方的监控”等四方面着手完善央地权力结构。如上文所述，良好的中央与地方的财政关系要解决行政权力、财政权力和资源的划分问题。具体来看，央地行政权力划分确定政府支出责任范围；央地财政权力划分确定法定资源汲取能力（税收、收费和财产权利）；中央对地方的转移支付确定中央对地方经济均衡发展的财力支配力。地方政府债务出现的根本原因是央地支出责任不明晰情况下，财政转移支付不能有效化解地方资金难题，所以地方用融资手段解决资金短缺的结果。解决债务问题的出发点只能从央地支出责任划分入手才能深入下去。由此，我们从债务产生制度性因素出发，以事权与财力的合理匹配作为切入点，建立地方政府财政风险控制体系以及相应的风险监控指标体系。

1.2 国内外研究现状综述

1.2.1 国内文献综述

1. 地方债务视角

1994 年分税制财政体制改革加强了中央的宏观调控能力，但是没有深入划分财权与事权在中央和地方之间的范围，导致地方政府借债发展经济（安体富，2014）。地方政府性债务数额巨大逐渐危及我国的金融和经济安全。如何防范和控制地方政府性债务风险，日益成为财政理论和实务界的重要问题（魏加宁，2014）。有学者从短期和长期制度建设层面展开研究，他们认为短期应对措施包括核定债务总额（王雍君，2013）、重新组合政府性债务（赵全厚、王珊珊，2015）、设立偿还债务资金（巴曙松，2011）、发行地方政府性债券（王庆，2016）等内容，以及完善央地两级风险管理架构（刘尚希，2021）、从事前审核把关、事中动态监控、事后反思改进加强约束（刘蓉、黄洪，2012）、将隐性债务显性化（倪红日，2013）、改革预算制度（刘煜辉，2013）、健全地方财政体系（高培勇，2014）等要件。也有学者从完善分税制角度提出，应该建立有利于地方政府性债务治理的税收制度（金荣学、宋菲菲、周春英，2014）。中国地方政府债务问题因与分税制度不完善、地方官员激励扭曲、地方融资平台不规范、宏观调控和财政政策需要等问题联系在一起而更加错综复杂，需要在借鉴已有研究的基础上结合中国的现实制度特征做进一步深入研究（龚强等，2011）。解决地方政府隐性债务危机需要解决两个问题：一是完善信息披露机制，建立地方政府信用评级体系；二是构建更有效、更可持续的新型投融资体系（宋海等，2021）。

2. 地方财政风险控制和评估视角

有学者从地方政府债务融资（何杨，2012），政府与社会资本合作（温来成，2015），财政风险立法（丛中笑，2009），政府预算会计改革（郝东洋，2011），房地产市场调控（梅冬州等，2021），数理经济学（周昂，2022）等视角分析控制地方财政风险的措施。有学者从重新编制地方政府资产负债表（孙鹏云，2016），系统设计地方债务的信用评价体系（韩文琰，2016），地方财政风险内部控制指标管理（田志刚，2016），BP 神经网络地方财政风险预警模型（孙立新，2012），地方财政非线性预警（张志新，2016），以及用不确定性思维研究财政风险（刘尚希等，2017）等方式对地方财政风险进行评估。

3. 地方财政风险形成原因视角

有学者认为政府具有双重主体性质，财政风险是个人风险向公共风险转化产物（刘尚希，2003），在逆向软预算约束的制度条件下，地方政府会主动负债而积累财政风险（马骏，2005）。经济新常态下，地方财政将面临五大风险，即财政收入步入中低速增长区间甚至进一步下滑的风险、财政支出面临刚性只增不减的风险、房地产调控导致财政减收风险、地方政府债务隐藏的可能爆发的财政金融风险和深化财政改革进展缓慢的风险（成涛林，2015）。同时，人口红利的减少使得经济可持续性受到冲击，地方政府的养老基金收支缺口的拉大，可能导致财政风险（姚金海，2016）。有学者从城市化进程角度分析了地方财政风险的形成过程（景宏军，2015）。

4. 中央和地方政府支出失衡，基于财政事权与支出责任不匹配的视角

我国现阶段政府面临化解公共风险的压力，因而政府职能随公共风险的变化而不断增加。政府职能从主导经济增长逐渐转变为政治、经济、

社会和生态等多方面的统筹治理层面。财力和事权匹配稳定的前提是细化中央和地方的支出责任（刘尚希，2010）。我国政府职能现阶段表现为初、中、高级职能并轨并有“赶超”的特征（宋立，2007）。在支出方面，政府资金过多用于经济建设和行政费用，基本公共服务和民生支出占比相对较小（宋立，2007；周天勇、谷成，2007；楼继伟，2013）。从各级政府事权重点来看，中央政府的职责以高级即积极职能为主，省级政府的职责以高级和中级职能为主，地市级政府的职责以高级和中级职能为主，中央、省级和地市级政府的首要支出都是基本建设，只有县乡政府以中级职能为主（宋立，2007）。从交通领域事权与财力的匹配问题看，财政事权和支出责任划分改革是一项复杂的系统工程，不可能一蹴而就。改革需要与转变政府职能、简政放权等行政管理体制改革以及与交通运输领域现有重大改革有机衔接、整体推进。同时需要结合税制改革及地方税体系建设等进展，在保持现有财力格局总体稳定的前提下，适当增加地方税种，形成以共享税为主、专享税为辅的中央和地方收入划分体系，才能保障中央和地方履行好财政事权和支出责任（葛灵志等，2022）。

1.2.2 国外参考文献

1. 地方债务视角

2002年世界银行经济学家汉娜·波拉科娃·布里克西（Hana Polackova Brixi）与公共预算专家艾伦·希克（Allen Schick）共同编辑的《风险中的政府：或有负债与财政风险》警告全球范围内的债务风险问题并就此提出防范建议。汉娜·波拉科娃·布里克西（Hana Polackova Brixi，2004）认为，政府要尤其注意或有负债，因为从很多国家的经验可以看到，或有负债在许多国家没有记录或者没有在文件中做分析。政府之所以要重视地方或有债务，原因在于：首先，一些国家已使用或有负债来处理金融和企业部门或私有化的过渡和重组的成本。第二，新成员国运用负债工具促进国家角色的转变。比如许多新成员国已经考虑扩大公私合营（PPP）来弥补基础设施资金的需求，而PPP有很大可能招致或有债务。第三，或有负债可能用于地方政府促进区域发展。世界银行的凯茜·L. 克鲁姆（Kathie L. Krumm）和克里斯汀·P. 黄（Christine P. Wong）（2003）对中国或有风险产生的原因进行了探讨。中国公布的公共部门显性债务规模较小，财力比较有限。他们认为以下几种隐性负债可能酿成重大的财政风险，包括银行和非银行金融机构的或有负债、国有企业和金融机构的外债和具有政府担保的外债、养老金负债、私营部门参与基础设施建设而引起的负债等。他们用1995年的数据对中国的债务进行了估算，得出的结论是：中国面临重要的财政风险，对预算体制的全面改革是强化财政风险管理的关键，这涉及政府部门之间财权和事权重新配置，因此需要中国最高政治权力机构的全力支持。

2. 地方财政可持续性视角

布莱恩·杜勒里（Brian Dollery，2009）认为地方财政紧张的原因一般可归纳为两方面：一是多层次政府间纵向垂直财政不均衡（中央政府普遍占有超出其必需的财政资源）。这种垂直不平衡是因为税收征管中的实体经济规模造成的。二是横向水平财政不均衡。地方之间的收入支出带有明显的地域特征。许多国家采取财政分权的方式。但是财政分权需要仔细调整地方税和地方国有企业、地方政府借贷的规定，并且明确界定地方政府职能。大部分发达国家或贫穷区域地方政府会定期评估当地的财政可持续性。如果该过程揭示出特定地方政府的财务困境，中央政府或者州政府才会出手干预。这涉及地方政府财务绩效测量系统和指标的设定问题，特别是如何评价地方政府的绩效。所有综合性指标的合成指数要便于理解并且可用。完全关注资产负债表上的数据指标而排除了关键指标，会造成指标的预警能力弱化。如果想要一个比较客观的评价，我们可以采用某一平均水平的政府绩效作为参照，或者采用地方政府相同指标的历史数据作为参照。伊兰科·维奇纳（Elena Ianchovichina，2006）建立对地方政府可持续性的分析框架，解决前期投资支出恶化总收入，为后续基础设施支出留下狭小空间的问题。卡洛·科塔雷利（Carlo Cottarelli，2012）认为财政透明度已被证明是一个国家的财政信誉和性能的一个重要指标。越来越多的研究强调了财政透明度和财政可持续性措施的程度之间的正相关关系（如政府赤字和债务）。实证证据也指出，财政透明度和市场对财政偿付能力（如信用违约掉期利差对主权债务，信用评级和外国股权投资）之间是正相关关系，在高收入国家比中等收入国家相关性更强。

3. 地方财政风险管理视角

很多学者试图建构地方财政风险监管框架。世界银行针对中国地方政府融资的情况和跨国经验，建构了一个地方政府融资的监管框架。该框架包括两部分，第一部分涉及事前控制和法规，以及地方政府的财政状况的监测；第二部分涉及地方政府破产后，对事后的地方债务重组机制。事前借贷管制与事后破产机制相辅相成。破产机制提高规避贷款人和借款人的事前监管地方的通货，从而提高预防性规则的有效性。没有事后的破产机制，事前规定会导向过度的行政掌控和中央与地方间的博弈①。世界银行（2013）提出了管控债务可持续性风险的框架。世界银行认为，对地方政府及其机构无条件的政府援助会加大道德风险，导致地方借款而不负财政责任，或者贷款方轻率的放贷行为。中央政府可以为地方政府设计两套监管指标：一套用来评估财务恶化状况，另一套用来评估地方政府破产的可能性。世界银行对发展中国家地方政府负债设计了一套框架，并设计了前期—中期—后期的整体债务监管工具，这对我国债务风险监控有借鉴意义。国外学者对地方政府债务的可持续研究建立了模型，对地方政府债务的还债压力有很好的监测作用。

财政风险的管理与财政透明度的问责制有关。卡洛·科塔雷利（Carlo Cottarelli，2012）认为，各国各地区正积极致力于发展全球财政透明度的规范和标准体系。该规范的架构核心是国际货币基金组织（International Monetary Fund，简称 IMF）制定的财政透明度良好做法。其中，统计报告具体可以参照国际货币基金组织的政府财政统计手册（GFSM1986 和 2001）；会计领域可以参照国际会计师联合会（The Inter-

① 刘琍琍："地方政府债务融资及其风险管理"，《经济研究参考》，2010 年第 46 期。

national Federation of Accountants，简称 IFAC）国际公共部门会计准则（The International Public Sector Accounting Standards，简称 IPSAS）。阿利奥纳·塞博塔里（Aliona Cebotari，2008）将财政风险来源归为宏观风险和个人风险两种。他总结了财政风险披露财政风险管理的国际经验和教训。他认为有效识别财政风险，需要明确在评估和报告财政风险和程序中分配的各个部分的公共部门的责任。该程序应确保在确定财政政策中起主要作用的实体（通常是财政部）获得相关数据。同时，全面披露的财政风险是可取的、可用来识别和管理的风险。然而，在一些地区，披露方式应避免产生道德风险，从感知的隐性担保（例如，在银行系统），确保国家的经济利益是没有偏见的。基于成本效益的风险缓解开始于健全的宏观经济政策和公共财政管理的做法。它包括需要采用财政风险的正当理由，这样私营部门才可能代理支付担保费或分担风险。国际货币基金组织2016年《分析和管理财政风险：最佳实践》报告中重新对财政风险的来源进行分类，并且从外生性和内生性，连续性和离散性重新建构财政风险矩阵。财政风险的压力测试针对宏观风险和或有风险。对于不同类型的风险，国际货币基金组织总结各国的实际经验，提出针对不同类型风险管控的具体措施。另外，《财政法案（2001年）》用法律形式规定了财政各级职能部门的责任和义务，对财政权责利有明晰的规定，这对财政风险的控制有很强的现实意义。

4. 地方财政风险预警视角

世界银行（2002）报告了一些经历了地方财政风险的国家建立的财政预警系统。这些系统用关键指标超越警戒水平的方式，希望引起中央政府的重视和干预。比如，巴西政府对地方政府融资严格限制上限：地方政府不允许从企业借债，总债务额不能超过资本预算，新借债不能超过当前财政收入的18%，财务付息不能超过净财政收入的13%，债务证券最多至净财政收入的200%。负债政府保证基本盈余，违约政府不许再融资，其担保余额不能超过净财政收入的25%，其预期融资总额不能超过当前净财政收入的8%，不能发行新债券，至少5%的债券到期后偿付。央行有权经地方银行管理地方政府的信用总额，并且向参议院建议地方政府借债举措。哥伦比亚的信号灯系统，将地方债务的流动性指标（偿付利息/节省运营成本）和偿债指标（债务额/当前财政收入）设立几个区间。当流动性指标小于40%，偿债指标小于80%，标记绿色信号灯；当流动性指标介于40%—60%，偿债指标小于80%，标记黄色信号灯；当流动性指标大于40%，偿债指标大于80%，标记红色信号灯。

5. 国内外参考文献评述

国内外学者从各个不同视角研究地方财政风险，但是从支出效率出发，研究地方财政风险的文献比较少。地方政府收入主要由税收收入、非税收入、转移支付收入和地方政府债务融资组成。在现有财政体制下，地方政府收入出现缺口往往依赖于举借债务或者向中央申请转移支付。债务资金使用效率没有监管会加重地方财政风险，转移支付中专项转移支付占比过大，资金使用达不到预期的目的，同样会影响经济发展的速度从而加重地方财政风险。另外，地方政府债务的投资和融资也是地方财政风险的来源之一。

我们要管理和控制地方财政风险，需要考虑中国现实的经济情况，从短期和长期两个方面逐步完善地方财政的管理机制。短期内，我们要控制地方债务的规模；长期内，我们要结合财政制度的完善，逐步形成相应的财政责任法，完善分税制财政体制中预算制度安排。

1.3 研究目标、内容与研究方法

本书拟将地方政府事权与支出责任不匹配的问题纳入风险框架中，分析造成地方支出结构不合理的财政体制原因，力图完善《预算法》以解决地方政府事权与支出责任不匹配的问题。

1.3.1 研究目标

1. 地方政府事权划分

本部分主要厘定地方政府事权的基本概念，理清中央和地方政府之间事权划分的基本原则，中央和地方政府事权的分类依据，中央和地方政府事权的类别。

2. 地方政府支出责任

本部分主要厘定地方政府支出责任的概念，理清地方政府支出责任划分的基本原则，地方政府支出类别支出效率的测定，总结财政体制造成地方政府支出效率低下的原因。

3. 地方政府财政风险管理控制体系指标体系设计

1994年改革总的目标是建立社会主义市场经济体制，当前的改革目标是实现国家治理体系和治理能力的现代化。为了实现该目标，本书力图在明确中央和地方政府职能的基础上，确立中央和地方合理有序的财力格局，建立债务管控体系，提高地方债务资金使用效率以及公共支出效率，以保证地方经济的可持续性发展。具体来看，本研究旨在构建新的财政风险防范体系，包括外部控制和内部控制两个大的体系。外部风险控制体系主要从社会风险向公共风险转化的思路，在风险点设置指标；内部风险从公共风险转化为地方政府层级风险角度寻找风险点，设置相应的风险指标。

1.3.2 研究内容

本书主要解决四个方面的问题：一是中央和地方事权划分的基本框架，二是基于地方政府职能的支出责任范围，三是地方政府风险管理的内控和指标体系，四是财政预算制度的相应调整。具体可以分解为以下几个问题：

第一，合理界定中央和地方政府支出责任。目前财力与事权不匹配，一个重要的原因就是事权划分上的不稳定、不规范、不科学，随意性、盲目性大，因此，建立财权、财力与事权相匹配的机制，首要的是合理划分不同层级政府的事权范围，并将其规范化、法定化，明确清晰地界定中央地方事权。在确定中央和地方的政府职能的基础上，确定中央政府的公共品提供范围、种类，解决中央和地方职责重叠，中央地方共同管理的事项过多的问题。目前，中央财政本级支出只占 15%，地方实际支出占到 85%，导致中央运用财力控制权干预地方政府，财政资源配置效率很低，地方政府通过债务倒逼中央的控制权。

第二，建立中央地方事权和支出责任相互协调的机制。很多中央的政策目标未能实现的很重要原因在于信息机制和沟通机制的不完善。中央部门出台某项政策往往通过下发文件的方式告知地方政府，地方政府在面临实际困难之时没有向上反映具体落实情况的沟通机制。下级政府在现有行政体制下，只能被动接受上级的委派，或者通过举债倒逼的方式争取财政资源。由于中央—地方事权和支出责任不相适应，财税体制运行中矛盾较多，导致财政资金使用效率不高。

第三，从法律制度保障层面确定中央和地方的职责，改进一般公共预算制度。我国《宪法》《立法法》等仅确定了央地间事权划分的基本原则，并进一步明确了中央和地方政府的职能，但并未提出财权配置方案。自 1994 年分税制改革后，财力向上集中、事权向下集中的趋向明显。这种趋向一定程度上助推了地方政府土地财政和重复建设的做法。中央一般公共预算支出包括中央本级支出、中央对地方的税收返还和转移支付。这在制度上决定中央和地方的财力分配。中央事权和财力匹配的变化，必定会影响到预算制度的调整。

第四，建立中央政府对地方政府的间接监控机制，加强中央对地方的监控。对比国外经验，我国央地关系中的突出问题还表现在：中央对地方的直接监控过强，间接监控过弱；中央运用政治行政监控过多，运用法治财政监控不足；中央各部委多头监督，事权由各部门分割再下派各地方政府，反而导致地方独立性和权威性不强①。受历史文化等多方面因素影响，我国中央对地方政府的控制多运用直接控制手段，比如政治或者行政处罚地方官员，或者罢免地方官员。中央对地方的法治手段监控没有建立起来，财政手段中的转移支付制度没有发挥应有的监督和控制作用。其中，税收返还和财力转移占比过高，专项转移支付和一般

① 杨继永：“论我国中央与地方事权配置的法治化”，河北师范大学硕士学位论文，2016 年 11 月。

转移支付的比重问题近两年也成为被诟病的对象。

第五，建立良好激励机制引导地方财政支出优化。财政支出不能靠督导，目前地方的新激励机制是一个很大的问题。成功的地方政府激励机制是中国经济在过去三十年成功的原因之一，其激励的主要动因是靠行政体制内部的GDP排名竞争和客观存在的“灰色经济”。而新《预算法》的颁布加上党内反腐和房地产市场的整顿实质上摧毁了“灰色经济”存在的土壤，生态保护高于GDP增长的理念更直接冲击地方政府的行政激励机制。传统的“财政—投资”的经济拉动方式的绩效越来越弱，如何在体制内建立地方激励的新机制是中国面临的重要问题。本书试图运用中期预算体系推进财政资金的监管体系建立，运用DEA指数分析法，测评地方财政资金的使用效率，为改进地方政府支出提供意见参考。

第六，提高地方债务预算透明度，建立中长期地方债务预警和指标监控体系。建立起一个准确、全面且及时的地方政府债务统计制度、内部报告制度，以及外部披露制度。同时运用指标体系，控制地方政府债务的增速。运用债务指标体系，对关键指标进行监控，标识地方债务风险的发生程度，以便及时干预。

本书分成六章具体阐述地方财政不可持续性风险。第2章主要厘定重要公共风险、地方政府、地方财政风险等重要概念和财政风险的相关理论。第3章说明地方财政不可持续风险的三种类别：支出责任和事权不匹配导致的资源配置低下，宏观环境资源约束和变化造成地方政府运行不可持续，以及地方政府土地资源融资和经济发展的模式不可持续。这其中的逻辑关系在于，中央和地方的财力与其事权责任不匹配导致地方政府运用资源的效率降低，在缺乏绩效评定的管理方式下，地方政府会用借债的方式向中央或者向后推移风险。另外，在宏观环境充满不确定性并且资源约束条件趋紧，地方政府的经济发展模式转型，并且旧有的土地融资的财政收入模式仍没有有效取代方式的情况下，地方财政的收入风险日益明显。刚性支出无效率和财政收入增长的不确定性导致地方可用财力减少。加上转移支付的资源配置效率不高，地方政府汲取资源能力减弱会导致债务风险敞口扩大，进而地方政府治理缺少财力的支持。第4章分析地方财政风险形成的原因。第一，历史上财政体制的调整造成中央和地方的关系的不稳定性。第二，中央和地方的风险分担机制在地方财政风险的形成过程中至关重要。第三，我国中央和地方的事权与财力的界定、匹配划分不清晰是造成当前地方财政风险的主要原因。第四，地方政府的财政管理制度层面也有许多不完善的地方亟须改进。第5章根据地方财政风险的分类进行实证研究。首先，本书从效率出发，用DEA方法测度中央和地方的支出责任划分与地方环境治理效率的关系。结果发现，地方政府的支出效率与其财政支出占比呈负相关，因此，事权划分正确的前提下，中央和地方支出责任的划分对资源配置效率起到实质性的作用。在第二次回归后，我们发现要辩证地看待中央和地方支出责任的划分，要寻求中央和地方合作及责任分配的最佳划分点。在中央和地方支出分权不充分的情况下，提高支出分权程度有助于提高地方资金的使用效率；当中央和地方支出分权已经很充分，到达了最优值之后，继续提高支出分权会降低资金使用效率。由此我们看到，中央和地方支出责任的划分有必要进行科学的测算，并且有必要对地方财政资金的使用进行绩效考核，以提高资源配置的效率。同时也有必要建立相应的制度，以协助中央和地方在共担事权上的合作。其次，本书对地方政府性债务的现状进行统计，结果显示：地方债务的总量可控但是部分地区债务风险比较严重，地方政府在公路的基础设施建设投资负债面临资金链断裂的风险。最后，本书证实了土地融资的经济增长方式导致地方财政的不可持续，房地产泡沫加剧地方财政不可持续性。第6章进而从风险管理体制、预算体制和财政风险指标体系三个方面管理和控制地方财政风险。

1.3.3 本研究拟采取的研究方法或技术路线

本书采用规范研究与实证研究相结合的研究思路，在定性分析的基础上进行定量验证，建构适合中国国情的地方财政风险管理机制。研究方法如下：

1. DEA模型分析方法

地方政府的支出效率是检验地方政府支出责任划分科学性的方法之一。该方法运用投入—产出的方式，对地方政府财政支出效率进行评估。

2. 主成分分析法

在确定地方财政风险的来源，并确定相应的债务指标之后，本书运用主成分分析方法，将因素进行归类并且合成新的观测指数。这有利于简化地方财政风险监控指标，力求灵敏反映出财政风险变化的动态，便于财政风险的监控。

研究技术路线图如图1－1所示。

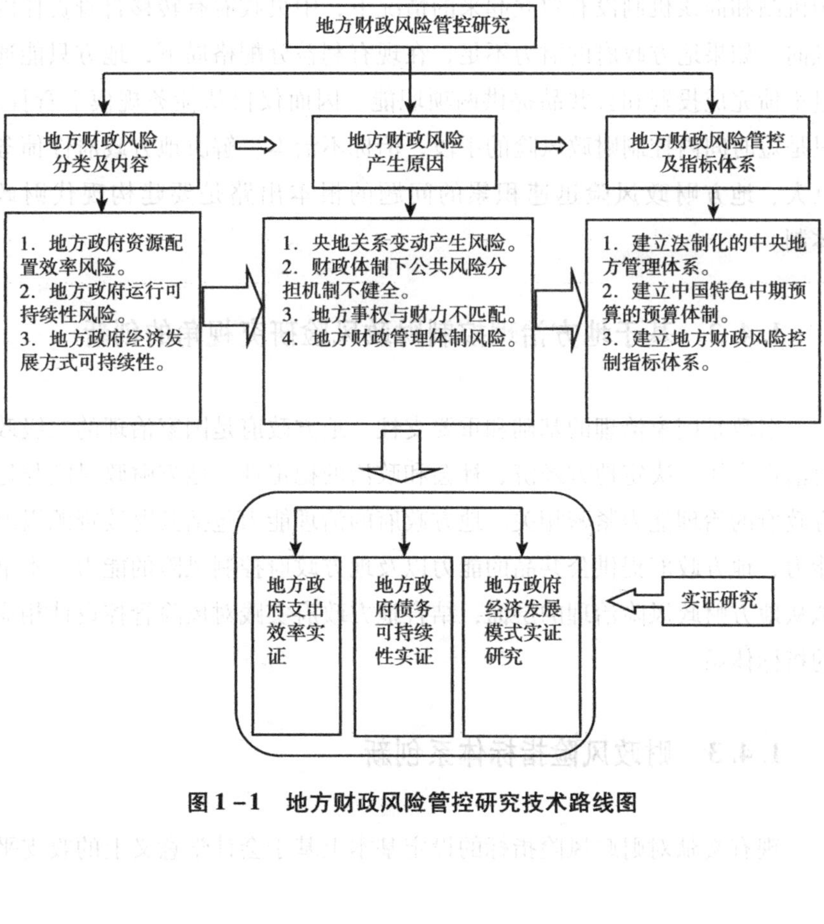

图1－1 地方财政风险管控研究技术路线图

1.4 研究的创新点

1.4.1 财政风险研究起点创新

本书以事权与支出责任匹配作为风险控制的出发点，不同于传统对风险控制仅仅从债务管控的逻辑起点。我们认为，债务产生的原因在于，分税制财政体制具有财力向上集中的功能，加上转移支付制度的不完善，阻碍了政府资源配置的效率。中央和地方事权划分不清，责任分担机制和商谈机制没有建立起来的情况下，中央政府有转移自身责任的倾向。如果地方政府的财力不足，在现有利益分配格局下，地方只能通过举债完成投资和公共品提供两项职能。因而仅仅从债务规模上管控，只是短时间内控制财政风险的手段，治标不治本。解决地方政府性债务巨大、地方财政风险迅速积累的问题的根本出路是要建构现代财政体制。

1.4.2 基于地方治理控制财政风险研究视角的创新

财政是国家治理的基础和重要支柱。地方政府是国家治理的二级政府治理主体，决定地方经济、社会和政治的稳定性。地方财政风险与地方政府的治理能力紧密相关。地方政府的治理能力包括其财政资源汲取能力、地方政府提供公共品的能力以及地方政府控制风险的能力。本书拟从地方财政风险治理的层面，结合地方政府实践对风险管控设计相应的指标体系。

1.4.3 财政风险指标体系创新

现有文献对财政风险指标的设定基本上基于会计学意义上的收支平

衡表进行设计。我们认为这仅仅只是从债务的数量上进行统计，没有考虑到地方政府运行过程中或者经济外部变化过程所面临的风险，具有片面性。因而，在对财政风险管控的指标设计中，要考虑到可能导致地方财政风险的方面，跳出债务管控的狭隘目光，从地方财政可持续的更广意义层面设置指标体系。

第2章

地方财政风险基本理论概述

2.1 地方政府财政风险相关概念

2.1.1 公共风险

公共风险是与个体风险相对应的概念，前者是宏观概念，后者属于微观概念。公共风险由个体风险转化而来，个体包括个人、企业、家庭等微观主体。公共风险有地域的划分，如果从全球范围来看，公共风险是指全人类共同面临的风险；如果从国家边界划分，公共风险则是指危及一国国家主权和政权的风险。本书所指的公共风险限定于国家边界内的风险，特指中国的公共风险。公共风险包括以下内容：外来民族对本民族的侵略和国内的战争；道德层面的伦理滑坡及社会信用丧失；法律层面的制度不完善或者制度之间存在矛盾，导致公共秩序处于失序的状态；国内的失业率攀升，贫困家庭数量激增；市场要素不能自由流动，垄断盛行；公共设施不能满足公众的需要，公共服务的范围过小；环境的破坏超过人基本生存的底线；经济危机导致经济秩序紊乱，个人不能独善其身等①。公共风险具有以下特征：关联性、不可分割性隐蔽性。

① 刘尚希："论公共风险"，《财政研究》，1999年第9期。

社会分工、技术发展，连同制度变迁会造成公共风险的扩大。历史地看，公共风险会自发地引致隐性制度，并且在人们心中逐步固定为行动规则，然后借由理性的抽象将此原则显性化为规则。隐性规则和显性规则的原动力都是公共风险。制度是风险的产物，制度的结构决定其抗风险的能力。市场机制的完善提高了市场自我调节的能力，制度设计防止减少个体风险向公共风险的转化。事实上，各种制度的设计是人类面临公共风险的自然演变而采取的应急措施。财政作为化解风险的一种手段，对防范公共风险起着不可或缺的作用。

2.1.2　地方政府

地方政府（Local Government）指管理某一辖区国家行政事务的政府组织，一般相对于中央政府而言。在单一制国家，地方政府一般指中央政府之下的具有隶属关系，行使行政职能的各级政府。中国的地方政府全名是地方人民政府，是相对于中央人民政府（国务院）而言。我国宪法第九十五条规定“省、直辖市、县、市、市辖区、乡、民族乡、镇设立人民代表大会和人民政府”，简称“地方”。中国的地方政府作为中央政府的派出机构而垂直设置的行政机构，在人事、财政和行政管理上均受到上一级政府的控制。本书所指的地方政府是指中央政府以下的省级地方政府。

2.1.3　地方政府职能

地方政府职能是在一定历史时期内，地方政府承担的管理国家和地方社会公共事务的职责和功能。地方政府的职能，是国家政府职能的组成部分，是地方政府职责和功能的总称。政府职能的主体是行政组织系统及其工作人员。政府职能是国家职能的重要组成部分和重要体现，履行必须在宪法和法律规定的范围内进行。地方政府职能具有公共性，其服务对象包括国家和社会公共事务。地方政府职能是管理职责和功能作用的统一。地方政府职能特点包括：法定性、执行性、相对独立性、有限性、层次性、多样性、动态性和服务性。

1. 法定性

所谓职责法定，指国家的法律条款明确规定地方政府履行职能范围，地方政府才有相应的权利行使相应职能①。

2. 执行性（从属性）

执行性是指地方政府从属于所在属的政治和行政系统。地方政府服从全国人大及地方人大的法律决议安排，服从中央或者上级政府的管理。

3. 相对独立性

相对独立性指地方政府具备直接管理中央政府委托的事务的权力，协助中央管理经济社会各种事务的能力。

4. 有限性

有限性指地方政府不得超越其行政区域履行职责。地方政府的职责主要是负责本辖区事务，包括维护辖区社会治安和秩序，促进本地社会发展，提供基本公共服务等。

5. 层次性

层次性指地方政府在政治体系中所处的位置。本书的地方政府指省级地方政府，其层次性体现在介于中央和省以下基层政府之间。

6. 多样性

多样性是从地方政府职能的整体和类型划分上来看的。政府的职能按照范围划分为对外和对内职能；按照职责领域划分为政治、经济、社会服务、文化等基本职能；按照运行过程分为决策、组织、协调、控制等职能②。地方政府职能的多样性，一方面决定于公共服务的需求及公民的多样化需求，另一方面也说明地方政府存在的必要性。

7. 动态性

动态性是从地方政府职能变化角度来看的。地方政府职能与经济社会发展相适应，随着社会形态的发展和经济运行状态的变化而改变。

---

①② 杨思君："统筹城乡发展中地方政府职能研究"，湖南师范大学硕士学位论文，2013年12月。

8. 服务性

服务性是指地方政府的本质属性。地方政府是服务型政府，本质上是为国家、社会、公民服务。地方政府提供服务满足居民生活需求，居民对政府的服务作出评价。

2.1.4　地方财政风险

地方政府既是经济主体，也是公共主体。地方财政风险主要从地方政府的基本职能出发，从其承担公共职能的主体来分析。地方财政风险是个体风险转化为公共风险时，中央和地方划分职责范围的产物。个体包括个人、企业、家庭等微观主体。地方政府依据其基本职能管理本辖区范围内的公共事务，与中央政府共同承担化解公共风险的责任。地方财政风险不能仅仅从地方债务的视角出发，从传统的收、支、平、管的思路来研究，而应该从中央和地方两级，及财政风险与公共风险的关系整体出发来研究。如果从资产负债表的视角分析，当地方政府所有的资产不足以抵偿其债务，地方政府面临破产风险，影响地方政府的运行，造成地方经济的衰退和社会动荡，则变成地方财政危机。

地方财政风险的表现形式有三个层次：首先是地方财政赤字不可持续，即面对政治和社会压力，地方政府不可能再用扩大赤字的办法来扩大支出；其次是地方债务不可持续，即地方政府出于社会或者政治压力，不可能再通过借债来维持或扩大支出；再次是地方财政不可持续，即为了应对经济社会失序的状态，地方政府只能冒险用征税权来维持和扩大其可用资源的方式已经不可行的时候；最后，如果地方财政已经无法运转，造成经济、政治和社会秩序紊乱，地方政府丧失了执政的根基，则到达地方政权危机的阶段。通过以上定义，我们可以看到地方财政风险由浅入深的路径和判断标志，依次是地方政府扩大赤字、地方政府借债和地方政府改变征税权。这三个方面是政府应对危机的三种方式，所以赤字、债务和征税权的变动是政府用来应对社会和政治危机的手段。

财政在国家治理中处于基础地位，国家治理分为中央和地方两级治理。从地方治理可持续性视角，我们将地方财政风险定义为：地方政府治理能力受到宏观因素影响和财政制度的制约，地方支出责任无法匹配其政府职责，造成财政资源配置低下、地方财政运行不可持续、经济发展模式不可持续的情况。

2.2 地方财政风险基本理论分析

2.2.1 公共风险理论

风险是一种不确定性①。不确定性表现在人们已经预计到不利的结果，但是不能肯定不利的结果是以什么方式展现出来或者发生的概率有多大。风险概率的计算可以通过主观和客观两种方式测度。人们根据既有的经验估计不利后果发生的可能性和发生概率的大小，我们称之为主观风险概率。如果通过搜集风险观测点的数据，建立数学模型进行预测和评估，我们称该种风险为客观风险概率。主观风险与客观风险之间通过风险理性进行连接和匹配。风险理性是对未来风险的把握与逻辑推导，经过分析、判断、推理等思维形式表现出来的思维辩证法。风险理性的内容来源于客观数据和相关的经验的总结，风险理性运用意识的投射和想象力，从未来某一个可能发生的情况逆时间追溯，总结出可能造成未来情况必须出现的环节，以便在最近的时间节点上设置风险防火墙，避免风险的扩散造成更大面积的损失。理性意识分析风险产生的前提，必要条件和充分条件，以此倒推现有风险形成的基本状况。风险理性综合客观风险概率数据和主观风险形成范畴，遵循风险信息收集—风险信息分析—风险概念—风险判断—风险推理的思维路径，对照以往经

① 法兰克·H. 奈特：《风险、不确定性与利润》，华夏出版社 2011 年版。

验综合客观风险信息与主观风险范式得出结论。比如全球性经济危机发生出现后果是经济停滞、大量工人失业、工厂倒闭和破产、银行大面积倒逼股市泡沫等。风险理性根据发生过的情景，对照现有经济运行过程中反映经济运行、就业率、利润率等指标，判断现存经济发展为经济危机的可能性。进一步，如果假定以上指标出现问题，那么为了防止危机出现，应该采取何种措施阻止指标数值恶化。主观风险概率与客观风险概率之间不可能完全精确一致，但是大数据的运用会减少两者之间的差距。社会科学中的不确定性和自然科学中的不确定性预测是不一样的。社会科学主要以人的活动和预期作为不确定性测量的依据，但是人的行为和预期受到人与人之间互动关系的影响，本身是无法确定的。自然科学的不确定性主要在于未知规律的探寻，一旦满足实现某项结果的条件和前提，不确定性转为规律的确定性。

公共风险是相同地域的个体共同面对，单凭个体力量无法抵御的风险[①]。公共风险产生于现代社会分工的工业化体系、社会形态的转变以及制度变动过程中存在的不确定性因素。公共风险不同于社会风险和公共部门风险。公共风险由个体风险转化而来，经过一定社会组织或者社会网络转化为社会风险，公众对公共部门化解风险的期望将社会风险转化为部门的承担职责，国家调用公共部门力量化解公共风险。因此，风险管理的链条应从部门风险管理入手，形成内部风险和外部风险的控制体系。公共风险的化解通常落实到财政部门的资金安排，公共风险随即转化为财政风险，财政部门成为缓冲公共风险的减压阀。

2.2.2 地方政府职能理论

2.2.2.1 传统政府职能理论的批判

传统理论解释政府职能依据公共福利理论和市场失灵理论，认为政

① 崔艳武、高晓红、汤万金：“公共风险、社会风险与公共部门风险管理——基于国内外文献挖掘的理论思考”，《标准科学》，2013年第2期。

府存在的合理性在于消除市场失灵带来的负面效应。但是政府的失灵却无法用市场的成功来替代，因此，政府与市场的关系说不清，理还乱。政府的职能不能仅仅从其本身存在的合理性出发，市场也一样。因为市场与政府的存在不能互为目的和前提，但是他们只能作为手段共同解决问题，那就是提升国民的福利，共同抵御风险。如果从福利经济学的视角构建政府职能理论，绕不过的一个理论问题是，总体性的福利和个人福利之间的测度如何成立，总体性的福利是否是个体福利的数量加总，总体福利如何计算出来。布坎南甚至认为，社会福利函数是“虚幻”。为了能够打破市场与政府至今关系的理论窠臼，同时避开福利经济学的争议，我们只剩下用公共风险理论的框架来重新分析政府职能的选择。

2.2.2.2 政府的公共职能在于公共风险治理[①]

古典自由主义学派代表人物亚当·斯密认为，国家的角色是“守夜人”，政府首先要保护国民不受外来侵略；其次，政府要建立公正的司法，保证个人权利不受他人侵害和压迫；再次，政府应该投入公共工程建设。亚当·斯密认为，自由经济是天然合理的，资源配置效率最高。市场没有发挥作用的领域，政府应该承担起相应的职能。市场是无形的手，政府是有形的手。如果按照双手的逻辑，政府与市场是互补的关系。但是问题在于公共品的提供的内容是变化的，是面向未来不断更新的。如果市场有缺陷，政府的变化无法及时填补缺陷，那么就会造成政府的有限性，而出现“政府失灵”的情形。换句话说，如果理论运用“排除法”进行构建，其前提是能够列举穷尽所有的可能性。如果实际情况不是，即政府和市场在将来面临的是无穷的需求的可能性以及风险的不确定性，现有理论方法无法适应面向未来，穷尽所有需求。我们只能转换理论视角，采用能够面向未来不断动态变化的理论思路。

① 刘尚希、李成威：“基于公共风险与财政风险的公共服务评估——兼论财政是国家治理的基础和重要支柱”，《铜陵学院学报》，2014 年第 5 期。

2.2.2.3　公共风险的范围决定地方政府提供公共品的范围

传统教科书的公共产品理论认为，地方政府的职责在于提供公共品(或者公共服务)，如萨缪尔森所言，公共品有非排他性和非竞争性。因为私人提供这种服务时，要么没有能力要么没有动力。只有政府能够提供私人资本不能负担的大型公共品。实践中，政府和市场之间合作的关系已经打破了过去有市场没有政府和有政府没有市场的楚河汉界，相反政府和市场合作说明理论应该摈弃非此即彼的思维方式，用更高的理论视野分析市场和政府之间的关系。

正如黑格尔所说，理性的思辨真理在于把对立的双方包含在自身内，作为两个观念性的环节[①]。风险理性能够将市场和政府两个看似对立又统一的因素纳入到风险防范考量的过程之中。现代社会风险无处不在，地方政府提供公共服务是为了防范不可抗力（天灾、战争、瘟疫等）造成的公共风险，以及保证国民的生命权、财产权等基本权利不受到侵犯。风险的不确定同时也意味着机会的不确定性，因为两者都意味着变化。当旧有的体制机制运行不畅时，需要有新的变化改变不畅，这实际上意味着新的体制机制诞生的机会。因此，我们如果能够正确对待风险，控制风险的发展方向，通过风险透露的信息调整提供公共服务的种类。地方政府在治理公共风险的同时提供相应的公共品或者公共服务，随着公共风险的变化，公共服务不断变化。

2.2.2.4　地方政府支出是防范公共风险的手段

政府提供公共品目的是防范公共风险，而政府提供公共品的资金来源于税收收入和非税收入，其基本工具是政府支出。通过货币的配置，政府可以调动资源，在短时期内汇集人力和物力，对抗短期风险和长期风险。比如地震、海啸等自然灾害，管辖该区域的政府在支出时会提前考虑到经常发生该自然灾害的可能性，提前建立风险储备金，防止自然

① 张桂岳：“论黑格尔的矛盾学说”，《求索》，1983 年 5 月 1 日。

灾害对当地经济和社会的破坏。

地方政府的固定支出范围与其辖区居民面临的长期风险有关。辖区居民面临的长期风险主要有：社会失序、教育不公平、公共交通不便利、养老及环境污染等。社会失序主要是法律体系不健全造成的，教育不公平与义务教育有关，公共交通不便利与基础公共设施相联系，养老与社会保障相关，环境污染与政府的监管相关。正因为长期风险的防范必须有长期稳定的资金流进入，而私人公司由于其生命周期有限性，不可能长期提供相应的公共品。因此，地方政府是承担治理上述风险的直接负责人，具体事务的安排要凭借地方政府的财力配置才能得以解决。

2.2.2.5 地方政府的基本风险防范责任

世界银行 1997 年的发展报告中定义了政府最基本的五项责任，分别是确定法律基础、保持地区经济稳定的环境、投资公共基础设施和基本公共服务、保护弱势群体以及环境保护。国家政权的组织形式决定了地方政府的职能范围，影响地方政府职能的发挥。

我国实行社会主义市场经济，结合经典的论述和我国的基本国情，本书将地方政府职能划分为以下几点：

第一，地方政府公共设施的建设职能。地方政府公共设施建设职能具体包括规划、建设、经营和管制公共设施的职能。在环境保护日益受重视的情况下，地方政府环境保护职能，特别是环境保护设施建设方面的投入会增加。

第二，地方政府社会保障职能。该职能指政府为了确保本辖区的治安和稳定，对本辖区社会性事务进行管理的职能。社会治安管理是地方确保辖区经济可持续发展的前提条件，是确保社会主义市场经济体制平稳运行的重要方面。中国现有的国情下，地方政府的社会职能内容包括：流动人口、社区、户籍、计划生育、老年事务、民政、司法行政、民族和宗教事务、侨务和外事管理等[①]。

① 王婧："公民社会视角下我国地方政府职能转变研究"，大连海事大学硕士学位论文，2012 年 4 月。

第三，地方政府促进社会发展的职能。地方政府促进当地社会发展，特别提高本辖区居民素质和生活水平。地方政府的教育、文化、卫生和体育职能主要包括公共行政和公共服务两个方面，其公共服务具体指由地方政府拨款，指导并且规范地方部门提供教文卫体方面的公共服务①。

第四，地方政府环境保护职能。《环境保护法》总则明确提出，地方各级人民政府应当对本行政区域的环境质量负责。地方政府有责任加大财政投入并提高财政资金的使用效益，以保护和改善环境，以及防治污染。地方政府有义务开展环保宣传和普及工作，营造环境保护的良好风气。县级以上环保部门应将环保工作纳入国民经济和社会发展规划，定期发布环保信息和环保测评结果。

由于我国面临生态环境恶化、人口的老龄化以及地方之间的贫富差距日益拉大的现实问题，地方政府的职能从以往直接干预经济管理转向加强公共管理，提高教育、养老、卫生、扶贫等公共产品的供给能力，提高其债务风险、环境风险、养老风险的管理和控制能力是地方财政职能的重要方面。

2.2.3 政府间财政关系与风险分担理论

2.2.3.1 政府间财政关系的理论与原则

第一，公共部门和私人部门的划分。公共部门理论上应该仅仅限于私人部门不能有效供给或者无法供给的领域和活动。理论上，私人活动对公共领域的公共品供给定价或者收费非常困难，或者是居民在消费公共品时产生的效用在分配上不能细分到个人。因而政府具有私人部门不具备的提供公共品的便利条件，这也就是公共部门和私人部门划分的意义所在。许多发展中国家的国有中央企业和地方企业，在经历了大规模

① 王婧："公民社会视角下我国地方政府职能转变研究"，大连海事大学硕士学位论文，2012年4月。

私有化后，其经济活动应该被视作私人企业部门的行为。但是在某些体制不够健全的情况下，这些部门具有政府和私人的双重属性，其不当的经济活动可能会带来相应的财政风险。

第二，不同政府层级作用的理论原则。财政分权可以更好调整公共部门和私人部门的关系，同时为政府融资提供激励，并且便于辖区居民更好选择公共服务，提高政府的执政能力。财政分权的政府关系重建要遵循以下原则：问责原则、从低原则和自主原则。①问责原则（Accountability）。一个完善的政府间财政关系体制对政府增加社会福利，改善政府对居民的可问责性至关重要。多层级的政府构架要确定上级政府对下级政府的角色，上级政府可以是下级政府的管理者，或者是绝对的服务提供者，或者两者兼而有之。不同的上下级的角色决定其职责范围和责任的大小。政府和居民之间建立委托代理的关系有助于财政体制贯彻问责原则。政府的职能从单纯的管理型转向服务型将有助于公共品提供的效率提升和质量改进。②从低原则（Subsidiarity）。最基层的政府和离居民最近的政府从理论上拥有征税权、财政支出和监管职能。因为最基层政府具备这些信息的搜集优势，增强地方政府的政治上可问责性。同时居民能够更直接感知政府是否有效率地履行其职责，公共品供给的数量和质量，有助于其对地方政府问责。③自主原则（Autonomy）。如上文所述，地方政府负责满足其辖区内居民最需要的公共品，保证公共品的数量和质量，这需要地方政府拥有相应的征税权以保证提供公共品的资金。从国际上看，州政府或者地方政府的自主权到达何种程度并未达成共识。因为要达到地方政府的自主，同时保持中央政府对地方政府的制约，需要平衡公共服务的经济规模、成本内部化和现有行政体制下的权力下放程度之间的矛盾。国际经验表明，权力下放到公共品的直接提供者，比如学校和医院，明显有助于提高公共品的数量和质量。

第三，政府间财政关系的实施原则。公共财政理论提出了分权制下支出责任划分、收入划分及政府间转移支付的基本原则。这些原则是否适用，则依赖于政府分权策略具体实施时是否达到预期目标。设计政府间财政关系时首先是在不同层级政府间按功能明确其责任。国际经验显示，如果采用的分权原则不能明确划分不同层级政府的支出责任和能力范围，则政府将无法提供稳定高效和没有争议的公共品。在设计分税制体制时，如果没有明确支出责任之前就划分收入并且进行转移支付设计无异于本末倒置。比如，拉丁美洲国家的分权方案就犯了上述错误：中央划分给地方政府收入，但是没有确定中央下放到地方的权责范围之前，转移支付就已经到位，其结果是分税制财政体制不稳定，并且中央背负了沉重的财政负担。

（1）支出划分的一般原则。首先，支出划分对支出效率准则非常重要。政府支出效率在于政府提供的公共品能最大限度匹配纳税人的偏好，这需要提供公共服务的政府的层级与服务“受益区域”相匹配。否则，当较小的政府承担较多的公共服务，会因为服务效应外溢和公共服务供给的规模不经济，造成公共品供应不足。其次，公共品供给的稳定性和再分配的目标决定支出划分。政府有义务保证社会的公平，基本公共服务均等化要求政府承担福利性的公共支出。理论上，基本公共服务均等化的福利性支出应该由中央政府承担，因为地方政府如果承担福利性支出会导致其他贫困地区的人口流入，因而加重该地区居民的税收负担。这类项目的融资也应该划分到中央，或者由中央提供资金，因为地方政府为稳定经济做的努力很可能被国民经济的其他部分稀释。上述原则的运用并不存在制度最优的安排，制度的变化随着成本、技术约束和偏好的变化而变化。财政分权体制能够平稳发挥作用的前提是具体、清晰而稳定地划分支出责任。

（2）收入划分的一般原则。首先，收入划分对计税价格非常重要。地方政府增收以弥补支出赤字和满足日益增长的公共需求。通常，地方政府增收的方式有增加自有收入和税收收入，降低税收成本，增加政府间转移支付。增加地方政府的收入自治权力，有助于地方政府加强其提供公共品的数量与公民购买该公共品的计税价格之间的联系。其次，收入划分可以最小化对经济造成的扭曲。如果基层政府拥有对流动性很弱的商品征税，比如对房地产等不动产征税，有助于减少其征税行为对经济的扭曲。最后，收入划分有利于最小化征税成本。国际经验表明，对共同税基征税利大于弊。对同一种税基征不同用途的税有助于简化管理和降低征管成本。美国、加拿大和许多欧洲国家的联邦政府、省政府或州政府以及地方政府都有征收所得税的税权。

（3）政府间转移支付设计的一般原则。转移支付制度设计的初衷在于消除纵向和横向不均等，提高地方政府公共品的供给效率和公平。转移支付制度对地方政府的自主权和财政状况起至关重要的作用。转移支付制度设计要关注到以下方面：首先是目标的明确性。通常情况下，政府间财政转移支付目标在于改善纵向和横向财力不均衡、消除辖区的外溢性以及有助于实现国家设定的目标。国家可以采用一般性转移支付解决横向财力非均衡性问题，采用一种或多种专项转移支付解决国家考虑目标和辖区间的外溢效应。均等化补助和专项转移支付都有助于消除纵向不均衡，解决支出责任和地方政府自有收入来源不能匹配的问题。共享税在不同地区不同税率的调节实质上是消除横向非均衡的调节手段，中央和地方之间不同形式的收入分享是消除纵向不平衡的调节手段。需要指出的是，让地方政府有收入自主权不意味着可以消除纵向不平衡，因为各地的资源禀赋和经济总量大小不同。如果转移支付制度被滥用，会造成财政体制的不稳定性。其次，转移制度设计要避免地方政府的财政依赖性。纵向财力不均衡与财政支出和收入在中央和地方之间的划分紧密相关。中央政府基于“宽税基”管理优势会控制生产型税基，管理收入税和消费税。地方政府因为税权划分常常出现支出责任和地方收入不匹配的情况，因此，地方政府常常依赖中央的纵向转移支付填补其财政缺口。如果降低财政责任，地方政府基于资源竞争会导致财政资金的滥用进而导致“公共地悲剧”。衡量纵向财政缺口至今没有最优方法，一般采用地方政府自有收入的支出占地方财政总支出的比重来计算。理想状况下，如果地方政府能够把公共品的成本全部内部化，将有利于资源配置的决策，并且地方政府在依赖自有收入提供公共品时，其资金使用效率会大幅提高，同时也能够提高政府的声誉。弥补纵向财政缺口的理想方式是赋予地方政府足够的收入自主权，让其自主为公共品筹集资金。最后，转移支付制度设计要考虑到充分均等化的程度。如果中央对地方过分要求其依赖自有收入消除纵向财政不平衡，则可能忽略地方之间的差异，导致政治或经济上辖区之间提供的公共品差异过大。

2.2.3.2　政府间财政风险分担效率与政府间财政关系

政府间财政风险分担问题对转轨时期的国家尤为重要。中国目前社会经济发展过程中出现的问题必须由中央和地方共同承担化解责任，分散财政风险。风险的防范与风险分担机制设计紧密相关，在市场机制存在缺陷的情况下，财政工具分担社会风险非常重要。社会、政府和市场之间的风险承担的机理是：社会经济风险理论上由市场承担，但是当市场存在不完全竞争和信息不对称时，市场没有消化控制风险的机制，风险厌恶型居民要求政府介入并分散社会风险。政府可以采用财政政策和货币政策工具转移社会风险。社会风险通过财政减压器转嫁到政府，政府则通过行政资源调配和政治动员的方式将风险管控任务层层分解，从上到下分解社会风险。从这个意义上看，财政是社会风险的减压阀。政府通过财政风险转嫁了社会压力，社会风险转化为政府财政风险的一部分①。

社会的风险分担机制如图2－1所示。

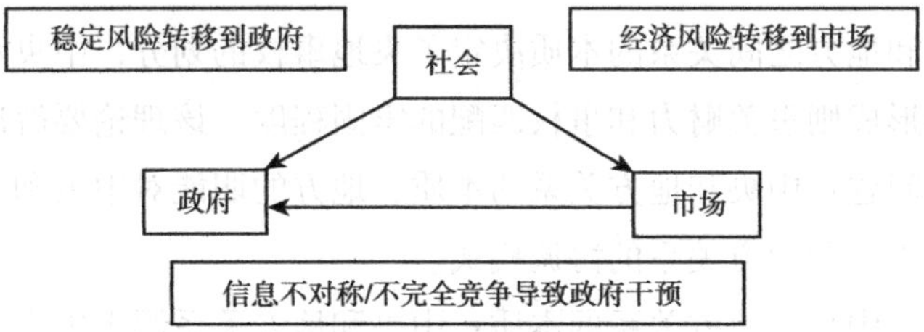

图2－1　社会、政府与市场分担风险机制

如图2－2所示，社会风险的具体分担路径可以从金融、财政、货币等政策性操作中实现。金融市场的风险由国内外金融投资者、中央银

① 乔宝云、刘乐峥：《公共财政研究报告——中国政府间财政关系与财政风险分担职能》，中国财政经济出版社2013年版。

行、地方银行和地方融资机构共同承担。中央政府运用金融政策和货币政策引导金融机构投资者转移或者化解金融风险。政府财政部门则运用财政政策和支出手段以及转移支付手段，根据中央和地方承担的事务性工作给予财力支持。各风险承担主体之间存在多重委托代理关系，因此，不合理的风险承担机制不仅不能有效控制风险，而且会放大风险，比如逆向选择问题。

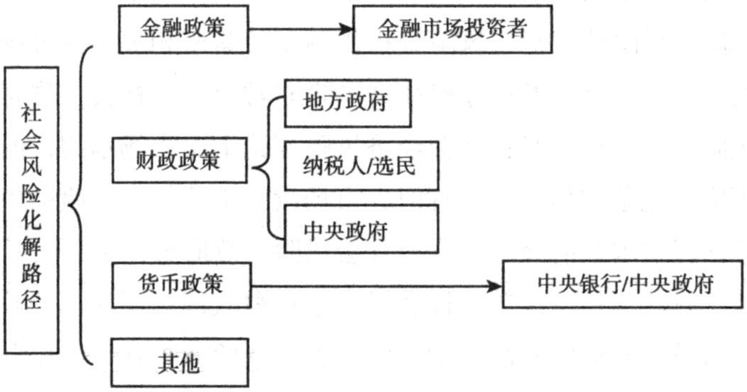

图2-2　社会风险化解的具体路径

2.2.3.3　政府间财力与事权匹配问题的理论分析

中央和地方之间关系的本质决定了央地事权的划分，中央和地方协调模式的形成则事关财力和事权匹配的牢固程度。该理论要解决三个层面的理论问题：中央和地方关系的本质、地方的职能对中央和地方关系的影响、中央和地方关系的协调模式。

第一，中央和地方关系的本质：中央和地方关系源于中央和地方政府的分工[①]。中央和地方之间的关系实质上是社会政治组织，即国家的政治关系。中央和地方的划分与国土面积和人口数量，以及管理事务的程度有关。如果一个国家的国土面积较小，人口不多，并且行政性事务比较简单，则一级政府即可完成统治管理工作，没有必要设立二级政

① 周波：《政府间财力与事权匹配问题研究》，东北财经大学出版社2009年版。

府。随着财富积累，土地的扩展和人口的增加，国家机构需要负担的政治、经济和社会职能越来越繁重，因此，需要设立中央的决策机构和地方的执行机构。这种分工是为了更好地完成国家管理的职责。从政治上明确中央和地方两种分工的地位，分设中央和地方提供公共品的职责范围，有助于明确中央和地方各自的支出责任，进行有效的国家治理。

第二，地方政府职能双重性对中央和地方关系本质的影响。国家本质上是维护阶级利益和协调各阶层利益矛盾的工具。其设置的政府、军队和监狱是行使国家权利的工具。国家的职能在于：维护司法公正，保证契约的有效执行，实行公共服务在地区间的均等化，维护社会治安，提高国民文化素养和提高人民生活水平等各基层共同关注的利益。由于中央和地方都是物质利益的主体，有相对独立性。在某些方面，中央和地方的物质利益是一致的，某些方面则是不一致的。中国的行政条块分割，造成中央各部门之间、地方各部门之间以及中央和地方政府部门之间有利益上的冲突。从这个意义上来说，中央和地方的关系既有同一性也有矛盾性。由此，地方政府职能具有双重性，会反作用于中央和地方的关系。地方政府的区域性划分较强，仅仅只对本辖区内的居民提供公共品。在资源硬约束条件下，地方政府有追求本地区利益最大化的行为。同时，地方政府在行政架构中处于基层，地方政府必须服从国家的总体职能，具体负责国家职能的实施工作。因此，地方政府既要维护辖区内的基本秩序，提供必需的公共品，又要实现国家政治稳定和经济稳定的目标。从以上分析可以看出，中央和地方关系，实质上是以集权和分权划分为管理方式的物质利益基础上的政治关系。政治权利围绕物质利益而活动，物质利益是一切社会经济活动的最终目的，政治权利是实现经济利益的手段。

第三，中央和地方关系的协调模式主要有两种：单一制和联邦制。在这两种财政分权体制下，中央和地方的协调模式不相同。

（1）单一制。单一制国家划分为各个地方行政区划。单一制的国家，其制度设计特点在于：宪法和国籍的唯一性，国家最高权力机关和行政机关体系的统一性。中央统一领导国土范围内所有的行政区划单位，外交上单一制国家作为国际法主体身份，中央拥有最后的控制权①。

（2）复合制。复合制由两个或两个以上的成员国或邦和有自治权的州、省，通过协议组织起来的各种国家联合或联邦的结构形式。复合制包括联邦制和邦联两种形式。

联邦制的国家结构是两个或两个以上政治实体的结合形式，政治实体包括共和国、州、邦。联邦制下，宪法规定联邦政府和地方政府的权力划分，只能通过修宪的形式变更。联邦和地方在宪法规定的权限内独立行使权力，互不干预。当出现联邦和地方的冲突时，联邦宪法及法律高于地方法律，具有最终的法律效力。因此，联邦制是多中心的复合共和制。

联邦制有以下特点：第一，国家和其组成部分是联盟关系，由联邦作为外交主体行使主权。第二，联邦设有国家最高立法、司法和行政机关，联邦行使最高权力并领导其成员。第三，联邦制国家统一于联邦宪法，各联邦成员遵守国家的统一法律。第四，联邦各成员国独立性较强，有独立的宪法、法律和统一国籍。成员国拥有独立的行政、司法和财政体系，独立管理国内财政税收、文化教育等公共事务。第五，联邦宪法规定各成员国的权限，联邦宪法与成员国宪法发生冲突则以联邦宪法为准。

邦联制是由若干独立主权国家为实现某种军事或者经济目的而组成的较松散的联合体。邦联的特点如下：第一，邦联是主权国家联盟，根据条约而组建松散组织。邦联成员国除了将条约规定的权力委托给邦联机构以外，保留其成员国的主权完整性和其他权力。第二，邦联不是国家主体，没有统一的宪法、军队和国籍。第三，邦联对成员国没有强制约束力，各成员国可以让渡部分权力给邦联，也可以自由退出。第四，邦联事务由“首脑会议”或邦联会议按照条约共同决定。因此严格说

① 冷永生：“关于政府间财政关系理论问题的两点思考”，《财政研究》，2011 年第 3 期。

来，邦联算不上一种国家结构形式。

由于邦联不算国家结构形式，本书在讨论时仅围绕单一制国家和联邦制国家的财政体制制度进行对比。

2.2.3.4 单一制和复合制对政府间分权的影响

单一制和复合制对财政分权还是集权至关重要。一般情况下，单一制国家的地方政府拥有较小的自主权，在高度集权的国家，地方政府几乎没有自主权。相比之下，复合制下联邦国家的央地分权，中央和地方的职责划分更为清晰，央地职责同构的现象比较少。

1. 单一制对分权影响

在中央集权的单一制条件下，中央拥有绝对的国家权利和权威。为了更好地执行中央的指令，中央会考虑将部分中央权利授予地方，即在中央集权下地方的分权。该制度下的集权程度体现中央对所有国家事务的掌控程度。国家权利可以根据情况从地方集中到中央，或者根据国家的需要中央可以从地方收回权利。

单一制度下，国家采取逐步推进的方式连贯地将立法权与行政权授予地方；分割式则是分开某些事务的立法权和行政权。连贯式能更多赋予地方决定事务的权力，保持立法和行政权力的一致。分割式则采取国家立法地方执行的方式，中央有间接行政权。换句话说，分割式授权下，中央委托地方的事务有立法权和监督执行权，地方依据法律执行。

2. 复合制对分权的影响

复合制的地方分权体制下联邦成员国，中央和地方之间的关系模式是，地方（联邦）自愿将自己的国家行政权力分成两个部分，一部分让渡给联邦政府统一行使，另一部分保证留在自己的中央政府手中，以划分各自的利益和管理内部的事务。这样联邦和成员国既能保持各自的独立性又能防止中央高度集权或者地方过于分权。复合制下的成员国与联邦间权力划分标准由成员国共同制定。联邦与成员国共同遵循联邦宪法。在该种模式下，联邦宪法规定联邦政府与成员国之间的职权范围。联邦宪法列举联邦和成员国的各自专有职权，同时也列举并概括联邦和成员国不能行使的权力。

3. 单一和复合制下处理剩余权的不同方式

宪法不可能将国家和其所属部分的职权列举出来，而只能原则上概括国家的职权，因此，各国的宪法都有解决剩余权归属的问题。在单一制模式下，宪法之外的职权都属于中央，中央政府支配国家权力并决定地方职权的划分范围。联邦制下，成员国让渡部分自己的权利，仅仅享有剩余权的支配权利①，可以直接参与联邦事务并且自主组织该机构。

无论是单一制还是复合制，中央都要集权，差别在于集权的程度和方式有所不同。国家采取协调模式主要受统治阶级影响，甚至是受客观的社会历史条件影响和制约。单一制国家基于单一民族和历史传统；复合制下的联邦制国家则受客观历史和民族问题的影响和制约。

2.2.3.5 政府间关系的调整方式

中央和地方关系的变化调整，即集权和分权可以采用以下几种方式：立法、司法、行政、政党和财政调整②。

1. 立法调整

所谓立法调整是指通过制定和修改宪法调整中央和地方的基本关系。因为宪法规定了中央和地方职权划分的依据，决定央地关系的基本格局。宪法规定国家拥有国防、外交、财政、经济决策等重要权力，中央政府代表国家组织实施。国家可以根据现实条件的变化通过立法机关和立宪会议修改宪法。比如美国1913年通过的《美国宪法修正案》赋予国会征收任何来源所得税的权限。这一修改增加了美国联邦的征税权，调整了美国中央和地方之间税收占比。1787年的《联邦宪法》为建立强大的中央政府，从上至下的纵向分权奠定了基础。法国1982年的《地方分权法》重新界定了政府财政、预算和税收的功能。第二次世界大战之后，日本制定的《地方自治法》规定了中央主要负责的重大事项和地方政府主要的职责分工。德国联邦、州和市政三级政府的事

①② 姜茵："政府间税权划分问题研究"，东北财经大学硕士学位论文，2010年11月。

权由基本法规定。联邦政府负责国防、外交、社会保障、社会安全和联邦范围内重要的基础设施建设（包括铁路、高速公路），教育和科技投入。州政府负责行政管理任务，比如司法管理、内部安全、文化教育和卫生事业。

2. 司法调整

中央和地方之间的权责冲突一般分为两类：一种是双方都对同一个问题有权处置，另一种是中央和地方均没有该问题的管辖权。为了明确中央和地方的职责权限，美国的司法系统采取司法审判来处理两者之间的矛盾，比如“纽约州诉合众国案”。

3. 行政调整

国家行政机关在调节中央和地方关系上可以采用的方式有：中央发布行政命令，审查和批准地方制定的法律法规，制定和修改相关行政法规。中央指导地方工作，向地方派代表或者向地方派驻机构。单一制国家的国家宪法规定，中央行政机构有权修改中央和地方关系的法规，中央选择任免能够贯彻中央首长意图和策略的地方行政长官。中央可以调整和重新设置地方行政长官的职位和任职地点，调整地方行政机关可以掌握的财力、物力资源及地方政府的支出责任范围。中国在央地之间采用行政调整方式的经验很多，其弊端也比较明显，后续章节在阐述财力与事权匹配法制化中将进一步展开。

4. 政党调整

政党在中央和地方关系的调整中起到非常关键的作用。在多党制国家，获得执政权的政党通过宪法规定的政府，制定他们认为公正或者对该政党有利的法律来影响中央和地方之间的关系。美国尼克松的“新的联邦关系”，卡特的“新的伙伴关系”和里根的“新联邦主义”体现美国联邦政府关系调整的意图。中国的国情下，宪法规定政府由中国共产党领导，党对政府的关系调整属于第一层级的协调，政府之间的关系调整属于上下级之间的二次协调。从这个意义上说，中央与地方的关系围绕中国共产党的意图而展现出来。中国共产党领导中央政府，同时通过地方党组织领导或指导地方政府，执政党运用法定程序贯彻党组织对中央和地方关系的指导意见。

5. 财政调整

中央和地方关系反映在财政上，表现为财力与支出责任的匹配关系设置上。财力依据各级政府的行政层级而划分，支出责任的划分则与政府提供公共产品的职能范围相关。两者的调整体现中央和地方二级财政治理能力。地方财力与支出责任体现在地方政府收入与支出占比的变化上。根据IMF的统计，20世纪90年代期间，美国、加拿大、德国和澳大利亚等国地方政府收支占全国财政收支比重的30%—60%。1994年分税制改革后，我国中央财政收入占全国财政收入稳定在50%以上，但是随后逐年下降。2007—2010年，中央一般预算收入占全国财政收入比重从54%下降到51%[①]。2017年8月，我国中央财政收入占全国财政收入比降到47.9%[②]，地方一般公共预算占全国一般公共预算收入的52%；中央一般公共预算支出占全国一般公共预算支出的15.6%，地方一般公共预算支出占全国一般公共预算支出的84.4%。其他市场经济国家，尽管中央政府向地方下放支出责任，但是大部分国家的中央政府仍然控制大部分的财政收入。以单一制国家为例，大部分国家中央财政收入占全国财政收入的60%以上。2007年，英国达到91.1%，法国达84.9%，西班牙达69.1%。即便是联邦制国家，比如美国达56.7%，澳大利亚达73.9%，德国达到65.3%，俄罗斯达到65.9%，南非达到86.5%。中国的财力与支出责任匹配改革，正是要解决中央和地方事权划分，政府治理职责不明晰带来的债务以及转移支付效率低下造成的财政风险问题。

2.2.4 地方财政风险控制理论

地方财政的风险控制包括内控部门控制防线和外部系统风险防控两

① 中国广播网："财政部：我国中央财政收入占全国财政收入的比重并不高"，2011年11月15日，http://politics.people.com.cn/BIG5/1027/16255808.html。

② 国库司："2017年8月财政收支情况"，http://gks.mof.gov.cn/zhengfuxinxi/tongjishuju/201709/t20170911_2695830.html。

个体系，内部风险管理控制体系和外部风险预警及危机公关体系。财政风险的控制体系与财政在国家制度结构中的地位密切相关。因此，我们在设计地方政府风险控制指标的时候，不仅要考虑到外部的风险表征形态，也要考虑到国家财政治理结构中可能表现出的风险，并试图用相应的指标表示出来。

2.2.4.1 COSO委员会提出财政的内部控制理论

当前对财政部门风险管理影响最大的理论是1992年“反对虚假财务报告委员会”分支机构COSO委员会①所阐述的内部控制理论，其框架一般包括五方面内容：环境控制、风险评价、信息与沟通、控制活动和监督。由于内部控制理论起源于企业的内控制度，以公司的财务和会计管理为主线，因而其基本内容也是围绕企业的运动设计的。比如控制环境，是包括最高管理委员会、董事和企业所有者对控制的态度及其政策和程序。风险评价则是对照会计准则，识别和分析财务报表。信息与沟通则是指企业经营过程中识别和获取真实信息，同时员工能够通过沟通得到正确的上级指令并认真执行。控制是为了实现财务报告目标而建立的各种公司流程和政策，比如恰当的审批手续、资产的记录、业绩的检查等。监督是选择合适的人员以适当的程序对企业运作的设计和控制的设计进行评估。2002年，COSO委员会从企业风险管理的视角推出《企业风险管理——整体框架》，增加了战略性控制目标，突出了企业风险控制。COSO委员会针对企业风险管理提出了“风险偏好”“风险组合”和“风险容忍度”的三个维度，在五个要素之外加入其他三个风险管理要素，包括风险管理目标设定、风险事项识别和风险的应对，同时也细化了高层管理人员的职责范围，对风险控制的重点、范围、方法和评价作了详尽说明。《企业风险管理——整体框架》研究的出发点和公司治理目标保持一致，也更有利于企业的内部控制实务，这一理论的基本框架成为当前财政风险控制制度研究的重要参考。

---

① COSO的全名是Committee of Sponsoring Organizations of the Treadway Commission，又称发起机构委员会。

另外，最高审计机关国际组织于1992年发布的《内部控制准则指南》，首次确认政府部门管理层和最高审计机关是政府内控责任主体。所谓内部控制是政府管理部门为实现政府部门目标而采取的态度、方法、程序和措施。政府部门目标是：促进有序、廉洁高效的运作，希望达到预期效果。确保公共部门提供公共产品的数量和质量。维护资源使用安全，杜绝因不当管理、差错、舞弊、浪费或滥用导致的资源损害和违规行为。遵守法律法规和管理条例，建立财务管理的数据库，维护财务管理数据库并及时合理报告披露财务和管理数据。随后，最高审计机关国际组织发布了一系列《公共部门内部控制准则指南》，这些指南为地方财政内控体系的建立提供了理论基础①。

2.2.4.2 欧盟国家财政内控风险的相关理论

欧盟2004年提出公共财政内部控制（Public Internal Fiscal Control，简称PIFC）② 的理念，提出相应的内控准则，开发一个结构化和可操作的模式来协助政府部门的改造，并且按照国际标准提升其公共部门控制系统。内部控制理论旨在从流程和制度设计上最小化风险，因而对我国地方政府的风险治理和管控有重要的借鉴意义。

1. 财政内控系统的主要目的

欧盟的公共财政内部控制理念的意义在于：保证政府能够明智且合理地运用财政资金。公共行政部门为人民筹集资金和使用资金。这些资金大部分是纳税人的钱，所以纳税人有权要求公共部门确保公共资金安全和正确管理。PIFC可以引导政府在收支机构建立最先进的行政结构以控制环境中的不确定性，旨在保证财务管理的合理、透明、有效和经济性，确保相关立法及有关立法和预算描述的准确性。财政部一直是中央权威部门，因为该部门是负责国家预算内控系统良好运转的核心。经

---

① 田志刚：《地方财政风险识别、预警与规避的内控制度研究》，中国财政经济出版社2013年版。

② EUROPEAN COMMISSION：Welcome to the world of PIFC - Public Internal Fiscal Control，2006。

验表明财政部长对改革的核心推动作用，会促进公共财政内部控制制度的推进，防止其制度碎片化。公共财政内部控制需要一个清晰而完整的战略。

2. 公共财政内控的环境

公共财政内部控制旨在提供足够透明的方法和组织结构，以保证政府预算部门的公共资金用于指定的目标。此外，内部控制环境是预防腐败和欺诈行为的一个有效工具。公共部门的外部监督由人大和最高审计机构承担。政府对人大负责，这关系到预算和会计程序的管理、实施和控制的政策，也要求系统必须由政府负责到位。内部控制措施及检验服务旨在打击欺诈和腐败。

传统的公共的内部控制系统都是基于系统集中的事前控制和事后检查。传统的公共内部控制重点针对第三方的投诉，对可疑的交易，对违反预算规则的行为（无论多么微不足道或在特定的情况下如何不可避免）和惩罚人类的错误做出反应。相比之下，与现代公共内部控制系统相比，传统的系统强调具有合法性和规律性，但缺乏管理和控制公共资金的经济、效率和有效性的标准。现代内部控制的重点是透明度，具体体现在明确责任方面的透明度，统一的方法和标准方面的透明度。透明度是政府对向其投票的公民承担的责任，因为政府代表公民征税和进行财政支出。

公共财政内部控制包括国际标准和欧盟的最佳实践，旨在为传统的国家控制系统改革提供最佳的方法，其核心价值是管理问责制和功能独立分散的内部审计观念。公共财政内部控制不注重预算和会计的技术（虽然内部控制可能会建议在这些系统的改进），也不包括检查任务，比如要欺诈或严重违规个案调查处理等。公共内部控制是预防性的措施，旨在确保适当的系统来尽可能多地阻止腐败和欺诈行为的发生。公共内部控制本身受制于由最高审计机构做出的外部评估。

3. 公共财政内控行政安排的主要要素

公共财政内控有三大基本要素：管理责任（财务管理与控制系统），功能独立的内部审计（Internal audit，简称IA）和一个中央协调单元（为前两个要素开发有关的方法和标准）。

（1）管理责任——财务管理与控制。

在公共收入和支出中心，各级管理者应为他们开展的活动负责。这些活动不仅包括业务政策，也包括财务管理和控制政策。控制第一级应在经理或者花钱人的身上。这意味着每个公共财务负责人必须建立财务管理与控制系统，进行规划、设计、预算、核算、控制、报告、归档和监测的任务。

风险评估是控制系统的一部分，作为一个客观的管理工具帮助识别风险或风险领域。风险应该评估和管理政策保持一致，但不是由内部审计师操作评估。

（2）功能独立的内部审计。

预算和支出中心应配备独立的内部审计师，以便提供内部控制系统的客观评价来帮助管理。审计师的报告直接递交到最高级别的管理者手上，但是审计师如何审计不受最高管理者的意见左右。这样设计的制度说明，内部审计不是财政服务的一部分，而是与最高层级的管理直接相关。换言之，内部审计师是辅助管理的独立意见提供者。审计师的作用是评估内部控制制度管理到位的程度，标记出弱点或者在必要的地方提供的建议和改进措施。这种职责应该在经理和审计师签订的协议中明确下来。审计工作是一组从审计职业技能标准引出的规则和道德，它并不是服从管理指令。这套规则和道德通常包含在一个名称为“内部审计道德规范”文件之中，当审计师被指定为内部审计师时签署该文件。

审计人员与传统的“检验”和“修订”的专家完全不同。审计人员注重制度设计方面的效率、经济性和有效性，他们在任何有可能危及该组织目标的实现的时候指出潜在的危险点，然后向管理人员建议如何改进系统。审计人员不该参与任何不担责任的管理活动，他们只负责评估和建议。但是由管理人员决定是否遵从他们的建议，因为管理人员负总责。审计人员不能裁决和惩罚。为了避免人为或者系统的错误，裁决和惩罚的工作可以留给管理者；或者为了避免严重的违规行为或欺诈，可以把裁决和惩罚移交给司法机关处理。

(3) 中央协调机构作为变革的动力。

如果要在给定时间内推行公共财政内控制度，需要一个中央协调机构提供改革的动力。中央协调单元基于国际公认的标准和最优实践经验，负责发展和促进内部控制和审计方法，协调新法律的实施管理责任（财务管理与控制系统）和内部审计之间的关系。中央协调单元最好设置在财政部。中央协调单元是成功引进和发展公共财政内控制度的基础性条件。该机构使得公共财政内控制度从概念转变为现实，并且已经成为公共财政内控的一部分。

（4）外部审计。

以上所述是作为政府内部控制框架的一部分。然而关键是公共财政内部控制系统以及它的良好功能受制于外部审计或者受制于独立评估的最高审计机构，比如国家审计署。国家审计署不执行权利分支机构的命令，但是作为被选出来的代表，审计署在他们能力范围内对立法机关的成员负责。国家审计署作为国际最高审计组织（The International Organization of Supreme Audit Institutions，简称INTOSAI）的成员，积极采纳并执行正确的公共部门审计标准和伦理准则。审计署经常向人大通报或者讨论其活动以及审计结果，也可以向人大提出旨在更有效率使用预算资源的法律建议。审计署的报告应该印刷出版，因为公众的监督和舆论的关注在提供必要的补救措施方面大有帮助。

国际最高审计机构已经采纳审计方案的指导方针，所谓的“立马宣言”（Lima Declaration）为审计署提供了机构性原则。这些原则主要包括以下内容：首先，要求审计署及其人员的独立性。该独立性应得到宪法的保障和最高法院的保护。其次，要求审计署的权力体现在宪法与立法之中。审计署的任务应该覆盖公共财政操作的各方面。再次，与立法机关的关系。包括审计署应该被授权每年向立法机关汇报。最后，要求政府完全或者主要对其作为与不作为负责，不能参照审计结果为自己开脱。

4. 国家审计署与公共财政内部控制之间的关系

财政部作为政府主要资金管理机构，其作用在于连接国家审计署与中央协调单元。审计署作为外部审计力量，财政部作为公共财政内部控制的权利最高主体，两者之间的密切合作和建设性对话，对建设全面有效的政府预算管理控制资源至关重要。为了支持和实现这样的合作和对话，我们认为审计署和财政部之间的联系应该由一个高层次的咨询工作组会定期会面，讨论政府财务管理和内部控制出现的问题并制定相应的解决方案。

第3章

地方财政风险的分类及内容

3.1 地方财政资源配置效率风险

自1994年分税制改革以来，中国地方政府面临财政收入的下行风险。地方一般公共收入逐年下滑，在经济结构调整和经济新常态的背景下，2015年和2016年地方财政收入的下滑趋势非常明显。除了一般政府预算收入之外，中央财政转移支付、土地出让收入和地方政府债券是地方政府财政收入的三大来源，但随着中国经济结构调整，地方政府传统的财政收入来源难以维持。

3.1.1 地方财政收入风险

供给侧结构性改革背景下，2017年地方财政收入质量不高。一些地方出于政绩观、完成考核指标的需要，仍存在收入“虚增空转”等问题，多集中在地方独享或“涉土”的一些税种。一些地方由于经济下行期税收收入增长情况不及预期，转而依赖非税收入，导致非税收入占比较高。2016年上半年甘肃非税收入占比31.8%，14个市州中有7个超过40%，最高达49.6%，个别县区最高达74.3%；前11个月海南、湖南、天津、宁夏非税收入占比分别达50.5%、42.5%、40%、34.6%。

下文拟从历史角度分析地方财政收入风险的变化趋势。

3.1.1.1　地方本级财政收入风险分析

1. 地方本级财政收入总量逐年缓慢上升

根据国家统计局和财政部数据，如图 3－1 所示，2006—2016 年，我国地方财政收入有逐年上升的趋势。2011 年地方财政收入与中央本级财政收入基本持平，2012 年地方财政本级财政收入总量逐渐超过中央本级财政收入。地方政府自身提供可用财力的总量增加。

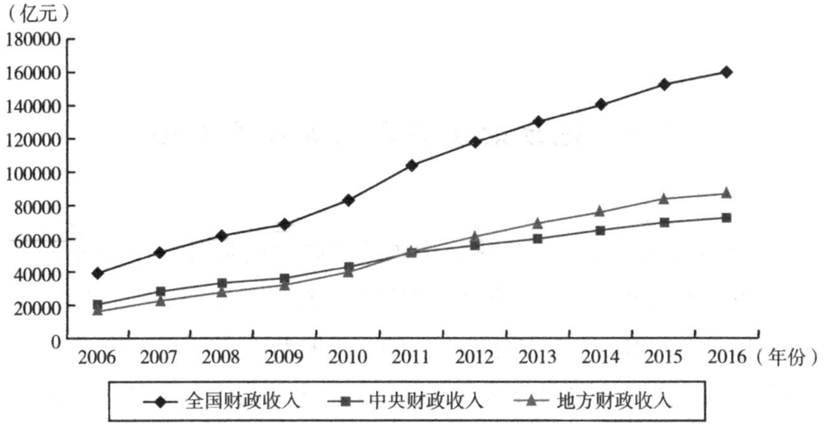

图 3－1　历年地方财政本级收入趋势图

数据来源：2006—2015 年数据来源于国家统计局网站，2016 年数据来源于财政部网站。

注：（1）财政收入中不包括国内外债务收入。（2）中央财政收入均为本级收入，不包括国内外债务收入。（3）地方财政收入均为本级收入，不包括国内外债务收入。

2. 地方本级财政收入增速慢于中央本级财政收入增速

为了说明近十年地方本级财政收入的基本情况，我们以 2006 年作为基年，对比 2006—2016 年地方本级财政收入和中央本级财政收入的增速情况。如图 3－2 所示，中央本级财政收入的增速明显高于地方本级财政收入的增速。我们认为造成这种情况的原因是，地方本级增收的动力减少，并且增收的空间没有充分释放，而且中央有意愿运用财政收入控制地方的行为，因此，地方的财政收入增速反而低于中央财政收入增速。在事权与支出责任匹配的问题上，地方政府承担大量中央转移事权下，地方真正可以调用的可用财力是有限的。这意味着地方政府支出责任如果加重的话，地方政府收支矛盾将进一步加大。我们将在后文进一步分析。

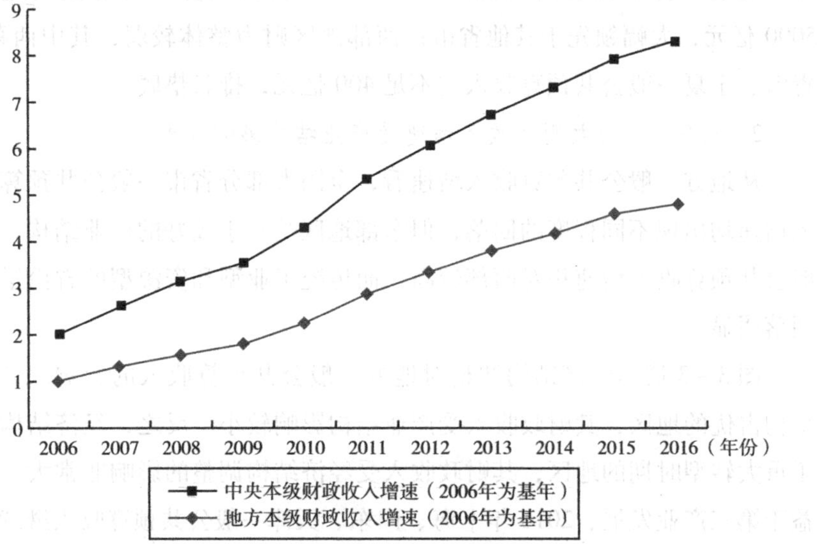

图3－2　中央－地方本级财政收入增速对比

数据来源：2006—2015年数据来源于国家统计局网站，2016年数据来源于财政部网站。

注：（1）财政收入中不包括国内外债务收入。（2）中央财政收入均为本级收入，不包括国内外债务收入。（3）地方财政收入均为本级收入，不包括国内外债务收入。

3.1.1.2　地方一般公共预算收入风险分析

2016年受经济下行导致企业利润下降，全面推开营业税改增值税试点后的政策性减收等因素影响，我国一般公共预算收入增速继续延续回落态势。2016年全年全国地方财政收入87195亿元，同比增长4.2%，增速比上年同期下降5.2个百分点。分省份看，地方财政收入在全国排前三位的是广东、江苏、上海，分别为10390.33亿元、8121.23亿元、6406.13亿元。地方财政收入增速在全国排前三位的是西藏、上海、广东，分别为17.4%、16.1%、10.3%。

1. 地方一般公共预算收入区域间差异较大

分区域看，东部地区一般公共预算财政收入整体领先，西部地区一般公共预算财政收入相对较弱。具体分析全国各省市一般公共预算收入，东部地区财政收入整体领先，其中广东、江苏、上海、山东、浙江、北京6省市位居前六位，2016年一般公共预算收入总量均超过5000亿元，大幅领先于其他省市；西部地区财力整体较弱，其中西藏、青海、宁夏一般公共预算收入均不足400亿元，排名垫底。

2. 地方一般公共财政收入增速受产业结构影响较大

从地方一般公共预算收入增速看，全国大部分省市一般公共预算收入增速均出现不同程度的回落，但东部地区受益于较好的产业结构，一般公共预算收入增速相对西部较高，而传统工业型和资源型的省份增速回落明显。

图3-3展示经济结构调整对地方一般公共预算收入的影响。经济结构占优的地区，其财政收入受产业结构影响较小。反之，经济结构处于重大转型时期的地区，其财政收入受经济结构调整的影响非常大。受益于第三产业发展，2016年上海、广东、天津一般公共预算收入继续保持两位数增幅，其中上海同比增速达16.1%，位居全国第一；西藏以低基数、高增速位列全国第二，同比增速为13.5%；出现负增长的省市包

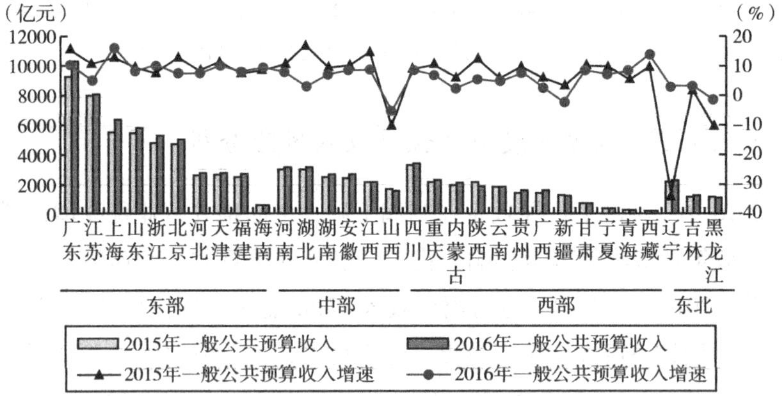

图3-3　2015年和2016年地方一般公共预算收入和增速对比

数据来源：Wind数据库。

括山西、新疆和黑龙江，同比增速分别为 -5.2%、-2.4%和 -1.1%，其中山西和黑龙江在历经2015年的大幅负增长后，降幅有所收窄。总体来看，除少数省市外，全国大部分地区财政收入增速较2015年均出现不同程度的回落，尤以传统工业型和资源型的省份财政收入回落明显，甚至出现持续负增长或低速增长局面。

3.1.1.3　地方财力比重风险分析

为了说明地方和中央的财力分配基本情况，我们用中央和地方本级收入相对收入占比情况进行分析。从图3-4可以看出，我国中央和地方的财力分配格局随着分税制财政体制的改革而逐步改进。中央政府本级收入的比重从2006年的52.8%逐步下降到2016年的45.3%，地方本级财政收入的比重从2006年的47.2%上升到2016年的54.7%。多年以来，中央的财力占比超过地方的格局明显改变。财力有进一步向地方倾斜的趋势，地方政府财力不断增强，地方自身抗击风险的能力增强。

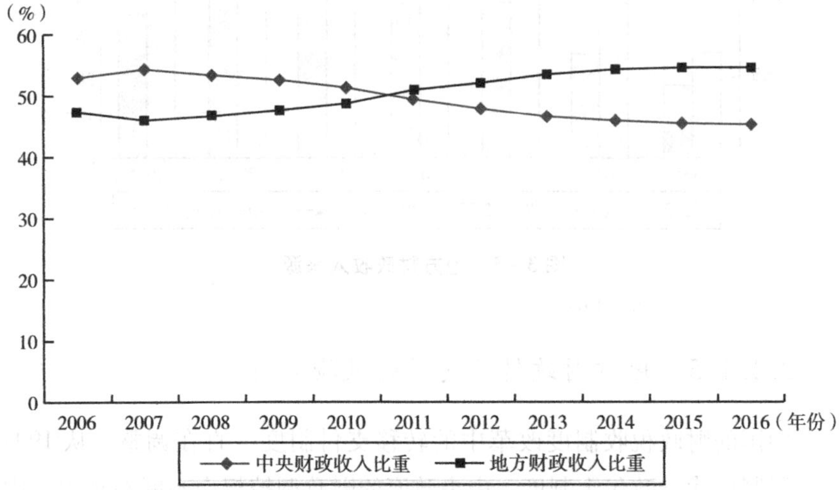

图3-4　中央和地方本级财力占比对比

数据来源：2006—2015年数据来源于国家统计局网站，2016年数据来源于财政部网站。

注：(1) 财政收入中不包括国内外债务收入。(2) 中央财政收入均为本级收入，不包括国内外债务收入。(3) 地方财政收入均为本级收入，不包括国内外债务收入。

3.1.1.4 地方财政收入汲取资源风险分析

为了说明地方财力的汲取能力，我们从地方财政收入的来源结构进行分析。如图3-5所示，2015年土地财政的势头有所减缓。土地收入占地方财政收入的比重逐渐下降，同时地方财政收入总量稳步上升，表明地方政府依靠土地获取收入的财政汲取能力发生改变。地方政府收入汲取能力有所提高。这说明地方政府不断改善收入的结构，收入汲取来源多样化，降低收入依靠某一行业而带来的风险。

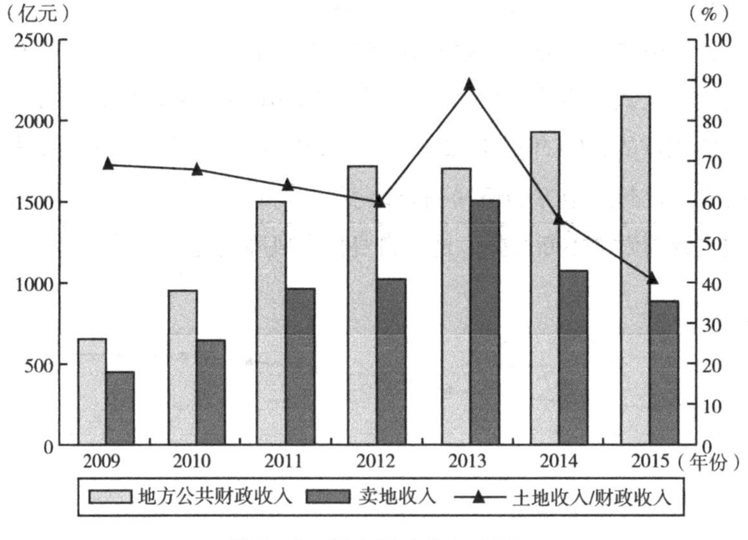

图3-5 地方财政收入来源

数据来源：国家统计局网站。

3.1.1.5 地方财政转移支付的风险分析

中国的财政税收制度改革中的转移支付制度一直在调整。从1994年分税制取代财政包干制度，中央政府的财政调控权力不断在加强。中央财政总收入占财政总收入比重从1994年的22%上升到2016年的45.4%。中央政府对地方政府的净财政转移支付从1994年的1819亿元增加到2016年的59400.7亿元，年均增幅达20%以上，并且超过同期中央财政收入的增幅。这说明中央的财政资源汲取能力和财政掌控能力正在不断增强。与此相对应，地方财政的收入除了本级收入外，相当一部分来自税收返还、一般性转移支付和专项转移支付。2016年中央对地方转移支付共计52573.86亿元，占地方财政总收入的35.9%，其中一般性转移支付31864.93亿元，专项转移支付20708.93亿元。2016年中央对地方的税收返还达6826.84亿元，占地方财政总收入的4.7%。

中央对地方的转移支付对平衡区域间发展不均衡，实现基本公共服务均等化起到重要的作用。但是专项转移支付占比一直偏高，2016年虽然占比降到了中央对地方转移支付总收入的39.4%，但仍占有较大的比例。特别是专项转移资金的使用受到各种限制，这部分财力对某些地方政府来说并不算完全可支配财力，因此，转移支付收入对相对部分的地方政府来说具有不确定性。

3.1.2 地方财政支出风险

2016年我国GDP增速为6.7%，低于2015年6.9%的增速；2016年全国一般公共预算收入增速从2015年的5.8%下降到4.5%，2017年GDP预计增长6.5%左右，经济发展处在爬坡过坎的阶段，局势复杂。地方政府支出压力在经济下行、城镇化发展和财政收入放缓的背景下进一步加大[①]。地方政府的支出数量大幅上升，增速不减。

3.1.2.1 我国地方财政支出的压力近年呈增加趋势

如图3-6所示，地方财政支出的趋势与全国财政支出的趋势大体一致，说明地方政府提供了全国大部分数量的公共品。从数量上看，2006年全国财政支出为40422.73亿元，其中中央财政支出达9991.4亿元，地方财政支出高达30431.33亿元。2016年全国财政支出增长到187755.21亿元，是2006年的4.64倍；2016年中央本级财政支出达27403.85亿元，

① 李想："将地方政府性债务关进防范风险的笼子"，《中国经济导报》，2014年10月21日。

是2006年的2.72倍；2016年地方本级财政支出达160351.36亿元，是2006年的5.27倍。以上数据说明，地方政府支出的增长速度超过了全国财政支出增长的速度，地方财政的支出压力超过中央财政的支出压力，同时也超过全国的财政支出增长压力。

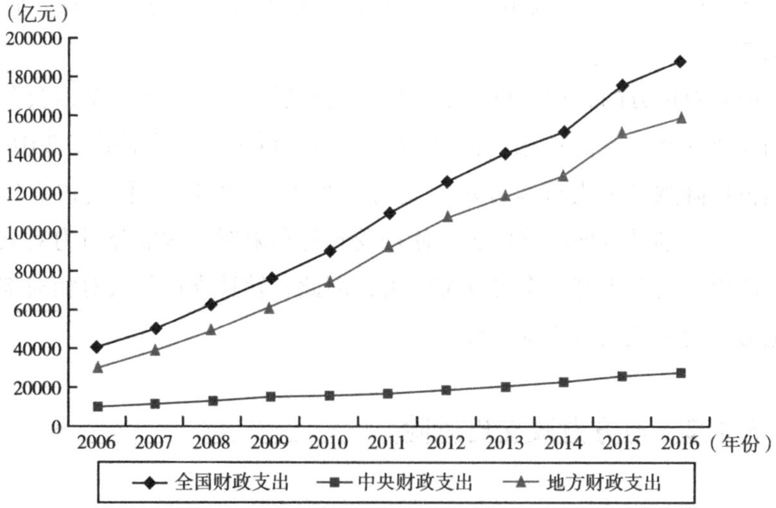

图3-6　全国、中央和地方财政支出总趋势

数据来源：2006—2015年数据来源于国家统计局网站，2016年数据来源于财政部网站①。

3.1.2.2　地方政府的支出责任在不断加大

从图3-6中的趋势可以看出，2006—2016年中央本级的财政支出比较平稳，说明中央的支出责任近10年变化不大。另外，地方政府的支出责任随着经济发展的变化而基本同步变化，地方政府在提供公共品数量方面起主导作用，地方政府逐渐成为拉动经济支出的主要动力。在

① 注：（1）从2000年起，财政支出中包括国内外债务付息支出。（2）与以往年份相比，2007年财政收支科目实施了较大改革，特别是财政支出项目口径变化很大，与往年数据不可比。2007年起财政支出采用新的分类指标。（3）中央财政支出均为本级支出，2000年以前不包括国内外债务还本付息支出和利用国外借款收入安排的基本建设支出，从2000年起，中央财政支出中包括国内外债务付息支出。2007年起财政支出采用新的分类指标。（4）地方财政支出均为本级支出，2000年以前不包括国内外债务还本付息支出和利用国外借款收入安排的基本建设支出。（5）2007年起财政支出采用新的分类指标。

资源拉动经济增长的模式没有改变的情况下，可以推断出地方政府承担的支出责任也在不断加大。在后文我们将进一步具体分析地方政府在哪些方面的支出在不断增长。

为了进一步说明中央和地方财政支出比例的情况，我们对比中央本级财政支出占全国支出比重和地方本级财政支出占全国财政支出的比重，从图3-7可以看出，中央财政支出的比重在11年间呈现不断下降趋势，从2006年的24.7%下降到2009年的20%以下，基本持平到2016年的14.6%。与此相反，地方财政的支出比重从2006年的75.3%上升到2009年的80%，然后持平在2016年的85.4%，11年上升了10.1个百分点。地方政府承担的支出责任占比远远高于中央政府，意味着地方政府承担的事权也高于中央政府。这印证了许多文献描述的"中央事权下放到地方"的情况。

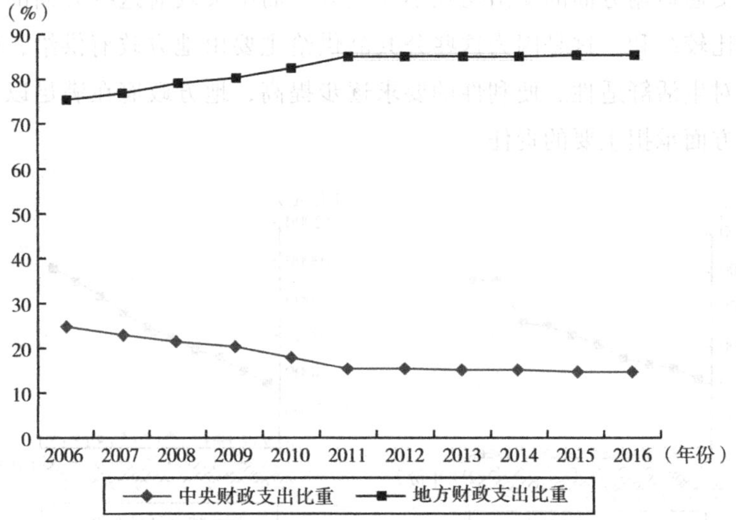

图3-7　中央和地方财政支出比重

数据来源：2006—2015年数据来源于国家统计局网站，2016年数据来源于财政部网站。

3.1.2.3　地方财政支出在基本公共服务方面不断增加

国务院2016年8月印发《关于推进中央与地方财政事权和支出责任划分改革的指导意见》。该文件第一次系统提出从政府公共权力纵向配置角度推进财税体制改革。文件中提到事权是“大事权”的概念，涉及行政权、立法权、司法权等广义公共服务部门权利的划分①。由于本书主要讨论财政领域的事权和支出责任的匹配性，本书的事权主要是指某一级政府应该承担的事项。本书集中在中央和地方支出有交叉的领域，如国防、外交、教育、医疗卫生、环境保护、交通运输等。我们利用2007—2015年的数据比较以上领域中央和地方的事权划分情况，从分析支出的比例和结构出发，分析中央和地方事权的划分合理状况。

我们从图3－8和图3－9看出，中国地方政府在外交和国防支出方面的变化比较平稳，中央在外交和国防方面支出近年来有攀升的迹象，中央财政负责大部分的外交和国防支出。从图3－10、图3－11、图3－12和图3－13可以看出，地方政府在教育、医疗卫生、环境保护和交通运输方面的支出均在不断上升，而中央政府这些方面的支出相对比较缓和。这是因为这些公共品供给主要由地方政府供给，随着人们对生活舒适性、便利性的要求逐步提高，地方政府在满足以上公共品方面承担主要的责任。

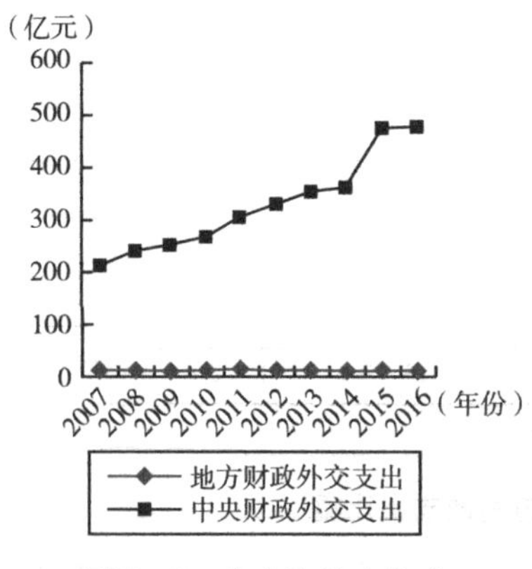

图3－8　中央和地方外交支出历年对比

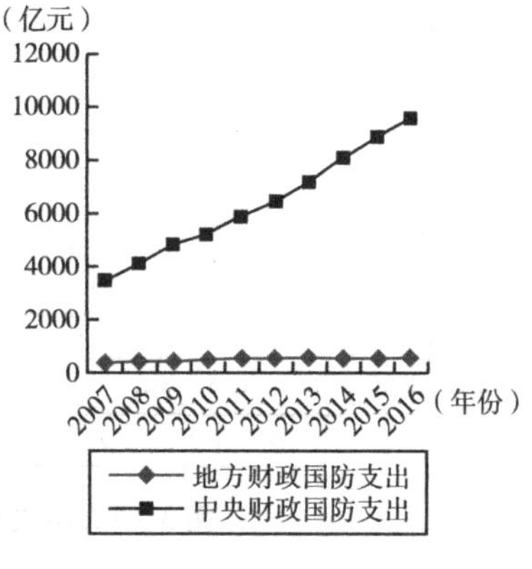

图3－9　中央和地方国防支出历年对比

① 人民网：“中央与地方财政事权划分改革启动‘大事权’概念破冰”，http：//hi.people.com。

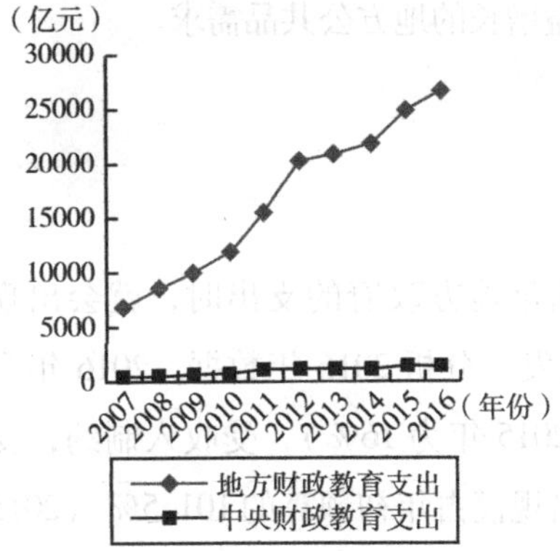

图3-10　中央和地方教育支出历年对比

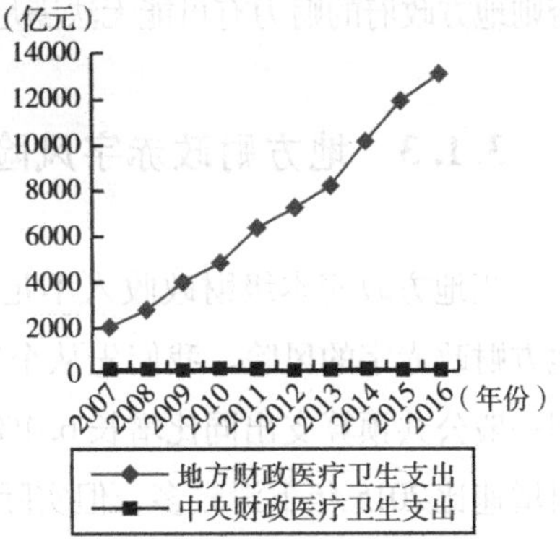

图3-11　中央和地方医疗卫生支出历年对比

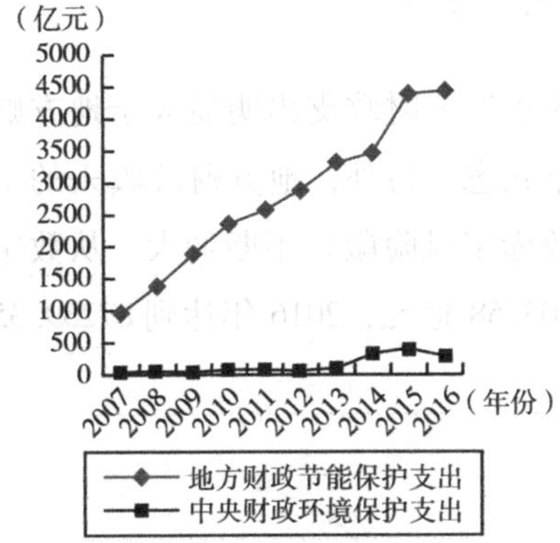

图3-12　中央和地方环保支出历年对比

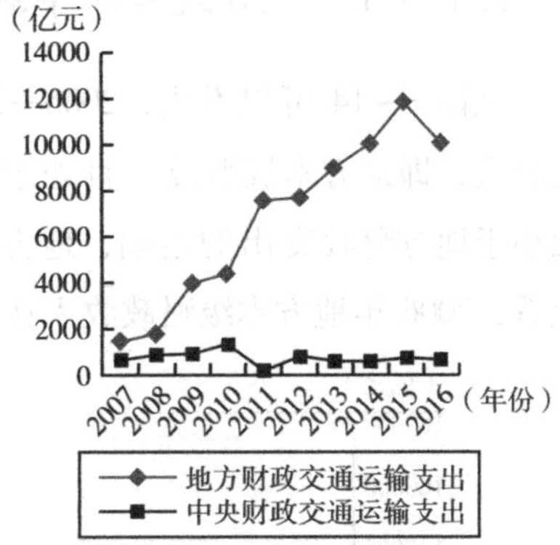

图3-13　中央和地方交通运输支出历年对比

数据来源：2006—2015年数据来源于国家统计局网站，2016年数据来源于财政部网站。

从图3-8至图3-13中我们大体可以判断，我国中央政府主要负责提供国防、外交的外溢性较弱的纯公共品，地方政府主要负责提供教育、医疗、环保和交通这类外溢性较强的公共品，同时也担负少量国防和外交这类全国性公共品。现在的问题在于，人民日益增长的对美好生活的需要会造成地方财政支出的巨大压力。财政支出总量上的不断增长，表现在教育、医疗、交通和环保方面的资金渴求度更高。这意味着中央的财力配置应该在以上方面给予地方政府更多的转移支付或者是项目资金配套，否则地方政府的财力有可能无法满足日益增长的地方公共品需求。

3.1.3 地方财政赤字风险

当地方政府本级财政收入不足以满足地方政府的支出时，就会出现地方财政赤字的风险。我们先从个案出发，分析2016年数据。2016年全国一般公共预算支出同比增长6.4%（2015年为16%），受收入制约，支出增速比2015年下滑较多，但实际支出规模占年初预算的101.5%（2015年为99%），实际赤字率为3.8%（2015年为3.5%），超年初预算0.8个百分点。如果加上政府性基金赤字规模，实际赤字率达到4.3%。

3.1.3.1 地方政府赤字缺口不断加大

从图3－14可以看出，2006—2016年地方财政支出明显大于地方财政收入，即地方本级财政一直处于赤字状态。另外，地方财政收入的增幅小于地方财政支出的增幅，地方财政赤字风险敞口不断加大。从数字上看，2006年地方本级财政收入达18303.58亿元，2016年达到87239.35

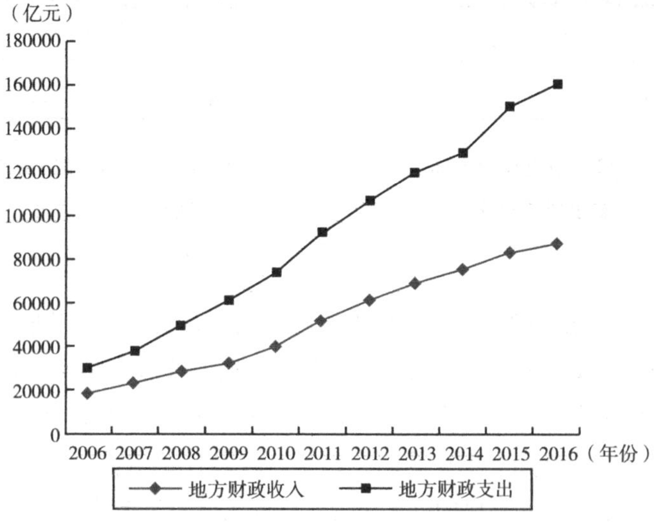

图3－14 地方政府收入和支出趋势比较

数据来源：2006—2015年数据来源于国家统计局网站，2016年数据来源于财政部网站。

亿元，2016年地方本级财政收入是2006年的4.8倍。与此相对应，2006年地方本级财政支出达到30431.33，2016年为160351.36亿元，2016年地方本级财政支出是2006年的5.3倍。也就是说，以2006年为基年，2016年地方财政支出的增长率超过同年地方财政收入增长的0.5。2006—2016年，地方政府的收入增长率低于其支出增长率，赤字风险成为常态。

3.1.3.2　地方财政本级赤字的增幅大于全国财政赤字增幅

为了对比说明地方政府财政赤字风险的历史状况，我们将历年全国财政赤字、中央财政赤字和地方财政赤字的趋势一起比较。如图3－15所示，2006—2016年中央财政没有赤字，地方财政赤字的增加趋势明显高于全国财政赤字的趋势。2006年全国财政赤字为1662.53亿元，2016年达到28150.24亿元，是2006年的16.9倍。2006年地方财政赤字为12127.75亿元，2016年达到73112.01亿元，是2006年的6.03倍。而中央财政常年没有赤字，其本级财政收入2006年盈余10465.22亿元，2016年为44961.77亿元，2016年盈余是2006年的3.3倍。从侧面证实了“中央财政喜洋洋，省市财政勉勉强强，县级财政拆东墙补西墙”的局面。

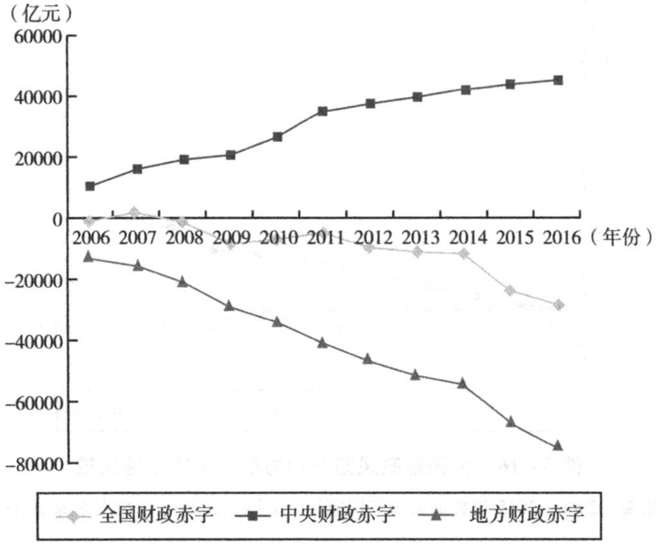

图3－15　历年全国、中央和地方财政赤字对比

数据来源：2006—2015年数据来源于国家统计局网站，2016年数据来源于财政部网站。

地方本级财政支出远远大于其收入意味着，如果中央的转移支付没有正确对接地方本级财政的支出缺口①，地方政府将以发债的方式融资，以获得更多资金提供公共品。这将导致地方政府的债务缺口，并且影响地方政府的可持续发展。

3.1.3.3 地方财政赤字增长速度高于全国财政赤字增长速度

我们以2006年作为基年计算财政赤字的增长速度，其计算公式为：财政赤字=财政收入-财政支出，赤字增长率(%)=(报告期水平-基期水平)/期水平×100%=增长量/基期水平×100%，结果如图3-16所示，由于2007年全国财政盈余，所以在图上显示增长率为负数。我们用全国财政赤字增长速度衡量全国财政赤字增长率，其波动较大，意味着公共风险变化较大，处于突然间变大的趋势。相比而言，地方财政赤字增长率较为平稳，总体呈上升趋势，意味着地方财政的赤字波动风险较小，风险控制得较为平稳。相比之下，全国财政赤字的增长率波动较大，意味着公共风险的控制机制没有很好发挥作用，今后应该成为风险监控发展的重要方向。

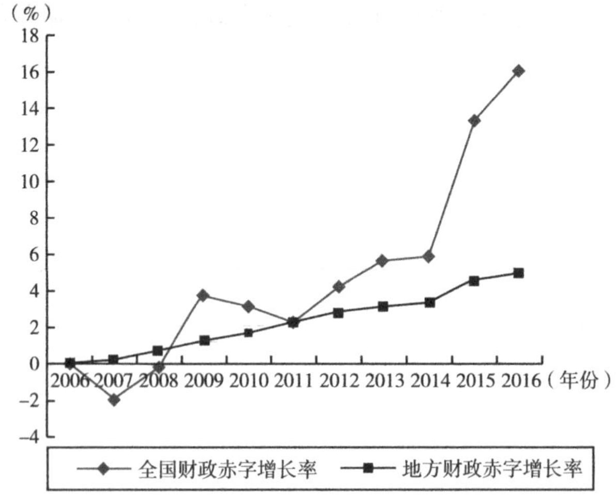

图3-16 全国财政风险与地方财政风险增速比较

数据来源：2006—2015年数据来源于国家统计局网站，2016年数据来源于财政部网站。

---

① 景宏军："城市化进程中地方财政风险形成与防控"，《地方财政研究》，2015年第10期。

我国地方政府性债务是地方财政风险爆发的表征之一。一方面，我国经济发展增速放缓，财政收入增速下降，而发展地方经济需要资金支持，地方政府举借债务发展地方经济；另一方面，地方政府性债务积累过多过快，地方政府面临还本付息的双重压力。事权与支出责任不匹配的情况下①，地方政府分担了大部分的公共品，包括国防和外交这类本应该属于中央财政直接负担的全国性公共品以及地方各类公共品，地方政府财政的支出往往大于本级收入，再加上转移支付制度下资金分配的不确定性，许多地方政府用借债的方式融资，用未来的收益做抵押采用金融方式将风险后移。由于政府的短视和官员任期的变动，债务风险的后移效应很难纳入债务监管体系中，对经济的稳定增长造成影响。

3.2 地方财政运行可持续性风险

我们认为地方政府运行可持续风险主要表现在以下几个方面：一是当前地方政府面临的宏观经济发展的约束条件带来的不确定性风险；二是某些地方政府在全球生态环境不确定情况下造成的收益风险；三是当前债务的基础设施投资方向的收益滞后，其财务状况表现出资金流断裂的风险。也就是说，地方政府财政风险既有外部环境造成的风险，包括历史遗留的存量债务风险，也有未来地方政府在运用债务方式对内投资和对外投资过程中的风险。本书后面章节拟从过去—现在—未来三个时间维度，以及内外两个空间维度建构指标体系，全面地控制地方政府的财政风险。

3.2.1 全球生态环境和人口资源变化的不确定性风险

资源是人类社会生存与发展的基础和保障。我国现阶段经济发展迅速，但资源短缺、环境污染等问题成为阻碍可持续发展的藩篱。这与过

① 杨梦洁：“财政分权制度下地方政府环境治理问题及应对策略分析”，湖南大学硕士学位论文，2015年3月。

去粗放型的经济发展方式有密切关系。中国在改革开放30年内实现了年均10%的经济高速增长，经济总量规模由占从全球2%以下上升至10%以上，排名世界第二①。近年来，中国人均GDP继续上升，2016年人均GDP达8865.999美元。在GDP政绩观、税收竞争、晋升锦标赛和财政分权的体制下，特别是环境作为公共品有外溢性的情况下，地方官员很难自觉转向环境治理。中央目前把环境治理绩效纳入地方政府官员的考核体系，并加大巡查力度。地方官员在面临约谈、问责和考核的制度约束下，开始主动谋求经济发展方式转型。我国经济的发展以资源消耗和环境污染为代价，其技术创新能力仍有待提高。地方政府高耗能、高污染的生产方式已经不能够持续，在自然生态环境、人口、资源的约束下，这种模式必须改变。

3.2.1.1 地方政府面临生态、资源、人口红利压力

2021年，中国经济总量占全球经济比重预计超18%，对世界经济增长的贡献率达25%左右。人均国内生产总值超8万元人民币，按年均汇率折算为12551美元，超世界人均GDP水平，接近高收入国家人均水平下限。经济领域中独特的“中国模式”在引起国际关注的同时，也常常遭受质疑和批判。中国高速发展模式伴随着资源的浪费和环境的破坏，这种粗放型经济发展模式超过了生态环境的可承受范围。党的十八大明确提出“绿色发展”和“生态文明建设”理念的具体步骤正在一步步实施。国家领导人多次重申生态环境的重要性，坚持“宁要绿水青山，不要金山银山”的发展模式，严厉处罚损害生态环境的行为。

1. 地方政府承担生态环境治理责任

（1）国务院印发文件明确中央和地方环保责任。

国务院办公厅2020年7月10日印发《自然资源领域中央与地方财政事权和支出责任划分改革方案》指出，要以习近平新时代中国特色社会主义思想为指导，全面贯彻党的十九大和十九届二中、三中、四中全

① 贾康：“‘十三五’时期的供给侧改革”，《国家行政学院学报》，2015年第6期。

会以及中央经济工作会议精神，贯彻落实习近平生态文明思想，健全充分发挥中央和地方两个积极性体制机制，优化政府间事权和财权划分，建立权责清晰、财力协调、区域均衡的中央和地方财政关系，形成稳定的各级政府事权、支出责任和财力相适应的制度，促进自然资源的保护和合理利用，维护国家生态安全，为推进美丽中国建设、实现人与自然和谐共生的现代化提供有力支撑。各级政府要根据改革确定的中央与地方财政事权和支出责任划分，按规定合理安排预算，确保职责履行到位。要按照全面实施预算绩效管理的要求，着力优化支出结构，提高自然资源领域财政资源配置效率和使用效益，促进自然资源的保护和合理利用。要参照本方案要求，结合本省实际，合理划分省以下自然资源领域财政事权和支出责任。要将适宜由地方更高一级政府承担的自然资源领域基本公共服务支出责任上移，避免基层政府承担过多支出责任[①]。

（2）生态环境领域明确中央和地方事权与支出责任的划分。

2020年，国务院办公厅印发的《生态环境领域中央与地方财政事权和支出责任划分改革方案》明确了中央和地方的环保实施的职责和支出责任。

在生态环境规划制度制定方面，将国家生态环境规划、跨区域生态环境规划、重点流域海域生态环境规划、影响较大的重点区域生态环境规划和国家应对气候变化规划制定，确认为中央财政事权，由中央承担支出责任。将其他生态环境规划制定确认为地方财政事权，由地方承担支出责任。

在生态环境监测执法方面，将国家生态环境监测网的建设与运行维护，生态环境法律法规和相关政策执行情况及生态环境质量责任落实情况监督检查，全国性的生态环境执法检查和督察，确认为中央财政事权，由中央承担支出责任。将地方性的生态环境监测、执法检查、督察确认为地方财政事权，由地方承担支出责任。

在生态环境管理事务与能力建设方面，将国务院有关部门负责的规

① 国务院网站：国务院办公厅印发《自然资源领域中央与地方财政事权和支出责任划分改革方案》。

划和建设项目的环境影响评价管理及事中事后监管，全国性的重点污染物减排和环境质量改善等生态文明建设目标评价考核，全国入河入海排污口设置管理，全国控制污染物排放许可制、排污权有偿使用和交易、碳排放权交易的统一监督管理，全国性的生态环境普查、统计、专项调查评估和观测，具有全局性和战略性意义、生态受益范围广泛的生态保护修复的指导协调和监督，核与辐射安全监督管理，全国性的生态环境宣传教育，国家重大环境信息的统一发布，生态环境相关国际条约履约组织协调等事项，确认为中央财政事权，由中央承担支出责任。将地方规划和建设项目的环境影响评价管理及事中事后监管，地方性的重点污染物减排和环境质量改善等生态文明建设目标评价考核，控制污染物排放许可制的地方监督管理，生态受益范围地域性较强的地方性生态保护修复的指导协调和监督，地方性辐射安全监督管理，地方性的生态环境宣传教育，地方环境信息发布，地方行政区域内控制温室气体排放等事项，确认为地方财政事权，由地方承担支出责任。

在环境污染防治方面，将跨国界水体污染防治确认为中央财政事权，由中央承担支出责任。将放射性污染防治，影响较大的重点区域大气污染防治，长江、黄河等重点流域以及重点海域、影响较大的重点区域水污染防治等事项，确认为中央与地方共同财政事权，由中央与地方共同承担支出责任。适当加强中央在长江、黄河等跨区域生态环境保护和治理方面的事权。将土壤污染防治、农业农村污染防治、固体废物污染防治、化学品污染防治、地下水污染防治以及其他地方性大气和水污染防治，确认为地方财政事权，由地方承担支出责任，中央财政通过转移支付给予支持。将噪声、光、恶臭、电磁辐射污染防治等事项，确认为地方财政事权，由地方承担支出责任。

在生态环境领域其他事项方面，将研究制定生态环境领域法律法规和国家政策、标准、技术规范等，确认为中央财政事权，由中央承担支出责任。将研究制定生态环境领域地方性法规和地方政策、标准、技术规范等，确认为地方财政事权，由地方承担支出责任。生态环境领域国际合作交流有关事项中央与地方财政事权和支出责任划分按照外交领域改革方案执行。中央与新疆生产建设兵团财政事权和支出责任划分，参照中央与地方划分原则执行；财政支持政策原则上参照新疆维吾尔自治区有关政策执行，并适当考虑新疆生产建设兵团的特殊因素。

（3）中央对地方政府环保督查日趋密切。

根据环保部网公布的信息，截至2022年4月25日22：00，第二轮第六批5个中央生态环境保护督察组，截至4月25日，各督察组共收到群众来电、来信举报16041件，受理有效举报13881件，经梳理合并重复举报，累计向相关省（区）和兵团转办11694件。相关省（区）和兵团已办结或阶段办结6952件。其中，立案处罚1299家，立案侦查62件；约谈党政领导干部257人，问责党政领导干部200人。

2. 地方政府面临人口负债、老龄化和人才竞争的压力

从经济学角度看，土地资源、资本投入和人力资本投入是解释地区经济增长的不变法则，但人力资本在当今的经济增长中起到更为核心的作用。中国的财富是通过人力低工资、低福利的社会保障制度而积累的结果。人口红利与经济发展密切相关，经济发展最终是为了人本身的生存和发展。地方政府面临人口增长率过快下滑，人口结构过快少子化、经济主力人口规模（22—44岁）萎缩和老年化的状况。这些状况与其他遭遇中等收入陷阱的国家情况不同，出现的断崖式人口减少会对国民经济生产造成排浪式的下行波动，继而影响国民经济的投资、消费和劳动力供给等多方面。人口的快速减少风险将造成经济发展的急速转变和经济增长的持续下行。

（1）我国人口红利转变过快带来经济波动风险。

保证中国30年的经济高速增长的一个关键因素是人口红利，但是如今正迅速转变成人口负债①，这种变化成为经济平稳发展的扰动因素。所谓“人口红利”指的是某段时期内儿童和老人抚养比率较低，劳动人口占总人口比重较高，劳动力供给较为丰富的经济发展时期。根据国外学者研究结果显示，人口红利对中国的经济发展有重要的作用。改革开

① 王羚：“从人口红利到人口负债，经济持续增长路在何方”，《第一财经》，2016年11月14日，http：//www.yicai.com/news/5156922.html。

放以来，我国抚养比下降对人均 GDP 增长率的贡献达到 27%（蔡昉，2008），人口红利对经济的贡献达到 15%①。我国人口红利的变化特点在于，严格的计划生育政策在短时间内迅速压低了生育率。与经济增长相对应的是，我国在不到 30 年时间内走过了发达资本主义国家上百年的经济历程，同时人口增长率的转变也迅速从人口红利大国变成人口老龄化大国。国家统计局数据显示，2015 年中国 0—15 岁少儿占总人口比重为 17.6%，60 岁以上老人占总人口比重为 16.1%。这种快速老龄化与少子化的并存现象，对经济发展造成的波动风险尤为巨大。按照国际惯例，65 岁以上人口比重超过 7% 的社会即为老年社会。而 2010 年人口普查数据显示，我国 65 岁及以上人口占总人口比重已高达 8.87%。联合国预测中国这一比重到 2020 年将提高到 13.6%，2050 年提高到 30.8%。按此我们可以推算，我国三十年来靠无限供给劳动力的经济增长方式已经不能继续，这也意味着我国的人口红利已经转变成人口负债。

越来越多的学者意识到，通过降低生育率促进经济发展不是长久之计。这只不过暂时降低了抚养负担，但是未来劳动力减少和老龄化之间的缺口形成的负债必然要偿还。这逼迫地方政府不得不转变产业发展的思路，以创造新的经济增长。过去的人口红利是借债城镇化将农民从农业部门转入到城市中的非农业部门，以部门转换获得更高的生产率（蔡昉，2016）。现在城镇化过程中，户籍改革助推劳动力的非农部门流动，但是其数量减少已经无法挽回。因此，提高劳动者参与劳动的比率，提高劳动力素质，纵向挖掘劳动力创造财富的潜能以推动经济增长，是地方政府不得不考虑的新经济增长模式。

（2）我国人口数量断崖式减少和人口结构老龄化风险。

我国人口数量呈现断崖式减少的风险。目前，我国面临少子化的社会问题，我国 90 年代人口比 80 年代出生的人口少 30%—40%（梁建章，2016），而 00 后出生人口比 90 后少 20%。这意味着我国人口数量呈现“断崖式”的减少。根据国家统计局统计数据，我国劳动年龄人口自 2012

① 谢建国、卞丽娟：“基于消费—收入生命周期的中国人口红利测算及国际比较”，《财经理论与实践》，2016 年第 3 期。

年已连续五年净减少。2016 年全国劳动年龄人口比 2015 年减少了 349 万人。

从人口结构分析，2016 年 60 周岁及以上人口达到 23086 万人，占总人口的 16.7%，比 2015 年增加了 0.6%；65 周岁及以上人口达到 15003 万人，占总人口的 10.8%，比 2015 年增加 0.3%。如图 3-17 所示，我国 65 岁以上人口的数量不断上升，从 2006 年的 10384 万人增长到 2015 年的 14386 万人，增长了 38.5%。

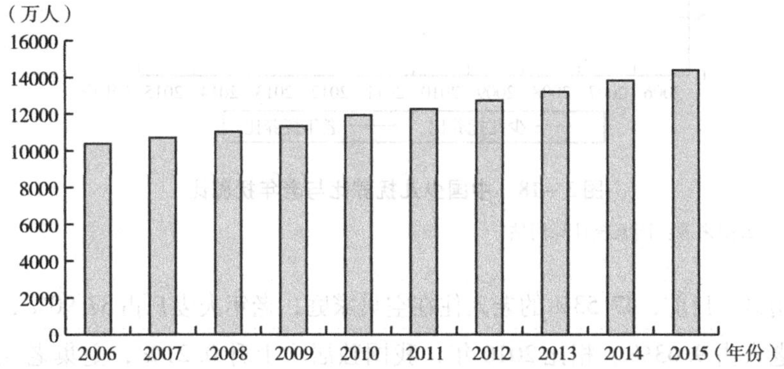

图 3-17　中国 65 岁以上人口数量

数据来源：国家统计局网站。

根据 2016 年《中国统计年鉴》公布的 2015 年人口抽样调查结果，中国 2015 年的总和生育率仅为 1.05。这个统计数据意味着中国的生育水平比世界银行公布的 2014 年所有其他国家和地区的生育率都低。从图 3-18 可以看出，中国少儿抚养比在 2010 年下降得比较厉害，从 2006 年的 27.3% 下降到 2010 年 22.3%，此后平稳在 22% 左右。老年抚养比则缓慢上升，从 2006 年的 11% 上升到 2015 年的 14.3%。这意味着我国人口结构的老年化趋势比较明显。

地方政府必须面对人口老龄化造成的养老问题。截至 2014 年，数据显示，我国 60 岁及以上的老年人口占总人口比重达 15.5%，我国养老形势非常严峻①。调查发现，我国老年人空巢化的程度加剧，空巢化趋

① 人民日报海外版："我国老年人数比重达 15.5% 未来养老形势将异常严峻"，2015 年 12 月 1 日，http：//www.laoren.com/ylzx/2015/502412.shtml。

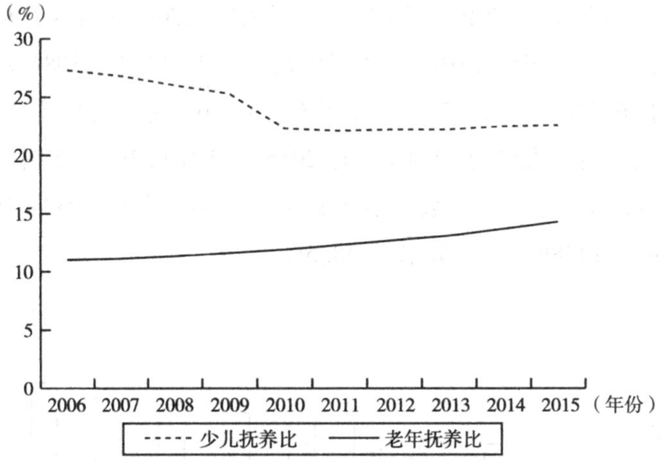

图 3－18　中国少儿抚养比与老年抚养比

数据来源：国家统计局网站。

势明显。目前，47.53%的老人住在空巢家庭，老年夫妻户占37.90%，独居老人占9.63%。相比2010年，我国独居户上升0.21%，空巢老人的夫妻户比例上升9.02%①。中国现实的情况是一个老人病了，一个孩子还能勉强抽时间照顾。如果几个老人同时生病，独生子女如何协调时间尽孝？以北京为例，2013年某些养老院的床位已经排到100年以后。2014年被调查老年人的平均家庭规模为3.27人，与老年人同吃住的家庭成员数以2人为主，约占总家庭规模数的四成。因此，人口老龄化带来的养老问题将是地方政府需要解决的大问题。

(3) 地方政府面临人才竞争影响经济发展的风险。

我国没有完成农业和工业现代化的过程，面临未富先老的风险。倒金字塔式的人口结构变化会直接导致劳动力市场变化，导致经济增长下降。这对地方政府发展以技术创新为主导的产业结构会产生不利影响。新兴产业取代传统产业势不可挡，地方的竞争从简单的招商引资式的资源拉动型过渡到争抢人才的竞争。自我创新的能力与人口年龄结构有较

① 杜鹏、孙鹃娟、张文娟、王雪辉："中国老年人的养老需求及家庭和社会养老资源现状——基于2014年中国老年社会追踪调查的分析"，《人口研究》，2016年第6期。

强相关性。

在我国大力倡导走创新型国家发展之路的政策背景下，如果没有相当数量具有活力和创新能力的年轻人，中国未来技术引领世界的后劲不足。在这种背景下，地方政府不得不应对人才影响经济发展的风险。

首先，中国人口增长出现刘易斯拐点，地方政府从农村大量转移劳动力发展城镇经济的发展模式不能够持续。从2012年我国劳动力数量首次出现绝对值下降开始，我国劳动力人口以每年400万的速度迅速减少。世界银行2014年的报告提出，中国的劳动力供应已经从结构性相对短缺转变为绝对短缺。中国农村的剩余劳动力供应不足会导致劳动力成本的迅速上升，这对没有高附加值竞争力产业的地方经济无疑会产生巨大风险①。

其次，地方政府对高技术和高创新能力的人才需求很大，地方政府之间人才竞争激烈。2017年中国二线城市向一线城市发起人才大战的猛攻。在一线城市控制外来人口流入的情况下，二线城市纷纷推出吸引人才落地的政策。一是大幅度降低落户门槛。比如长沙市“人才新政22条”规定本科生“零门槛”落户②。相比武汉要求本科生必须在毕业三年内才能落户，三年以上的需缴纳社保的条件而言，长沙吸引年轻人才的力度更大。二是人才奖励的面更大更宽。长沙向深圳和广州学习，对本科生直接发放补贴，这在中西部地区还没有出现过先例。三是对人才购房放松限制，用房子留住人才。长沙出台房产政策，在长沙购首套房的专科以上或具备技师及以上职业资格的人才，不受社保和户籍的限制。武汉2017年计划年均筹集和建设50万平方米以上人才公寓，预计5年内满足20万人租住需求，同时创造条件保持房价在中部城市相对低价，帮助大学毕业生以低于市场价20%买到房③。南京住房新政提出，获得硕士学位以上留南京工作的毕业生，免除江宁、浦口等五区

---

① 盛玉雷：“吸引人才不能止于短期刺激”，《人民日报》，2017年8月10日。

② 孙不熟：“人才争夺战！二线城市向一线发起总攻……”，2017年7月2日，http://www.sohu.com/a/153872963_465169。

③ 谢慧敏、胡弦、杨然：“武汉将创造‘大学+’新模式”，《湖北日报》，2017年8月27日。

的社保证明[①]。这一新政旨在吸引300公里以外流向上海的人才涌入南京。成都酝酿的“蓉漂计划”人才安居工程，外地人才可免费在青年驿站入住7天；找到工作的人才可入住政府提供的公寓，入住5年后可申请按地方市场价格购买[②]。

最后，人口结构影响教育资源的配置。未来劳动力的培养离不开地方政府教育资源的配置。随着少儿抚养比的下降，义务教育阶段的教育资源浪费巨大。2000年我国的少儿抚养比为32.6，2015年降至22.6[③]。2000—2010年，我国6—14岁学龄儿童从2.05亿人减到1.58亿人，全国农村和城市的小学数量锐减。以北京为例，2000—2012年，北京的常住人口增长了687万人，但是小学数量减少1088所，专任教师减少1.5万人。

（4）地方高素质人才单向流动加剧区域经济不平衡风险。

人才的流动对拉动地区经济发展起到正面促进作用。高素质人才向资源密集地方聚集，欠发达地区出现高素质人才外流，加剧了地区之间经济不平衡的风险。比如中部地区四川、安徽、河南等人口大省出现人口逆差，东北地区辽宁、吉林、黑龙江则出现人口自然锐减甚至负增长的情况。经济衰退的地方，其人口流出更多，导致经济发展没有人口红利的支撑，更加剧了经济的衰退。根据第六次全国人口普查调研数据，每年东北三省流出人口约为200万人。年轻人离开东北到深圳打工追求更高的薪资。据人社部2017年社会保险发展年度报告相关数据，养老保险基金不平衡现象已经存在很久。东部地区青年人口较多，中西部地区老龄化程度高，养老金支出大，已经出现亏空。黑龙江省的抚养比是1.3∶1，而广东省的抚养比是9∶1。人口流动导致抚养比差异过大，需要进一步发挥中央调剂制度在全国范围内互助共济。

东北出生率低更凸显人口结构老龄化，影响经济发展的动力。随着东北地区年轻人口的不断净流出，东北经济增长的活力影响其区域增长

① 王培琳：“加快建设美好新海南期待‘您’”，《海南日报》，2017年6月30日。

② 王登海：“兰州限购升级 专家担忧或致人才流失”，《中国经营报》，2017年9月4日。

③ 该数据来自国家统计局网站。

率。辽宁省经济增速从2010年起连续四年下降，再到2014年下半年出现负增长，最后到2015年全国经济排名垫底。与此同时，2013年辽宁老年人口占总人口的18.5%，高于全国老年人口占比14.9%近3.6个百分点，人口增长率达-0.5%。

3.2.1.2 地方政府牺牲环境的增长方式不可持续

我国地方政府资源消耗型粗放式增长的模式在推动经济增长的过程中一度发挥重要的作用，但是其副作用也非常明显。根据《中国环境经济核算研究报告2008（公众版）》披露，我国2008年生态环境退化成本占当年GDP的3.9%，总计12745.7亿元。其中，环境污染成本8947.5亿元，占生态环境总损失的70.2%。因为开发森林、湿地、草地和矿产开发而造成生态的破坏损失达到为3798.2亿元，占生态环境总损失的29.8%。和2004年相比，环境退化成本增加74.8%。这意味着2008年以来我国高速经济增长付出了生态环境的重大代价[①]。

历年《中国环境环境状况公报》显示，公众关心的大气、水、土壤污染状况依然堪忧，地方政府以往的牺牲环境发展经济的方式不可持续。空气污染方面，2016年全国338个地级及以上城市中，仅24.9%的城市环境空气质量达标。京津冀地区13个城市优良天数平均占全年天数的56.8%。338个地市级以及以上城市2016年以PM2.5为首要污染物的天数占重度及以上级别污染天数的80.3%，2016年338个城市重度污染和严重污染达到3248天次。水质方面，474个城市（区、县）中酸雨城市比例为19.8%。酸雨污染地区主要分布于长江以南至云贵高原以东地区，酸雨类型总体仍为硫酸型。6124个地下水水质监测点中，较好及以上水质占比仅39.9%，较差及以下水质占比60.1%。耕地面积方面，2015年全国净减少耕地面积5.95万公顷，其中因建设生态退耕、灾毁、占用及农业结构调整等因素减少耕地面积30.17万公顷，全国通过农业结构调整以及土地整治等方式增加耕地面积24.23万

---

① 王尔德："环保部披露2008年全国环境经济核算结果"，2010年12月28日，http：//info.electric.hc360.com/2010/12/281103299744.shtm。

公顷[①]。

严峻的生态环境迫使地方政府不仅要加快淘汰落后产能，还要花费大笔财政资金弥补损害环境造成的历史欠账，这对地方财政来说不能不说是巨大的资金支出压力。

3.2.2 宏观经济环境、政策变化造成的风险分析

3.2.2.1 宏观经济环境造成地方财政不可持续风险

我国经济自2016年第三季度以来保持连续回升的态势，今年一、二季度经济增长达到6.9%，经济总体上稳中有进。但是经济总体运行平稳的背景下，仍存在供给与需求之间的结构性矛盾，房地产行业泡沫过高和宏观金融的杠杆率高等内在的风险[②]，这些矛盾容易导致地方政府财政运行不可持续。具体分析宏观经济风险对地方财政的影响：

第一，地方民营资本投资下降弱化了地方经济活力。中国民营资本投资增速低于全国固定资产投资增速，民营资本投资增速下降是民营资本面对市场需求不足、供给侧结构性调整和产能过剩采取的理性对策，同时也暴露出我国宏观经济的基本投资环境变化。一是我国企业税费、物流、原材料和房租等成本仍处于高位，民营企业在去产能的同时面临产能和产量双受限的情况。诸如钢铁、煤炭等大宗商品短期供求关系扭曲，导致原材料价格上涨迅速大大增加企业制造成本。二是国家在执行金融去杠杆的政策过程中，民营企业融资更加困难，融资成本更加昂贵，影响民营资本的再生产能力。三是我国产权保护和法制建设仍然不到位，侵害民营企业的产权纠纷不能及时解决，造成民营企业的投资没有保障。

第二，我国防控金融风险时造成市场流动性不足。目前的情况下，

---

① 张天玉："土壤污染责任机制立法研究"，北京交通大学学位论文，2016年6月。

② 祝宝良："坚持以新常态谋划政策框架 夯实稳中有进发展基础"，《中国经济时报》，2017年7月25日。

我国政府隐性债务、互联网金融风险、贷款不良率、信用违约、资本外流等金融风险相互交叉叠加，不断积累。党的十九大报告也明确指出今后相当长时间内的重大风险是金融风险，由此加大了金融部门风险的监管力度。金融风险防范措施对理财产品风险控制，地方政府债务的控制很有必要。不过任何措施都有利有弊，短期由于金融风险控制带来了市场流动性紧张，资金的利息上涨，债券融资和股市都出现较大的反应。民营企业的融资成本上升和货币市场流动性下降有直接的关系，而造成后者的直接原因在于金融监管的加强会以削弱中性货币政策为代价。

第三，地方经济去产能短期内会制约其经济增长。供给侧结构性改革尽管提高了部分行业生产的利润，但是庞大的过剩产能仍需要一段比较长的时间实现市场出清。诸如钢铁、煤炭、水泥、造船和石化行业的产能利用率仍然不高，而且以上产业职工分流安排需要地方政府安排支出，在经济下行的时期更加抑制经济增长。

第四，房地产行业的泡沫对地方经济发展长期造成不利影响。中央明确房子的属性在于居住，不再是金融投资品。如果房地产行业恪守房子的居住功能，那么该产业属于实体经济；如果房地产行业使用金融杠杠用来投机，则房地产业实际上已经被虚化。房地产泡沫与实体经济发展不良和央行货币超发有直接关系。金融市场投资机会和渠道有限，金融、财政、土地和公共服务服务政策不匹配，加上城镇化的相关政策漏洞，导致大量投机资金涌入房地产，带动国内城市房地产价格大幅上涨。地方政府从房地产开发得到相关的财政收入，加剧了资金脱实向虚，最终导致地方经济增长严重依赖房地产市场发展，同时加重实体经济生产经营负担①。

第五，税收政策性减收效应显现，财政收支矛盾突出。全面推开“营改增”改革试点对地方财政的减收效应逐步显现，6—8月，安徽实行“营改增”试点的四大行业缴纳的改征增值税比上年同期缴纳的营业税下降40.3%，贵州这四大行业合计完成税收收入仅为上年同期营

① 祝宝良：“坚持以新常态谋划政策框架 夯实稳中有进发展基础”，《中国经济时报》，2017年7月25日。

业税入库数的64.3%。吉林、福建预计全年“营改增”减收分别为58.8亿元和131.5亿元，其中影响地方收入46.8亿元和72.5亿元。地方反映，随着增值税抵扣链条逐步完善，为确保所有行业税负只减不增，加上地方主体税种缺失，收入将进一步减少。各地多次清理规范收费基金，非税收入相应减收较多。而随着一系列改革措施的出台及民生政策提标扩围，财政刚性支出增长较快，化解过剩产能、加大扶贫开发投入、调整机关事业单位工资、增加企业离退休人员养老金、提高城乡居民医疗保险补助标准、提高农村义务教育校舍维修改造补助标准、完善村级组织运转经费保障机制等都需要大幅度增加支出，财政收支矛盾十分突出。

地方政府传统的支柱性产业有两个：一个是传统制造业，现在存在的问题是产能严重过剩；另一个是房地产业，是地方的支柱产业，一直以来保持20%的增长速度，而且引发的产业链条很长，房地产业存在的主要问题是资产泡沫严重。地方政府发展房地产行业带动土地财政的收入，一旦房地产行业不是支柱产业，而地方的新型战略性产业没有建立起来，将造成地方政府财政收入锐减，刚性支出不断增加的被动局面。

3.2.2.2 产业政策调整造成地方财政运行不可持续风险

2016年以来，各地财政部门按照党中央国务院决策部署，认真贯彻落实各项财政政策和改革措施，扎实推进供给侧结构性改革，深化财税体制改革，取得了积极成效。具体方式一是支持落实“三去一降一补”，二是深化财税体制改革。

从财政运行看，2016年各地财政收入增速仍然较低，特别是下半年以来随着“营改增”政策减收效应逐步显现以及前5个月地方大力清缴营业税的滞后影响，各地财政收入增速总体呈回落态势。1—11月，除辽宁、云南外，其余14个省份本级收入增速均低于上半年。展望全年，江苏、新疆预计完成全年8%、5%的预算增幅压力较大，其余省份均预计能够完成预算目标。同时，地方也反映了财政运行中的一些值得关注的风险和问题，主要是：

1. 财政收入质量不高

一些地方政府出于政绩观、完成考核指标的需要，仍存在收入“虚增空转”等问题，多集中在地方独享某些税种或者与土地相关的税收方面。一些地方由于经济下行期税收收入增长情况不及预期，转而依赖非税收入，导致非税收入占比较高。2016 年上半年甘肃非税收入占比 31.8%，14 个市州中有 7 个超过 40%，最高达 49.6%，个别县区最高达 74.3%；前 11 个月海南、湖南、天津、宁夏非税收入占比分别达 50.5%、42.5%、40%、34.6%。

2. 减收压力依然较大

一些地区由于重点产业增长乏力，对税收贡献明显下降。比如，前三季度湖南烟草行业税收下降 15%，减收约 80 亿元，占全部税收比重降至 20%，同比回落 11.1 个百分点；上半年新疆石油开采行业税收下降 42.3%，减收约 30 亿元。西部一些省份的区县财政收入尤为困难。1—11 月，甘肃有 36 个区县收入负增长，降幅最高为 58.4%；内蒙古有 24 个旗县收入负增长。

3. 部分地区“三保”困难

由于刚性支出不减反增，部分地区收支平衡压力加大。2016 年甘肃有 13 个区县存在难以“保工资、保运转、保民生”的风险，22 个县区出现财力缺口，这种现象在近 10 年首次出现。内蒙古部分区县已出现连维持“保工资、保低水平运转、保基本民生”都困难的局面。

4. 资金使用效益不高

专项资金整合力度不够或存在交叉。比如，西藏在医疗救助专款、最低生活保障等方面存在交叉，表彰奖励事项过多，农牧民享受财政补助优惠政策 80 多项；甘肃整合涉农资金千亿元，但大部分资金分配依然条块分割、多头管理，能够统筹使用的并不多。同时，很多地区热衷于设立政府投资基金，但缺乏统筹规划，投向重复交叉；有的运作缓慢，造成资金闲置；有的名为基金，实为专项，仍由部门主导，没有按市场化运作。

3.2.3 我国地方隐性债务可持续风险

地方政府性债务的可持续性直接关系到地方政府财政运行的可持续性。地方政府性债务分为显性债务与隐性债务。官方网站上公布的债务是典型的显性债务，即政府需要从法律上承担偿还债务的义务。隐性债务虽然与政府有直接或者间接的关系，却并不一定需要由政府来承担，政府只从道义上有义务承担而已。我国地方政府融资平台借债即属于隐性债务。受到预算法的限制，地方政府不敢也不能直接以债务人的身份从市场上融资，他们只有通过第三方借贷，比如地方融资平台或者地方国有企业借钱供自己使用。中国的国情是，这些债务虽然不直接计在政府的账面上，但是债务的资金使用都是直接与政府相关的。财政部尽管明确表示政府不负责偿还 2015 年后的地方政府平台债务，但是事实上地方融资平台因为与地方政府之间的千丝万缕的联系而不可能独自破产。中国隐性债务的数量绝对远远超过现在公布出来的 16 万亿元的规模。尽管从经济增长率和地方政府总体资产角度衡量中国已经公布的债务水平，中国债务仍处于可控范围，但是地方政府名目繁多的融资创新，使得地方政府隐性债务如何显性化管理成为中央政府关切的问题。财政部根据地方发债的新动态发布一系列的文件，试图将地方政府举债融资行为规范化，以防范地方债务风险无理性扩张，保证财政的可持续性。

本书所指“地方政府隐性债务”，仅限未纳入预算的政府债务。此类债务较之纳入预算的债务，底数模糊，信息不对称严重，风险隐患较大。我国隐性债务经过好几轮的整改，地方政府隐性债务的规制整改过程是一场旷日持久的拉锯战。地方政府变通手法由融资平台到违规出保到购买服务，多种多样的形式很大程度上削弱了地方政府性债务整改的效果。

3.2.3.1 地方政府隐性债务的表现形式多样

名目繁多的隐性债务将危及整个宏观经济的稳定。如果从经济增长率和地方政府总资产规模，对照我国财政部和审计署公布的债务规模数据分析债务风险，我国地方政府的显性债务水平不算很高。但是我国地方政府违规举债，造成大量的事实隐性债务，特别是用新的PPP隐性债务形式取代传统的融资平台债务，其风险不可估量。比如政府购买工程、变相担保举债、承诺PPP项目固定收益、明股实债和对PPP项目保底回购等。同时，地方政府债务与土地财政、影子银行等其他风险容易互相传导和相互转化。违法举债、变相举债仍有发生导致"隐性债务"野蛮生长。

举债"前门"打开的同时，"后门"并没有及时堵上。全国正在大力推进建立规范的地方政府举债融资机制，按照法律制度打开举债"前门"，规定地方政府举债只能采取政府债券形式，2015年全国新增地方政府债券6000亿元。但从实际运行情况看，地方政府仍不同程度继续使用原有渠道举债，而且还采取变通办法利用一些针对企业或建设项目的金融创新产品进行政府融资，在政府债券之外又新增了较多债务。发改部门的可续期债券等专项债券、项目收益债券、企业债券，商业银行的各类短期融资券、中期票据、商业贷款以及理财产品、信托政策性银行的贷款和专项建设基金等，都可能成为地方政府投资项目的融资来源①。2015年浙江省完成重点建设项目投资3775亿元，其中，地方政府债券融资475.6亿元，企业债券、专项债券等融资约200亿元，剩下的缺口主要靠银行贷款解决。

3.2.3.2 我国地方政府债务资金闲置引致的隐性债务风险

债务资金的闲置也是隐性债务的一种形式。我国地方政府官员有发展地方经济的冲动与考核压力，而借债发展经济是他们在现有资源约束条件下，在预算制度和债务管理制度有缺口的地方变通的手段。地方政府官员很少考虑资金的使用效率，他们尽可能运用现代金融手段获得更多的资金支持，继而很少考虑债务资金的使用效率。因为债务资金的闲

① 中国资本证券网："财政部下达最后通牒：地方融资担保将再迎摸底排查"，http://www.ccstock.c。

置意味着资源配置的不合理，同时政府要为资源配置不合理付出相应的债务利息。而这些资金的损耗在财务报表上没有直接标记和显示，成为资金的沉淀成本。因而我们将闲置债务的成本也作为隐性债务的一种。比如：2010 年末，山西省政府性债务资金闲置达 170 多亿元，占债务余额的 29.06%，闲置期间累计支付利息 9.55 亿元[①]。山西省政府直接负有偿还责任的债务规模较小，共 949.26 亿元，占山西地方政府性债务余额的 38.7%，负有担保责任的债务则高达 56%。而审计署公布的全国地方债整体情况是，政府负有偿还责任的债务占 62.62%，负有担保责任的或有债务占 21.80%。山西省 2010 年末地方政府性债务余额中，10.05 亿元闲置半年或者半年以上，这部分闲置资金支付利息达 0.41 亿元。

3.2.3.3　地方政府基础设施投资财务不可持续风险

地方政府债务投向最多的基础设施行业，其债务的财务出现不可持续的状况。2013 年有 9 个省会城市本级政府负债率超过 100%，占被审 36 个地区的 25%。如果严格审计，有些地方政府实际上已破产，只不过依靠国家信誉维持。另外，审计署的报告指出，地方高速公路、政府还贷二级公路债务规模增长快、偿债压力大、借新还旧率高。根据众泰证券测算，融资平台投融资占基建投资比例超过 50%，预计 2017 年度融资平台带息债务增速为 3% 左右[②]。

由政府主导的公益性基础设施投资有“逆周期”特性。经济增长过快时，政府降低基础设施投资增速；经济增长缓慢时，政府提高基础设施投资增速。当前由于房地产调控政策存在收缩，房地产销售下降导致房地产投资减速。公共交通基础设施建设的稳定器作用将逐渐凸显。在稳定经济的思想指导下，各地方政府纷纷提出旨在补短板的基础设施

① 郝志远：“关于 2010 年省本级预算执行和其他财政收支的审计工作报告——2011 年 7 月 27 日在山西省第十一届人民代表大会常务委员会第二十四次会议上”，《山西政报》，2011 年 8 月 30 日。

② 张奇：“解码基建投资增速变化：资金来源调整还是极端天气影响?”，《21 世纪经济报道》，2017 年 9 月 20 日。

投资计划。比如江苏提出1.5万亿分5年完成，浙江的“万亿综合交通工程”投资计划。政府的庞大的投资计划将进一步扩大其融资规模，想办法绕过现有规则采用多种隐匿方法，多渠道融资。中央对债务考核的管理制度在不能有效约束地方政府融资动机的情况下，只能部分起到风险管控的效果。通过市场融资渠道运用政府信用变现的方式无法纳入债务统计系统，在信息不对称的情况下更无从甄别。因此，债务限额管理的制度设计，无法全覆盖地方政府隐性债务，进而影响债务的规模控制力、债务预算管理制度的有效性、债务风险的预警以及债券置换和发行制度对地方政府行为的约束力。

3.3 地方政府经济发展模式可持续风险

地方政府经济发展模式直接关系到地方政府财政税收收入，政府债务的偿债能力与后续经济的健康发展。旧有的以土地资源投入和资本投入的经济发展模式，已经无法提供较高的经济增长动力，单位投资的回报率屡创新低。

3.3.1 我国地方政府竞争的传统模式已经不可持续

我国地方财力事权不匹配的问题并未根本改变，地方为保证经济增长目标竞赛的名次，仍存在违规举债的冲动。扩大地方自有财力，增强其经济增长的财政资金支撑能力是严控地方债务扩张的根本途径。规范地方政府举债权不仅仅是短期内调控地方政府的资金配置权利。从经济社会可持续发展和社会稳定长期机制建设视角看，规范地方政府对资源的过度竞争以达到发展经济目的的粗放式发展已经不合时宜①。

① 曾金华：“地方债管理：开正门堵后门”，《经济日报》，2017年6月14日。

3.3.1.1 我国地方政府间的竞争的粗放型经济增长模式不可持续

我国的财政体制改革从集权逐渐走向事实上的分权，该过程赋予地方政府一定的自由裁量权。但是地方政府像企业一样决策与运营，中央对地方的激励机制允许各地方政府追求自己利益最大化，地方政府已经拥有地方经济的资源整合、调配的权力。地方政府跨越市场的边界，用直接投资或者招商引资的方式拉动经济。财政分权的机制使得地方政府将地方利益与其经济发展直接挂钩，把追求地方经济绩效放在首位，这就是当下被广为诟病的“GDP 主义”①。同时，官员任期的时限，以及上级政府对下级政府采取相对绩效考核，激励地方政府追求短期经济利益，而只有快速资本积累才能满足地方政府的这一目标。因此，对地方政府而言，直接投资和招商引资就是发展当地经济的首选策略，这是导致我国经济增长一直受粗放型模式困扰的重要原因。

3.3.1.2 地方政府以资本拉动经济的竞争模式不可持续

地方政府主要针对资本竞争，在争夺资本的过程中他们忽略资本使用的效率，忽略投资项目对环境的损害，导致经济过热并且对环境造成长期的损害。地方政府用土地招商引资，直接投资于地方基础设施建设，在追求高经济增长率的同时其过度投资引起经济波动。结果是：一方面地方政府的投资竞争会拉动投资品需求，导致民营资本盲目进入，拉升投资品价格；另一方面资本拉动经济发展的竞争增加地方财政支出负担，通过债务压力传导机制诱发央行超发货币，地方政府资本竞争压力转化为通货膨胀的压力。地方政府竞争也推动了规则的制定。优先改革的地区利用政策上的先发优势吸引更多的资本而形成良性循环；而落后地区没有这方面的优势，只能眼看着资本选择发达地区。这种竞争累积的结果必然会加剧区域经济发展不平等，拉大区域间的经济差距。

---

① 周业安：“须加快地方政府竞争模式创新”，《北京日报》，2014 年 12 月 1 日。

3.3.1.3　地方政府竞争导致招商引资竞争和土地财政不可持续

地方政府通常用招商引资和土地批租的方式吸引资本。招商引资还要依靠各种优惠政策，比如财政补贴、税收优惠以及土地优惠政策等。以各种地方政府的资源作为招商引资代价会带来两个不良结果：一是在资本逐利的市场思维下，许多房地产开发商以开发房地产为名囤积土地，通过饥饿营销获得超额利润，占用巨大社会资源却没有更多社会产出；二是地方政府在配套基础设施以后，更多资本流入房地产行业，导致房地产泡沫而挤压其他行业的发展资源，进而导致经济结构的扭曲。政府在参与市场竞争过程中追求土地的投资回报率，形成了以土地资源交换财政收入的经济发展格局。结果是资源配置体系的整体低效率进而转化为高房价问题、实体工业空心化问题、资产泡沫化以及贫富差距拉大等问题。这些都对地方政府的可持续发展构成威胁[①]。

3.3.2　地方政府依赖房地产市场发展经济的模式已不可持续

3.3.2.1　房地产销售下行制约地方政府收入增长

我们分析2016年房地产行业的总体发展，2016年房地产行业的收入增长能够支撑一般公共预算增长。2016年全国一般公共预算收入同比增长4.5%，非税收入同比增长5%。供给侧结构性改革引发的经济增长对12月增值税的增长有较大贡献（同比增长66%），但全年“营改增”减税效果有限。2016年5月1日我国全面推行“营改增”政策之后，2016年增值税+营业税共52214亿元，同比增长3.5%（2015年两税合并整体增长3.7%），整体看减税效果有限。煤炭、钢铁行业推行的供给侧结构性改革引发的上游行业涨价对增值税增长有一定贡献

① 周业安：“地方政府治理：分权、竞争与转型”，《人民论坛·学术前沿》，2014年第4期。

(1 月单月两税合并同比增长 66%)。房地产超预期增长带动全年税收快速增长，但自从 9 月部分城市重启限购政策以来，房地产相关税种对税收增长的贡献逐渐减弱。2016 年房地产销售和投资大幅超年初预期，商品房销售面积同比增长 22.5% (2015 年为 6.5%)，投资同比增长 6.9% (2015 年为 1%)，带动房地产相关税种（包括房地产行业营业税、房地产企业所得税、房地产销售形成的个人所得税、城市维护建设税、契税、房产税、土地增值税、耕地占用税等）同比增长 29% (2015 年为 3.6%)，房地产相关税种占税收收入的 24% (2015 年为 19%)，房地产超预期增长带动全年税收快速增长。但是与此同时，我们要看到随着 9 月部分城市重启限购政策以来，房地产相关税种开始萎缩，12 月房产税、契税、土地增值税、城市土地使用税等房地产相关税种同比分别增长 -108% (11 月为 12%)、1% (11 月为 10%)、-23% (11 月为 7%)、-116% (11 月为 136%)，房地产相关税种对税收的贡献减弱。

3.3.2.2 土地财政的收益受到房地产调控政策影响

随着房地产调控一系列措施的出台，土地财政日益艰难。珠海市财政数据显示，2016 年珠海土地收入 40.8% 用于偿还银行贷款本息。2016 年国土资源部数据显示，上半年全国土地出让合同价格增幅达 77.3%，合同价款达 1.7 万亿元，房地产用地出让价款同比增幅超 90%。土地出让金是地方政府大规模举债经营城市并且用来偿还银行贷款的资源。很多地方官员认为地方债务即使出现了风险，最后也由国家信用托底。但是 2016 年年底土地财政却日益艰难，表现在 12 月底地产销售下降导致土地出让金负增长。2016 年房地产销售超预期增长，以“滚动开发模式”经营的房地产企业资金较为充裕，国有土地使用权出让收入同比增长 15.1%。但是 2016 年 12 月土地国有土地出让金同比负增长 1%，2017 年正在延续此态势，土地财政全年持续回落。

总之，地方政府在廉价环保成本和廉价资源供给逐渐消失的情况下，仍然依靠过去的粗放投资拉动经济增长的模式已经没有盈利的空间。地方政府正确的可持续性经济发展模式必然是新经济发展模式，即非资源消耗拉动和低人力成本驱动的创新型环境友好型经济发展模式。

3.3.3　地方政府土地融资不可持续性风险

正如前文所说地方政府违规融资，一方面是因为地方政府职责不清晰，造成地方的事权与支出责任不匹配。地方承担事权的职责范围大于所需财力，上级分配的任务无法转嫁到下一级，再加上政绩考核的锦标赛激励，地方政府官员只会想更多办法绕过现有的规章制度，获取更多资源。另一方面，地方政府官员对资金的使用没有效率意识，存在不顾实际需要而盲目扩大投资，并且有将隐性债务偿还责任推移至下一届的动机。如此看来，要解决地方政府融资的关键仍然在于事权、财力和支出责任的匹配。地方政府性债务是地方政府融资的方式之一，现在财政部出台各种文件将控制债务的风险，我们认为这部分属于显性风险而单独作为一章讨论。以下讨论的是划为隐性债务的地方政府融资风险。

3.3.3.1　地方政府融资路径分析

我们将地方政府的融资按照资金来源分为四类：一是地方投融资平台；二是政府财政收入和土地出让收入以及地方政府债券为资金来源的投融资；三是地方政府与社会资本合作，运用PPP的方式利用社会资本融资；四是用政府性购买服务方式进行基础设施建设。我们用图3－19说明地方政府融资的基本渠道和相互关系。

新预算法和《国务院关于加强地方政府性债务管理的意见》（国发〔2014〕43号）通过构建基本的地方政府的举债机制，通过预算管理、地方债发行限额管理和债务风险处置日常监管等方式控制债务增长规模。但是地方政府“表外债务”并没有统一的监管口径，其现存基本形式有地方政府违规提供担保、地方政府融资平台、政府引导基金、政府和私人合作项目（PPP）以及政府购买服务等方式①。置换债的发行

① 曾金华：“地方债管理：开正门堵后门”，《经济日报》，2017年6月14日。

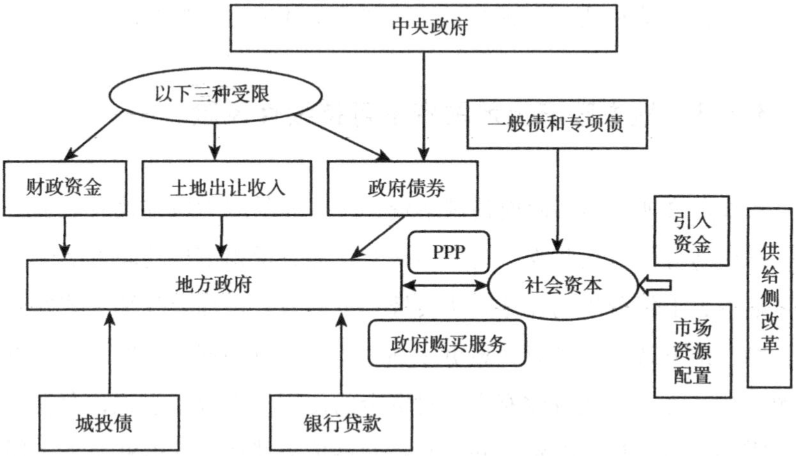

图 3－19　地方政府融资种类及其关系

有利于融资平台债务的减少，将地方政府融资债务转移到财政部门，但是地方融资平台和其他的融资形式管控不当，很可能转变成地方政府财政风险。

3.3.3.2　地方政府融资平台债务

2008 年全球经济危机，地方政府为了挽救经济增长配合中央 4 万亿元的经济刺激计划，纷纷组建地方融资平台。由于地方融资平台许多是在政府名下利用政府信用向市场融资，因此，地方融资平台债务实际上是对地方政府担保的货币化。如图 3－20 所示，2009 年融资平台债务连本带息增速达到历史最高 76.26%，随后随着宏观经济情况好转和财政部门的控制管理，其增速逐渐下降，预计2007 年增速会下降到3%左右。绕开资产负债表的红线从市场融资，地方政府用这种方式逐渐获取更多资源形成隐性债务。2014 年 9 月国务院出台《关于加强地方政府性债务的管理意见》（国发〔2014〕43 号），表明政府不再运用信用融资并承担连带责任。43 号文件允许地方政府以自身名义在中央政府允许额度内发债，并首次提出鼓励 PPP。PPP 的项目要经过财政部的评审和规划，接受预算约束并进入项目库记录在案。这意味着财政部将地方政府的体外融资纳入财政部设定的资金管理体系，转变为体内融资，隐性债务显性化管理，并将地方政府无序融资转变为有序投融资。建构制度管理体系将信息不透明的投融资转变为上级可监管的投融资。最严债务管理的框架在执行过程中，地方政府官员仍能够“绕道而行”。2017年5月财政部50号文件在重申43号文件精神之后，收紧地方政府用担保融资的“后门”。由于地方融资平台资金主要流向基础设施的建设，因而地方政府能动用的基础建设资源急剧减少。

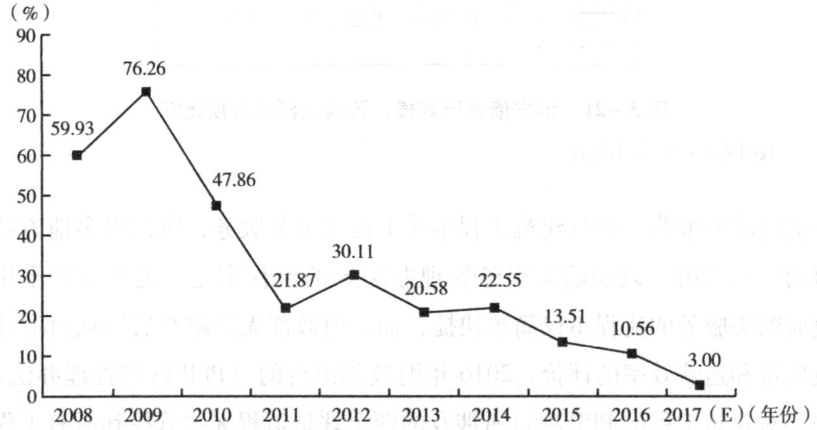

图3-20 历年地方融资平台（含利息）增速

数据来源：Wind数据库。

3.3.3.3 土地财政收入直接投资风险

地方政府对辖区内土地拥有实际使用权，可以运用地方财政收入和土地出让收益直接投资基础设施。短时间内，财政收入和地方土地出让收入变动不大，因而地方政府性债券是地方可融资的变动资源。如图3-21所示，2015年地方政府债务的发行量大幅上升，2015—2016年地方政府的债务80%以上转变为置换债，2017年置换债比例下降。

3.3.3.4 政府购买服务风险

政府购买服务是指地方政府用财政资金支付社会力量提供的公共服务。2013年的《政府购买服务管理办法》在细则中没有明确建筑工程

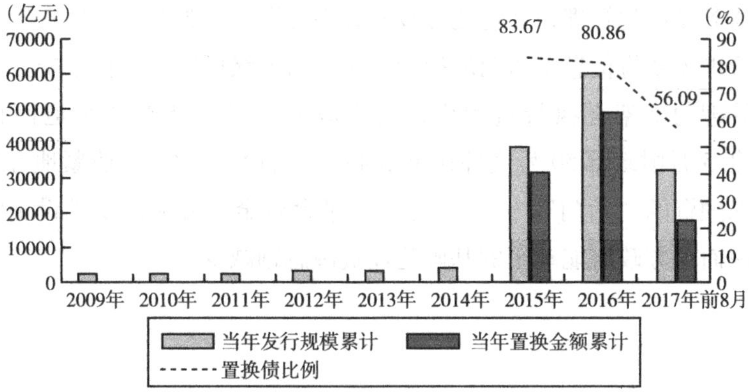

图3－21　地方债发行规模、置换金额和置换比例

数据来源：Wind数据库。

不能由政府采购，而且建筑工程本质上提供劳务服务，所以很多地方政府的项目采用《政府购买服务管理办法》的流程实施。地方政府采用政府购买服务的流程不仅简单快捷，而且财政部无法跟踪后续项目的建筑质量和运营效率的评价。2016年财政部出台的《PPP财政管理办法》中，对建筑工程的PPP项目所涉及的两个评估流程无法管控到所有工程项目，地方政府又一次绕过了制度的监管而采取风险回避的态度。针对该情况，财政部2017年5月出台87号文件，明确指出政府购买服务不包括建筑工程，但是棚改和农村设施更新项目除外。87号文件指出政府购买服务受到《政府采购法》约束。所谓政府购买服务，是指政府结合市场机制把其直接提供和履职所需的一部分公共服务事项，按照合法的形式委托给具备条件的社会力量和事业单位办理。政府与承办单位签订合同并支付约定的费用①。87号文件规定政府购买服务仅限于货物和建设工程以外的采购对象，且仅涉及公共服务，如城市规划与设计、环境评价等。而公路、机场等建设工程则应属于政府采购工程，不能纳入政府采购服务的范畴。这次补充文件基本上堵住了基建项目融资的监管漏洞。

① 李道华："基层政府购买服务中的腐败风险及其预防探究"，《世纪桥》，2017年第3期。

3.3.3.5 PPP项目风险

PPP（Public – Private – Partnership）模式得到43号文件认可以后，在我国迅速发展。从制度设计初衷上看，PPP项目管理比地方融资平台更有序、透明、高效和易于监管。PPP是政府与市场之间的合同，有资金的预算而且信息透明性更好。相对于政府采购而言，PPP流程更注重项目实施的效率。理论上，PPP是为了改善财政资金使用效率低下而引入市场层面的监管机制。PPP的管理细则更适合工程项目的监管，在预算认证和运行考核方面设计了相关的流程。PPP项目的运营始于2015年，2016年PPP项目急速增长后，2017年受到财政部的规约。PPP项目的实施受到金砖国家财政部长和央行行长的认可，正走向国际化的融资。我们可以预见，在融资平台收缩、政府购买服务通道封闭、政府发债额度总量被限定的背景下，地方政府将更加依赖于合规PPP项目。

第 4 章

地方财政风险产生的原因及机制分析

4.1 中央与地方政府间财政关系调整形成风险

按照政府调控理论，市场失灵是政府调控的理论根据，政府调控的目的在于矫正市场失灵。大多数经济学家认为管得最好的政府不是管得最少的政府，而是管理恰当的政府。地方财政风险之所以产生，是因为公共风险在转化为社会风险之前，需要用财政的方式来化解，减少其对社会的冲击和危害性。由此，我们认为政府财政机制的建构就是最大程度化解公共风险。地方政府在行政层级划分上受到中央政府的领导，因此中央和地方财政的关系，财政职能匹配的财政能力配置结构尤为重要。政府的经济职能在于增进效率、促进公平和保持社会稳定。一般来说，稳定职能由中央负责，但是有关稳定事权和财政支出责任应由中央和财政负责。资源配置的职能主要由地方政府承担，但是中央有监督地方政府资源配置是否高效的责任。

任何国家的政府都意识到财政资源决定其财政能力，决定其职权的行使的顺利程度。掌握的财政资源越多，财政职权的行使范围越大，承担的公共责任也越大。但是，由于政府存在失灵，市场同样也不完善，因而政府的财政能力不可能无限扩大。特别是对于中国这样幅员辽阔，人口众多的大国来说。所谓财政能力，即政府一定时期内拥有的可支配价值的经济资源总和，包括预算内和预算外财力。财力与财政能力有相似之处也有不同。财力是一个绝对量或者存量概念，财政能力是一个相对量和流量概念。政府财政能力与其获得财政收入的能力直接相关，测量地方政府的财政能力主要用地方税税基和标准（平均）税率来计算。

在市场经济国家，限制财政能力有三个因素：政府讨价还价的能力、交易费用和贴现率[①]。虽然社会主义国家围绕财力分配不会出现政治上的斗争，但是国家机器内部各层级之间，特别是中央政府和地方政府之间（省级政府和省以下）围绕财政能力的配置一直在讨价还价。分税制财政体制围绕财政能力的设定不断做出修正，以减小政府行政层级之间的摩擦造成的资源损耗。现阶段事权与支出责任的匹配被提上历史议程，实质上是为了解决公共产品由谁提供效率最高，财力如何分配能满足公共产品提供的最优方案的问题。要解决这个问题，必须先从我国财政体制的变迁来观察其形成的问题。

4.1.1　新中国成立后至1994年的政府间财政关系

我国是单一制国家，政府间的关系表现为，中央和地方政府都服从国家的意志，适当兼顾地方政府利益，适当划分政府间的财政收入分配权。毛泽东在《论十大关系》中对中央地方关系定调，中央调动地方的积极性的历史重任落到了财政分权的制度设计上。从宪法角度来看，中央和地方的财政关系经历了以下几个历史阶段：

央地财政分权第一阶段为1949—1956年。《中国人民政治协商会议共同纲领》第16条规定，中央和地方之间职权的划分应按照各项事务的性质，由中央人民政府委员会以法令形式确定下来，确保国家的统

① Margaret Levi：Rule and Revenue，Berkeley University of California Press，1998，pp. 2－3.

一和因地制宜。第33条规定中央划定央地之间在经济建设上合作分工范围。第40条规定建立国家预算决算制度，划分中央和地方财政范围。

央地财政分权第二阶段为1956—1981年。《中华人民共和国宪法》1975年版和1978年版取消了《中国人民政治协商会议共同纲领》中的中央和地方应有职权的划分规定，地方政府被动依附于中央，国家利益逐渐取代了地方利益，这样才使得中央和地方之间的分权处于中央决策的“相机抉择”状态。比如1958年中央放给地方的经济管理权在三年后又收上来，1976年上收地方的计划管理、商品价格、物资分配和人事方面的财政税收和物资管理的权限。党的十一届三中全会后，在《宪法》1982年版第3条第4款规定，中央和地方国家机构的职权划分遵循以下原则，在中央统一领导下，充分发挥地方主动性和积极性。

4.1.2　改革开放到1994年以来政府间财政关系

改革开放以来中央和地方之间的财政分配关系经历了四次重大改革。其中三次是实行对地方政府放权让利的财政包干制。从1980年的“分灶吃饭”到1982年逐步改为“总额分成，比例包干”的包干方式[①]。新财政体制下，地方政府逐渐拥有独立的预算和收入来源，地方政府也明确相应的一部分事权。比如为地方国有企业提供资金，地方有财力提供区域性的公共品。1984年进行了利改税改革，1985年则实行“划分税种、核定收支和分级包干”的财政体制。1988年财政包干形式更为丰富，共有6种形式，包括“定额上解”“定额补助”“上解递增包干”“总额分成”“总额分成加增长分成”和“收入递增包干”[②]。

---

① 官永彬：“财政分权体制下地方政府竞争的激励机制分析”，《重庆师范大学学报（哲学社会科学版）》，2011年第4期。

② 项怀诚：“中国财政体制改革六十年”，《中国财政》，2009年第19期。

财政包干制有其历史进步性。财政包干制改变了计划经济条件下，中央财政统收统支的集中管理模式，中央不再下达经济指标，而是遵循“统一管理、分级管理”的原则，保证经济持续稳定。地方拥有自有财力后能够根据本地的实际情况划分科教文卫的支出，促进地方本地经济建设和发展。财政体制改革往往是经济体制改革的突破口，而地方经济的激活会带动全国的财政收入和经济增长，为其他方面的改革提供财力支持。

财政包干制的制度缺陷易造成不稳定的财政风险。第一，中央和地方的财政收入划分缺乏合理的依据，并且调整的权力基本在中央一方，这导致政府间财政分配关系一直不稳定，造成财政风险。其中的原因在于中央对地方的讨价还价处于信息不公开的状态，我国中央与省级政府之间分配形式多样，体制形式会影响地方财政的收入增长，同时财政形式对不同地方政府来说存在机会不均等。地方政府面临这么多不确定性，会影响财力在地方之间公平的分配。第二，中央对地方谈判采取“一对一”的形式，地方之间不清楚财政体制规则形成的确定标准①，只能根据自己的情况作出让步和妥协。标准不一致导致财政体制执行过程中五花八门，地方政府也采用相机抉择方式应付财政分权体制的制度规则。第三，基数核定方法不科学。基数核定每一次调整都是以地方政府既有财力为基础。不同的地方财政体制下形成的既有财力已经不平等，以后财政体制调整又是以此为基础调整，再调整不可能得到公正的结果。另外，税法相对统一和税收征管权利相对集中条件下，区域的经济发展水平决定地方的税基规模，基数调整的方法会从起点调整上决定既得利益的固化，达不到公平的目的。第四，财政包干制注重既得利益缺乏横向公平性。以保证既得利益为改革主线的央地关系调整，缺乏完整的横向财政调节机制，不可能实现调节区域经济不均衡和公共服务均等化。第五，中央对宏观调节缺乏必要的能力。包干制固定了中央的收入，中央财政收入在全国财政收入中比重降低，不利于中央宏观政策的执行②。

---

① 崔运政：“财政分权与完善地方财政体制研究”，财政部财政科学研究所博士学位论文，2011年5月。

② 李齐云：“分级财政体制研究”，厦门大学博士学位论文，2001年3月。

4.1.3 1994年以来的政府间财政关系

1994年分税制为了改变包干制的缺陷，明显提高了中央财政收入占全国财政收入的比重，规范了政府间财政分配关系[①]。为增强中央的宏观调控能力，减少政府对企业的控制[②]，分税制财政体制在调动省级地方政府积极组织收入，增强地方经济活力，引导地方积极培养税源和进行制度创新方面起到了重要的推动作用。

分税制财政体制改革的主要内容包括：第一，根据事权财权一致的要求，按照税种划分中央和地方的收入。第二，区分中央税、地方税以及中央和地方共享税。共享税包括增值税、证券交易税和资源税。第三，分设中央和地方两个税务机构分开征税，以保证中央和地方税收的稳定增长。第四，中央集中必要的财力，建立转移支付制度。借鉴发达市场经济国家的经验，中央和联邦政府的财政收入占全国财政收入60%以上，中央财政支出占全国财政支出的40%左右[③]。地方不足的财力由转移支付方式拨付给地方。这样的制度设计有利于从政治上维护中央的权威，同时有利于中央对地方经济上的控制。第五，建立税收返还制度。由于实际利益集团不可能马上接受分税制财政体制所有改革条件，因此为了分税制财政体制顺利被地方政府接受，财政部设立税收返还制度以激励地方政府征集收入。

分税制财政体制改革使得政府间相互关系相对规范，改变了财政包干制下多种体制并存的格局。中央财政收入占比明显提高，过渡时期的转移支付方式为均衡地方财力打下制度基础。但是分税制后地方政府支出占全国财政总支出的比例由70%上升到85%，地方的教育、社保、公共设施建设乃至公务员的工资发放，都需要地方财政支出，这导致地方政府的事权和财力不匹配现象越来越严重。

---

①③ 项怀诚："实行分税制是当前财政体制改革的重要内容"，《求是》，1994年第2期。

② 许金柜："我国政府预算制度的历史演进与改革模式研究（1949—2013）"，福建师范大学博士学位论文，2014年5月。

4.1.4　2000 年以来的财政改革实践

我国财政体制改革近年来在预算体制和财政透明度方面进行进一步改革。以往我国的预算体制改革管理制度建立在计划经济体制基础上，传统的预算科目设置和预算程序和方法不适应经济的新形势，很难达到预算依法执行的目的。预算制度改革的核心是通过科学、规范和透明的预算编制程序，编制具有约束机制的预算。2000 年，中央和地方政府开始试点部门预算改革，改革涉及扩大预算范围，实行包括部门所有收支的综合预算；细化预算编制内容，规范审批程序，实行一个部门一本预算。目前预算改革仍在不断探索之中，但仍存在不足。比如现有预算体系无法应对财政危机，无法提高公共支出效率，离财政透明度的要求还很远。因此，我们有必要进一步深化预算体制改革，建立中期财政支出框架，将风险防范、支出效率和提高财政透明度纳入预算体制的设计之中。

4.2　公共风险在中央和地方的分担机制分析

财政风险作为公共风险的解压阀，是公共风险的重要转化分散机制。中央和地方除了在财政收入、财政支出和提供公共品方面有相应的职责划分以外，很重要的一点是公共风险分担机制的建设。国家作为抗击公共风险的主体，其政权组织形式是抗击风险的物质载体。同理，财政风险的化解依靠中央和地方的合作与分工才能完满完成任务，否则中央和地方在风险面前只想相互推诿，非但无助于风险的化解，反而会导致风险的积累。

4.2.1　中央与地方间责模式决定风险承担模式

中央和地方之间的财政关系设计的合理性直接影响财政风险的分担

效率。中央是否追究地方财政风险的形成责任和化解责任将决定地方风险承担的大小。中国的实际案例显示，地方政府在承担中央指派的风险化解任务时，有故意扩大风险以求得更多中央财政支持的动机。比如，地方政府债务审计过程中，如果中央对地方政府问责，则地方政府官员倾向于保守债务的秘密，通过拖延、隐匿的方式控制债务的真实信息，释放出债务在风险控制范围内的虚假信息。如果中央政府明确承担地方政府的债务，并不追究地方政府的举债责任，那么地方政府官员倾向于多报债务的信息，希望中央承担最终兜底的责任。

由此可见，中央和地方之间不当的委托—代理关系有可能对地方政府的激励造成扭曲，进而损害风险在中央地方之间的分担效率。在一重委托—代理关系中，如果风险委托人与代理人之间的激励意图不一致，参与风险化解的个体与实际政策的执行会不一致，那么风险分担的代理人会利用信息不对称取得信息租金收益。如果在多重委托—代理关系下，层级的增加导致某一代理设计的激励机制已近失灵，激励无法通过层级到达代理人而导致效率损失。这个过程类似于物理学中的折射现象。当我们观察放在水中的筷子时，会发现筷子仿佛被折断。这是因为光从不同介质中穿透会发生折射现象。如果光穿越多层介质，那么会观察到放在不同介质中的筷子会有多重折断。中国国情下，地方政府不直接对辖区居民负责，居民对中央政府的激励要通过央地关系的制度介质，那么很容易造成地方不关心本地居民的诉求，或者压制风险（通过维稳或者经济手段），导致地方居民上访情况增多，对中央造成压力。

4.2.2 中央和地方信息不对称决定公共品提供责任

理论上，只要是适合地方政府承担的职责都应该尽量安排地方政府承担，因为地方政府在提供区域公共品方面有信息的优势。但是有些具有外溢性的公共品，比如环境保护，在地方政府看来是费力不讨好的公共品，地方政府往往不尽责提供。而且由于外溢性强，当地环境治理的成本可能会相当高，因此地方政府有意用隐瞒的方式减少环境治理的真实信息，以求得高收益。比如：湖北鄂州的一家企业，污染检测仪器坏了18天，却仍然可以向环保数据平台上传数据。设备维护人员反映仪器故障期间并没有对污染物采样和分析，但是环保部门的监控平台上却有18天的完整无缺的数据。很显然环保数据造假是环保部门不作为的结果①。由此看来，地方政府在提供具有外部性的公共品时，还需要中央部门的监督和管理。中央部门在环境监督事权上负有责任，地方政府在环境治理方面负有责任。环保数据的采集由地方政府负责，保证其真实、有效性。中央部门应该巡视和抽查这些数据的真实性，或者采用暗访形式监督地方官员重视环境公共品的供给。

4.2.3　中央和地方政府道德风险模式

不同财政制度下中央和地方风险分担模式与各自的道德风险相关。财政风险分担模式可能导致次级政府行为本身造成地方财政风险。财政风险分担与地方政府道德风险有相互转化关系。中央和地方分权安排包括欧盟的垂直型财政分权和美国的水平型财政分权。这两种方式下中央和地方政府承担风险的方式不同。

财政制度的安排可以分为三种不同模式：

第一种是美国模式。当存在社会风险冲击时，中央政府和地方政府通过各自的应急机制和财政政策完成风险分担。这种财政制度安排下，地方政府有高度的地方财政自治，联邦政府用多项转移支付帮助地方承担财政风险。这种政府间财政关系具有高度财政预算硬约束，地方政府破产后，联邦政府可以不救助，因而地方政府不可能直接利用财政或货币政策向联邦政府转移风险②。美国的金融市场上，中央和地方政府发行债券让投资者承担部分风险，运用金融市场投资回报率的约束条件来

① 中国化工仪器网：“污染监测仪失灵导致环境监测数据造假‘穿帮’”，2017年10月8日，http：//www.chem17.com/news/Detail/114992.html。

② 薄贵利：“中国地方行政体制改革研究”，吉林大学博士学位论文，2004年3月。

约束地方财政风险。联邦制下，美国中央政府和地方政府之间的硬约束和金融的硬约束有效降低各级地方政府的道德风险。

第二种是欧盟财政体制安排。该财政制度安排存在统一的货币体系，但是风险由各级地方政府承担。由于地方政府没有相应的财政政策做支撑，各级地方之间的财政风险很可能通过货币政策体系转移到其他地方政府。在这种情况下，财政能力弱的地方政府有可能通过扩大财政赤字的方式，运用金融融资渠道获取更多资源，而把地方财政风险转变为金融风险。基于维护金融市场货币价值稳定，防止通货膨胀的考虑，财政能力强的地区不得不对财政能力弱的地区施以援手。这种制度设计下，财政情况比较弱的地方政府其道德风险更加扩大。

第三种是社会风险由中央和地方政府一起承担，地方承担主要风险，中央通过政府转移支付财力支持地方分担风险。中国目前采取相似的制度安排。但制度安排的缺陷在于，中央和地方承担风险的边界不清，中央不了解地方政府的风险到底多大，地方政府有运用转移支付转移风险给中央政府的道德风险。另外，我国的预算对地方政府约束力有限，尽管中央不断出台对债务的管理办法，不断给制度打补丁，但是由于进入市场的约束也很弱，地方财政出现风险仍然具有向中央财政与金融系统双向转移风险的动机。中国的国情体现了收入集权的状况。中央通过控制地方政府的收入控制其自治能力，具体使用税收划分抑制地方政府的道德风险。地方政府提供公共品需要相应的支出，在当今人民日益增长的美好生活的需要和现实捉襟见肘的地方财政收入对比下，地方政府之间的GDP锦标赛中，地方债成为地方政府支出的主要融资渠道。以土地出让收入作为地方财政主要来源的经济发展模式，逐渐在中央房地产主基调中不可持续。地方的支出责任不明确，进一步降低地方财政自治能力，地方政府仍可以依赖转移支付政策向中央转嫁风险。中央在风险体系中仍承担主要部分，同时也要隔离地方财政风险对货币金融体系的冲击，避免财政风险与金融风险相互交织转化。

综上所述，每一种中央和地方的风险共享模式都有不足的地方，所以财政体制设计过程中要考虑本国国情，根据实际情况减少制度风险的漏洞。

4.3 我国央地间事权与财力不匹配的问题及成因

1994年的分税制财政体制改革增强了中央财政的宏观调控能力，调动省级政府的积极性，地方政府转向注重经济增长速度和培养新的税收来源。分税制财政体制初步形成适合我国市场机制运行的中央和地方财政框架。该体制仍有过渡性质，突出表现在事权与财力不匹配，中央和地方的支出责任没有划分，支出责任和财力也不能够匹配。

4.3.1 我国事权、财权、财力和支出责任的界定不清晰

对于财政事权、财权、财力和支出责任的界定，不同领域的专家意见不同。至今没有一个统一全面的内涵界定标准。我们用表格的形式针对事权、财权、财力、支出责任等概念，归纳分析不同专家学者的看法(见表4-1)。

从表4-1可以看出，不同专家从不同视角，采取不同划分的方法和基本思路，厘定我国事权与支出责任的概念。我们认为各位专家主要从经济学、法学和政治学领域界定了事权与支出责任。每个专家学者的思路都是值得借鉴的一个方面。我们综合以上专家学者对事权与支出责任划分的思路与原则方法，试图将其整合进一个总体框架。

我们认为事权划分的前提是确定政府职能，而政府职能要保证公平、效率与稳定。事权与财力匹配的问题主要是解决中央和地方政府如何划分资源配置权限，最优配置资源提供公共品的法定决策过程。资源配置的权利包括中央和地方政府资源的汲取权和配置决策权及资源配置执行权。资源的汲取权与税收安排相关，按照《预算法》以支定收的原则，中央和地方政府的支出责任决定了其政府资源汲取的范围和数量。

表 4－1　各领域专家的事权与支出责任划分界定

经济学领域专家姓名	事权划分视角（理由）	事权与支出责任划分方法及方向	我国事权划分现状	事权的内涵	支出责任的内涵	事权与支出责任匹配路径
刘尚希	国家治理 事权划分涉及国家公共权力纵向划分，与每个国家的历史相关	中央和地方划分，地方是整体。中国的事权划分是按照要素划分。事权调整应该是决策权下移，部分执行权上移。	“上面千条线，底下一根针”。不同部门不同的决策权。我国的事权划分整体上表现为中央决策、地方执行。	中国的事权划分是按照要素划分，事权的要素分为决策、执行、支出责任、监督四项。		
白景明	系统性思维来分析事权划分与支出责任划分的对称性	事权与支出责任相适应背后的匹配是收入划分与支出责任划分的匹配。我国今后要进一步调整政府间事权划分，方向是适度加大中央事权。中央在养老保障、基本医疗保障、节能环保、义务教育、农林水等方面应提高支出占比[①]。		事权本质上是政府提供哪些公共产品。事权划分就是这些公共产品分别由哪一级政府来提供。	支出责任划分是说明公共产品供给的钱从哪里来。	事权划分、支出责任和收入划分是相互贯通的链条，其中事权划分是起点，支出责任划分是连接点，收入划分是落脚点。

① 白景明：“进一步理顺政府间收入划分需要破解三大难题”，《税务研究》，2015 年第 4 期。

续表

经济学领域专家姓名	事权划分视角（理由）	事权与支出责任划分方法及方向	我国事权划分现状	事权的内涵	支出责任的内涵	事权与支出责任匹配路径
高培勇	要按照财政运行的特点来考虑央地关系的格局，并以此来考虑支出责任与事权相匹配		现在是事权与支出责任相分离。	事权就是做事的权利。	支出责任就是“买单”的权利。	事权与支出责任分离需要匹配的情形在整个中央与地方关系格局的配置中究竟只能是“小头”。
张斌	财政运行视角和公共品提供视角	事权划分主要依据是财政联邦主义。我国特殊国情下，事权划分强调公共服务的差异度。需要全国确定统一标准的事务，由中央政府拥有决策权，通过各种机制安排确保执行国家统一标准。根据公共品在政府间的职能配置事权分为四种模式，并相应在中央和地方划分不同的方法。	我国目前同时存在中央部门垂直管理模式、省级部门垂直管理模式、中央（省）委托模式①。	事权是指是否提供某公共服务的决策权和提供该项公共服务数量和质量标准的决策权，这两个权利也可以分离。	支出责任是提供某项公共服务的责任主体在公共服务供应与生产过程中负有的达到数量和质量特定标准的责任。支出责任主体可以与决策主体一致，也可以不一致。	在各级政府合理划分事权，规定具体事务的实施机构、经费保障、监督管理责任的基础上，明确规定具体事务的实施机构、经费保障、监督管理职责。

① 张斌：“西方发达国家中央与地方关系概况及启示”，《地方财政研究》，2012年第10期。

续表

经济学领域专家姓名	事权划分视角（理由）	事权与支出责任划分方法及方向	我国事权划分现状	事权的内涵	支出责任的内涵	事权与支出责任匹配路径
李俊生	行政管理角度，区分执行责任和决定事务的权利	首先依法确定中央与地方之间相关领域的事权和执行责任；其次根据党中央、国务院有关方针确定中央和地方之间的事权与执行责任。财权一般与事权相对应，而对事务的执行责任不一定需要有财权匹配。	中央甚至各级地方政府的上级部门（条条）实际上掌握大部分事权，并且运用专项转移支付掌控事权。	事权是决定事务的权利。财权是事权的前提与基础，没有财权就没有事权。财权是事权的财政表象。	“执行责任”是办理事务的责任。	事权与财权匹配。第一层次以财权，主要清理专项转移支付项目为切入点，梳理中央各部委事权。二是梳理中央与地方之间的事权以及地方的执行责任。
马海涛	公共品的供给职责在中央和地方之间分配	确立事权划分的三原则：事权划分遵循外部性原则、信息复杂性原则和激励相容原则。	（1）缺乏清晰的纵向事权与支出责任划分的法律界定。（2）部分事权和支出责任划分不合理。（3）支出责任不清晰使得地方政府主要依赖转移支付。	事权分为纯中央事权、纯地方事权混合型事权。	支出责任细分为中央、省级、市县级和混合支出责任。	第一，整合一般性转移支付，突出一般转移支付的均等化功能；第二，整合专项转移支付，引入整块拨款的专项转移支付形式，突出专项转移支付功能。

续表

经济学领域专家姓名	事权划分视角（理由）	事权与支出责任划分方法及方向	我国事权划分现状	事权的内涵	支出责任的内涵	事权与支出责任匹配路径
刘怡	确定政府与市场的边界来划分中央和地方事权		中央承担外交和国防等支出责任；地方承担一般公共服务等支出的主要责任。			评估各支出项及子支出项的功能和效率；肯定财力划分对事权和支出责任界定的重要性；从一般均衡角度考虑支出责任划分对地方政府行为的影响；事权和支出责任的划分与财政透明公开可追责同时推进。
吴俊培	分税制财政体制的制度框架下研究事权，从政府资源配置职能方面说明政府的支出责任约束匹配	依据税收中性、分税中性、转移支付中性和预算中性。	一是现有预算框架下，税制过度强调收入筹集功能，缺乏对政府行为的约束。税种设置和负税设计上忽视中性原则。二是我国分税制不利于地方政府有序竞争，地方税设置不合理，强化地方之间无效竞争。三是转移支付制度过度依赖专项转移支付，导致一般公共预算不稳定，市场预期不稳定。	事权是变化的。随着时间、地点、环境的变化而变化。事也是变化的，政府干的事不一定是完整的事。这要根据制度安排而定。		一般税收收入和一般公共商品的预算支出对应，特种税收收入和特种公共商品的预算支出对应。结构上明确中央一般税的税收满足各级中国预算中一般公共商品支出需求；中央特种税和地方特种税的税收收入满足各级政府公共预算中特种商品的支出需求。

续表

经济学领域专家姓名	事权划分视角（理由）	事权与支出责任划分方法及方向	我国事权划分现状	事权的内涵	支出责任的内涵	事权与支出责任匹配路径
杨灿明	优化事权和支出责任划分	事权划分原则：事权法定和因地制宜。	事权划分缺乏法律规范；事权按要素而不是按项目划分；各级政府职责重叠交叉严重；地方政府承担的事权和支出责任大；非财政部门的财政干预大。			事权调整：决策权下放，执行权上收。纵向调整：优化政府级次设计；横向调整：理顺部门间的事权关系。
陈志勇	财政管理体制视角		财权上移、事权下放的财政制度结构。	事权主要用于界定公共服务的供给主体。	支出责任主要用于界定公共资金提供人。	根据“外溢性”和“受益主体”划分各级政府事权；明确事权基础上，各级政府依次界定各自承担的支出责任，如果上级政府将其职能范围内的事权委托交由下级政府承担，则应拨付下级政府相应的支出金额。

续表

经济学领域专家姓名	事权划分视角（理由）	事权与支出责任划分方法及方向	我国事权划分现状	事权的内涵	支出责任的内涵	事权与支出责任匹配路径
马国贤	财政体制视角	事权与支出责任匹配三种含义：基于公共委托代理的体制原则；责任型政府原则；建设责任型财政体制的原则。		“事权与支出责任相适应”包含两层意思：（1）权责对称（事权与责任相一致）；（2）财力与责任相一致，先建立权责对称的行政体制，再按财力与责任匹配建设财政体制①。		一是采用中央、省、市县三级事权的体制设计，以事务为对象建立三级委托关系；二是建设与三级事权相适应的分税体制；三是应用“基本财力指数”重建转移支付制度；四是制定横向转移支付规则，建设基于市县财政的数据体系。
法学领域专家姓名	事权划分视角（理由）	事权与支出责任划分方法及方向	我国事权划分现状	事权的内涵	支出责任的内涵	事权与支出责任匹配路径
徐孟洲	从财政法的视角	事权划分原则：受益原则、效率原则、能力原则、调控原则、法治原则。事权划分方法可以借鉴公共产品层次理论的“二分法”或“三分法”。		事权是为全面履行政府职能，服务和管理社会公共事务所必须的法定权利。政府事权是政府应承担的任务和职责。事权划分为专有事权、共有事权和委托事权。		事权划分要符合政府职能转变，要保障市场起决定作用和更好发挥政府作用，要贯彻“简政放权”，要能促进社会公平，有利于发挥中央和地方的积极性，有利于国家长治久安的基本要求。

① 马国贤：“事权和支出责任相适应的财政体制框架研究”，《中国财政》，2016年第6期。

续表

法学领域专家姓名	事权划分视角（理由）	事权与支出责任划分方法及方向	我国事权划分现状	事权的内涵	支出责任的内涵	事权与支出责任匹配路径
施正文		法定原则、适度分权原则、效率原则。		中央专属事权、地方专属事权和共享事权。		健全事权划分法律制度，增强事权划分的权威性和稳定性。调整宪法中对事权划分的原则、类型、基本内容、调整程序等作出原则性规定。
谭建立	财权、事权及支出责任理论	财权理论要求财政把隶属于国家与政府所拥有的资产、资源、权力及荣誉而形成的收支都纳入管理范围。事权理论要求财政履行自身所拥有的内在职能、职责赋予的权利和义务。支出责任理论上要求财政具有责任心，必须尽职责，不尽职责要承担责任。		政府事权是指政府依据国家宪法规定所拥有事务的管理与处置权。	支出责任是政府承担的运用财政资金履行其事权，满足公共服务需要的财政支出义务。政府间支出责任划分是政府间财权配置、政府间转移支付、制定财政政策和预算管理体制的基本条件。	科学完善财权与事权关系；规范事权与支出责任；增加基本公共服务均等化预算；静态与动态结合的数量调控机制；合理界定政府级次；合并与调整财税机构；严格责任追究制的执行；完善财政监察监督体系。

续表

法学领域专家姓名	事权划分视角（理由）	事权与支出责任划分方法及方向	我国事权划分现状	事权的内涵	支出责任的内涵	事权与支出责任匹配路径
朱丘祥	法学	先上后下再中间的方式划分中央与地方间的事权范围与支出责任。首先优先划分中央专属事务与垂直管理责任；其次明确界定地方自主事权及其支出责任；再次，压缩共管事务范围并细分支出责任，慎重对待委托事务，以达成各级政府事权和支出责任相适应、中央与地方政府间事权与财力相匹配的权责对称、权能一致的和谐局面。	政府间事权及支出责任划分才开始，与分级分税财政管理体制相一致的公共事务分工及支出责任分担的行政分权体制还没有建构起来。财权、财力的上收与支出责任的下推形成逆向运动，遂对目前高度集中的行政体制构成“倒逼效应”。我国行政体制长期形成“职责同构”的困局，政府间纵向事权划分尚存诸多不明确、不细致、不规范之处，高层级政府基于其领导地位，可以将具体事务的支出责任推向下级政府。事权与支出责任在实施主体上出现偏移，高层级政府拥有事务	事权是指公共管理权，指政府依法管辖某一领域公共事务并负责组织、实施的权利。	对公权力而言，职权就是职责，这种职责里面就包含了支出责任。	市场经济条件下，国家提供的公共物品具有层级性的特点，因此政府间形成的事权、支出责任划分与其财权、财力相匹配的规范关系。应然层面，各级政府的事权与其支出责任是一致的。

续表

法学领域专家姓名	事权划分视角（理由）	事权与支出责任划分方法及方向	我国事权划分现状	事权的内涵	支出责任的内涵	事权与支出责任匹配路径
			决策权，下级政府却承担了该事务的支出责任，这种权力与责任不对称的现象直接耗损公共品的供给效率。			
薄贵利	从中央和地方的合开分权体制	改革方向：建立和完善中央与地方的合理分权体制；用宪法形式明确中央和地方的分权形式；改革行政区划体制；由地方梯度分权过渡到地方均权；修改法律明确中央与地方的职责权限；建立地方利益表达协调机制；规定中央和地方关系运行的法律程序①。				

① 薄贵利："中国地方行政体制改革研究"，吉林大学博士学位论文，2004 年 3 月。

续表

法学领域专家姓名	事权划分视角（理由）	事权与支出责任划分方法及方向	我国事权划分现状	事权的内涵	支出责任的内涵	事权与支出责任匹配路径
张光	财政再分配	通过中央政府承担再分配特别是城镇职工基本养老保障支出主要责任方式，改变目前地方政府事权过重状况。	我国的财政支出功能分配重点从经济建设和国防转向经济基础设施建设和社会民生支出。			
李国忠	在确定政府职能的前提下	确定事权思路：从政府与非政府之间作出划分，以此为基础从政府职能性质、领域、作用方式等各个方面的结合进一步划分。方法要考虑顶层设计、渐进原则、系统整体原则。		事权划分应该正确界定地方的地位；事权划分前提遵循宪法原则；法治原则；平等原则；纵向分权与横向分权有机结合的原则；权力与责任相一致的原则。		中央与地方事权和支出责任划分的原则：正确界定事权性质；分析科学原则包括效率原则、能力原则、科学计算和分析论证原则；公平一致和政策倾斜原则。

我们用表格形式说明事权、财权、支出责任和财力概念之间的联系和区别（见表4－2）。

表4－2　　　　事权与支出责任的界定

中央决定	事权	事权是确定中央或者地方政府谁来做事、谁做事最有效率继而确定谁最有资格做事的标准。事权法定。事权的大小与公共产品的提供数量和性质有关，事权的划分范围与公共品提供效率与政府行政层次相联系。事权的行使包括决策、执行、支出责任、监督四个环节。
	财权	政府汲取财政资源的权利和法定义务。财权包括各级政府负责筹集和支配收入的权力，主要包括税权、收费权及发债权。
	支出责任	支出责任确定哪一级政府是承担事权的出资人。支出责任大小决定各政府层级法定财政资源的汲取数量和能力。支出责任大小由承担的事权范围决定。
中央和地方各自决定	财力	财力是保障政府履行支出责任的物质基础。财力是财政资源的货币表现形式，其数量直接决定了政府自身运行及提供公共服务的能力。财力的最低标准由其支出责任决定，财力的最高标准由财权的大小决定。

中国单一制的财政体制下，中央政府具有优先决策权，用法律的形式固定主要事权、财权和最低支出责任。地方政府在履行地方支出责任时，具有财力筹措的决定权和履行权。地方财力的最低标准等于政府维持本级政府基本运转，加上本级政府提供最基本公共服务的基本经费。地方财力的最高标准是基于其最低标准，加上中央政府委托事权并予以相应的财力划拨的总和，以及地方政府为弥补自身法定税收财力不足而收费和发债的数量。所谓事权与支出责任的匹配是指，中央政府从控制风险的角度，决定最优公共品提供者与其所支配资源能力的匹配。

4.3.2　事权与财力不匹配的法律制度原因

从法学角度看，各地方层级之间事权划分的法律条款不够明确[①]。比如《地方各级人民代表大会和地方各级人民政府组织法》规定了我

① 靳继东："政府间事权与财力匹配改革的法治思路"，《税务研究》，2015年第7期。

国各级政府的负责的事务，是事权划分的法律文本。但是文本中规定除了国防和外交事务属于中央层级政府负责以外，其他事务职责几乎贯穿于中央、省、市、县和乡基层政府所有层级，中央和地方机构的职能基本上趋于一致，没有明显区分。《地方各级人民代表大会和地方各级人民政府组织法》在每级政府事权最后都列明同样条款“办理上级国家行政机关交办的其他事项”，该条款为上级政府事权下移提供了法律依据。1994年的分税制财政体制提高了中央财政收入占全国财政收入的比重，但是中央对地方相应的事权划分不够清晰，也忽视了对省级以下的事权设定。上级在分解事权任务时按照上述基本原则，结果是事权不断下移，地方财力严重不足。

4.3.3 政府间事权与财力不匹配的行政体制原因

从行政管理学角度看，我国公共事务管理模式包括三种：中央管理、地方管理以及中央和地方共同管理。在所有事务中，中央和地方共同管理的事务范围比较广泛，界限模糊。相关的行业有：财政预算、城乡建设、政府投资、市场监督、中央行业管理；教科文卫体、就业和社会保障、人口与计划生育、资源与环境保护、社会福利和救济等社会事业；还有民政、公安、司法行政、监察、民族事务等社会管理和国有企业产权等①。中央和地方在这些事务上管理职能相互交织，往往很难划分各自应承担的责任。中央和地方在行政管理机构设置上高度相似，中间层级政府机构职责不明的情况下，成为上传下达的信息沟通渠道，而且存在信息传达失真的风险。

4.3.4 政府间财力与事权不匹配的财政体制原因

从财政视角看，中央和地方政府共同承担职责的领域，事权界定模糊，存在“越位”“错位”与“缺位”的情况。具体表现在地方政

① 寇铁军：“我国政府间事权与支出划分”，《中国财政》，2006年第11期。

府承担的事权收入和本级支出不匹配。如2016年中央和地方收入比例为45：56，而相应的中央和地方支出比例为15：85。地方一般公共预算收入146681.12亿元，其中中央对地方税收返还和转移支付收入59486.35亿元，占地方财政总收入的41%。2016年地方财政收支相抵后，赤字7800亿元。从财力分配的角度看，地方政府的可支配收入41%来自于转移支付，并且专项转移支付比例过高。这不仅调动不了地方自主协调的积极性，反而更倾向于借债融资。

综上所述，中央和地方的财政关系如果仅仅从经济学视角去界定，无法约束中央和地方政府各自的行为，还应该从法律和行政的层面加以考虑。由于我国正处于依法治国的进程之中，地方政府的行为除了追求经济利益的最大化，更要兼顾公平和正义。在追求经济利益过程中，如果没有法律的约束，地方政府很容易采取经济变通方式，以牺牲公平和正义的隐性损失换取经济上的显性成绩。具体表现在环境保护、社会保障、医疗保险、公平教育等长期关系百姓福祉的公共品长期供给不足，政府经常跨越市场边界干预市场活动，地方政府追求短期利益忽视经济可持续发展的动力。财政体制上的原因，根源在于地方政府职能设定不清，其次是政府法定责任降格为行政责任追责，对地方政府官员利益触动不够大。即便财政部出台政策对地方政府官员借债实行终生追责，但由于中央对地方政府债务的运行和数量存在信息不对称，地方政府官员在追求经济利益的内驱力下，尽可能用职权范围内的手段规避风险。所以解决中央和地方公共品提供公平与效率问题，不能仅仅采用经济思维，还要考虑法律方面的制约。

4.4 地方财政管理风险形成原因分析

除了制度上的原因，长期以来，政府财政的管理与地方财政风险的形成紧密相关。财政在发挥国家治理基础性作用的同时，也需要不断根据其变化的外界环境和经济内部情况作出调整，才能够降低财政风险。

4.4.1　地方财政支出固化风险

所谓支出固化，是指在既有权利和利益结构条件下，资金的分配和预算编制的项目和人员已经无法变动，并且支出数量根据项目有逐渐加大的趋势。支出固化有静态和动态两种形式。静态固化表现为两个方面，一是财政质保运转，没有空间推动事业发展和建设；二是项目的规模固化，部门利益难以触动，没有科学的调整机制。动态角度看，支出固化表现在增量分配的法定挂钩或者增长机制。财政支出结构不仅存在存量固化，增量分配也由于“法定挂钩”而导致财政资金分配固化。财政支出固化的原因在于利益藩篱无法打破，重点任务的保障不能通过压缩支出项目，只能依靠增加支出来解决。增加支出资金来源的手段有三种：调节增量、增加新收入项目和扩大赤字。增量调节由于经济的新常态导致财政收入增速降低，可操作的空间越来越小；增加收入项目在宏观经济减税降费的政策背景下很难实施；短时期可以操作的选择只能是扩大财政赤字。随着财政赤字的扩大，地方政府债务的总量风险加大，债务利息逐年增加。

4.4.2　地方政府财政依存度较高

中央和地方的收入划分和转移支付制度，使得地方政府对中央的财政依存度较高。1994 年以来我国财政体制主要是解决中央宏观调控能力弱的问题。2016 年中央和地方的财政收入基本上达到均衡，但是中央和地方的支出比却为 15 : 85。中央要将全国财政收入的 35% 通过转移支付的方式分配到地方。纵观历史数据，1994 年转移支付仅 590 亿元，到 2015 年猛增至 50137 亿元，2016 年为 52941 亿元，22 年增长了近 84 倍。2016 年，中央对地方税收返还和转移支付达 59400. 70 亿元。这其中包括税收返还 6826. 84 亿元，一般性转移支付 31864. 93 亿元，专项转移支付 20708. 93 亿元。数据说明 2016 年中央支出近 6 万亿元给地方，占其财力的近 70% 。转移支付存在的问题削弱了地方政府的财政独立性。

4.4.3 转移支付资金使用效率低

地方政府从转移支付中获得资金的代价过大，地方财政的依存度比较高，不利于提高资财政金使用效率。首先，一般性转移支付和专项转移支付界限不明。一般性转移支付 7 大类别 90 个子项目中，有 66 个具有指定用途。其次，专项转移支付的实施期限和退出机制没有明确。2016 年上报的 94 个专项转移支付中，有 84 个没有确定实施的期限或者退出条件。专项转移支付清理过程中仍存在按照原有渠道和原有方式分配和管理的现象。再次，部分专项转移支付资金安排重复。比如财政部和发改委都针对水污染防治设立了 4 个基金，安排预算共计 357.5 亿元。最后，部分专项转移支付管理不严。2016 年 27 个专项预算共计 2023.11 亿元全部没有细化到地区，29 个专项的预算没有提前下达地方。同时发改委在国有工矿棚户区改造等 4 个专项资金的划拨中，存在同一个地区享受不同区域补贴政策的现象①。

4.4.4 地方政府债务信息不透明

地方财政信息公开透明是推动国家治理现代化的基本要求，同时也是提升政府治理能力的基础。信息透明度越高，政府治理的前瞻性预测的数据基础越接近现实，政府的治理能力越强。《2017 年中国市级政府财政透明度研究报告》研究了全国 295 个地级及地级以上城市（除了海南省三沙市），以及 358 个县级市的财政透明度情况。2017 年的财政透明度指标增加了政府性债务、社会资本合作（PPP）产业投资基金的公开情况。五年来，中国政府财政信息公开透明逐年改善，但是地方政府债务的公布情况却最差。政府债务公开包括债务限额及总额、各辖区债

---

① 山西新闻网——山西日报："财政运行稳，经济才能行稳致远——从两大报告看 2016 年中央财政决算"，2017 年 6 月 24 日，http：//www.sxrb.com/sxrb/06/2017/06/24/6890538.shtml。

务情况、债务类别和具体债务项目指标。总分设计为80分，最低分0分，最高分45分。从调查情况看，地方债务透明度平均分为16分，折算成百分制仅仅得分20分。总体上，债务限额和债务总额基本上公布，295个地级及以上市政府中有201个政府公布了2016年的债务，但是详细情况公布较差，仅37个城市公布了债务具体使用情况。68%的地级市政府公布了省级政府划定的债务限额和当年债务余额，大部分城市较少公布债务资金使用信息，也没有公布债务结构和举债项目的情况。县级财政债务公开情况更少，在295个地级市及以上城市中，只有63个城市公布了市内各辖区和县的债务年度余额及限额。

尽管《国务院关于加强地方政府性债务管理的意见》要求将地方债纳入全口径预算管理，但是法律上缺乏明确定义地方政府债务的口径。中央提高了对地方债务系统性风险的防范，产业投资基金和PPP方式成为地方经济建设的主要力量，因此相关信息有必要接受公众的监督①。

4.4.5　地方预算制度存在的问题

4.4.5.1　地方预算制度缺乏风险前瞻性

面对国际国内的宏观条件变化，我国预算制度设计缺乏前瞻性的风险预判。预算制度设计不合理，将导致财政纪律松弛、财政机会主义盛行、财政合规控制力弱、地方债务危机等情况，而这些问题远不是绩效预算能够事后解决的。缺乏中期预算的制度安排，我国现行预算体制缺乏面临风险的调整能力。具体表现在：一是技术设计和程序安排上没有建立“政策—预算—规划”的直接联系，影响预算的优化安排与支出效率安排的衔接；二是年度预算的时间框架不能适应财政体制长期性战略性调整，无法适应以财政资金优先排序为调整的支出结构优化设计。年度预算制度管理缺乏面对长期风险的弹性，以部门利益最大化的部门

① 中国经济周刊：“2017市级政府财政透明度排行 地方债务公开情况最差”，2017年8月28日，http：//finance. sina. com. cn/roll/2017 - 08 - 28/doc - ifykiqfe2342064. shtml。

年度预算更注重把钱花完，而忽略资金的优先配置应该面向社会需求的变化而调整。三是在未来经济常态化，刚性支出增强的情况下，政府预算制度必须要解决未来重大经济风险带来的减收挑战①。我国的年度预算仅仅关注投入控制，结果导向性不强，不关注成果和产出。中期预算的设计更关注结果和投入—产出的效率，改善公共品的质量。事实上，任何一个预算的过程如果不能够从中期角度对支出进行有限性排序，或无法将当期预算抉择与随后年度的支出需求相结合，最终出现前后不统一而决策和结果的失败。四是我国年度预算中可动用的财力和政府实际可动用的财力不一致，如果考虑到土地、国有资源和国有企业等可变现资产，这个问题更加重要。我国年度预算与政府预算改革的协调正处于探索之中，需要根据中国的国情设计相关的中期预算框架。

4.4.5.2 我国预算制度不能够识别和控制财政风险

财政风险问题一直是财政政策要面对和解决的问题之一。我国财政预算一直是“软约束”状态，具体表现在财政资金常年处于非理性增长，资本增长缺乏内在的约束，不良资产逐年增多，导致财政资金消耗速度加快，财政风险不断积聚②。潜在财政风险表现为以下四个方面：第一，我国重大公共工程项目资金不能在相对较长的时间通盘考虑。比如现在很多公私合营的项目。这样就无法确保所选项目是最需资金的项目，无法避免在未来预算中资本项目支出挤占经常项目支出，引发财政风险的可能性。第二，我国近期发行大量的国债和地方债券。近年来，国债的余额增长率大于 GDP 增长的年增长率。国债将来到期国家要还本付息，没有制度能够有效进行预测债务到期还款的额度，以提前防范还本付息压力对未来财政造成的冲击。偿债高峰如果出现叠加，将不利于财政的长期可持续发展③。第三，地方政府债务风险压力将难以控制。地方债券

① 陈雁萍：“地方政府中期预算管理研究”，南昌大学硕士学位论文，2016 年 5 月。

② 财政部综合司：《财政中期预算管理研究》，中国财政经济出版社 2013 年版。

③ 李燕：“财政可持续发展与透明视角下的中期预算探究”，《中国行政管理》，2012 年第 9 期。

已经出现还本付息不可持续的现象，后来采用置换债的方式延缓了债务到期承兑的风险。未来环节地方债务压力，需要进一步优化各级政府之间的事权与财力的组合。第四，我国已经进入未富先老的老龄社会。养老和社会保障问题凸显。养老保险基金已有4年支出增幅超收入增幅。人社部《2015年度人力资源和社会保障事业发展统计公报》显示，2015年五项社会保险基金收入46012亿元，增长15.5%；支出38998亿元，增长18.1%。这是社保基金从2012年来连续4年支出增长率高于收入增长率。同时，区域间养老金差别很大。根据2016年各省公布的社保数据，河北省公布的2016年企业基本养老保险基金当期缺口89.93亿元，而广东省社保基金累计结余已达7652.22亿元，其中企业职工基本养老保险基金累计结余为7258亿元[①]。各地区之间居民养老金差异很大，14个省区市提高居民基础养老金后，上海市调至每月850元，北京市提高至每月560元，相比之下全国有12个省区市居民基础养老金没有超过200元每月(见图4－1)。财政今后要不断投入才能填补养老亏空，并将面对巨大的财政压力，我们更需要从中长期的视角对预算制度进行调整。

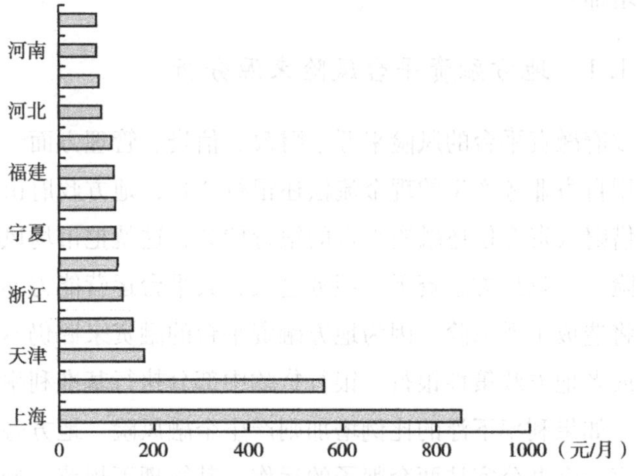

图4－1　14个省区市2017年城乡居民基础养老金标准

数据来源：《新京报》，2015年11月3日，第6版。

---

① 危昱萍："人社部：明年将实行基本养老保险基金中央调剂制度"，《21世纪经济报道》，2017年11月2日。

4.5 地方政府融资风险形成分析

地方政府融资在制度层面设计管控风险是一个重要的方面，其问题因为存在隐蔽性而不可忽视，因此有必要弄清楚地方融资风险产生的机理以及之间的相互转化路径，为以后判定风险节点提供依据。

4.5.1 地方政府融资平台风险形成分析

我国《预算法》和国务院43号文件已经划分地方融资平台债务和地方政府债务之间的法律界限，但是地方政府平台的转型较慢，有的地方政府出于惯性思维仍旧为平台公司担保融资。地方融资平台为地方政府从市场上融资，大量发行债券，导致地方政府的担保责任日趋沉重。一旦诸如城投公司的基础设施投资发生债务违约，地方政府的隐性风险会大幅度增加①。

4.5.1.1 地方融资平台风险来源分析

地方政府融资平台的风险来源于财政、信贷、管理方面。地方融资平台无法用自身业务产生的现金流偿还银行贷款，地方政府由于其担保责任而拆借财政资金偿还融资平台的银行债务，这就把市场风险转变成为财政风险。一旦地方融资平台债务过大，其平台运营能力不抵偿债资金需求，将造成金融风险。因为地方融资平台的融资来源仍然来自地方商业银行或者地方政策性银行。银行贷款中部分执行基准利率或者抵押基准利率，如果利率下浮的比例增加则产生金融风险。地方融资平台实际上是政府一个办公室挂两套牌子的运作，其管理不规范，操作也不透明，金融监管机构无法真正了解融资平台的债务规模。另外中央要地方

① 温来成："我国地方政府债务风险与财政重整制度研究"，《财政科学》，2017年第4期。

政府配套资金，其配套政策、法规等全部由地方政府根据自身情况运作，中央对地方融资平台的监控管理存在很大漏洞①。

1. 决策风险

决策风险是指在决策活动中，主体由于信息不对称导致对未来客体的不确定性无法把握，而造成达不到预期目的的可能性及其造成损失的后果。投融资决策在地方政府投融资平台运营发展过程中具有举足轻重的地位，决策的效果好坏不但关系平台的发展和效能，还影响着社会的稳定和经济的发展。

地方政府投融资平台不同于一般的投融资平台，具有自身的特殊性，其运营、决策受到平台外部环境与内部条件的影响②。首先，由于体制、法律政策、市场等外部环境条件的限制，地方政府在作出投资决策时，容易受政策、法律等壁垒的影响和制约；其次，地方政府投融资平台公司大多以国有独资公司的形式存在，没有完善的公司结构，缺乏科学的决策机制，使决策难以达到预期目的，甚至面临更大的风险。

地方政府投融资平台作为国有企业，被赋予了一定的行政色彩，并肩负着相关政治职能，因此，地方政府投融资平台在作出决策时应加倍谨慎，确保符合法律规定，将平台决策法律风险控制在最小。根据《国务院办公厅关于建立国有企业违规经营投资责任追究制度的意见》（国办发〔2016〕63 号）规定，实行重大决策终身责任追究制度。严格界定违规经营投资责任，对违反规定、未履行或者未正确履行职责，并且造成国有资产重大损失的国企经营管理人员严肃追责③。由此，若地方政府投融资平台决策不当，造成国有资产损失以及其他严重不良后果的，相关责任人将被追责，且实行终身责任追究制度。一旦被追责，轻则扣减

① 世联评估："浅谈地方政府融资平台名下的国有土地使用权抵押价值评估及风险"，2017 年 3 月 8 日，http：//www. vccoo. com/v/0t8tz5。

② 瞿定远："中国地方政府投融资平台风险研究"，华中科技大学博士学位论文，2012 年 5 月。

③ 中华人民共和国国务院公报："国务院办公厅关于建立国有企业违规经营投资责任追究制度的意见"，2016 年 9 月 10 日，http：//www. gov. cn/zhengce/content/2016 - 08/23/content_5101590. htm。

薪酬、纪律处分，重则移送司法机关，追究刑事责任。

2. 法律风险

法律风险是指基于法律法规或合同约定，由于外部法律环境发生变化，履行法律规定或者合同规定的权利和义务，而导致承担不利法律后果的可能性。

首先，法律环境变化风险。在经济全球化及市场分工精细化的背景下，法律环境日益复杂。地方政府投融资平台的运营是一项复杂的经济活动，必然涉及大量的法律、法规问题，不仅面临外部法律风险，例如国内外相关的立法、司法、执法和守法情况及其变化，监管体制、机构、政策以及执行等情况；同时，平台自身也有较大的内部法律环境需求。例如建立和实施法律风险管理方式，内部利益相关者的法律遵从情况和激励约束方式，处理重大法律纠纷案件或法律风险事件的方式等①。

其次，合规性风险。合规性风险是指融资平台未遵守相关法律法规和监管准则及要求，承担遭受相应法律法规处罚，遭受财务损失或者声誉损失的可能性。《担保法》明确规定，国家机关、以公益为目的的事业单位、社会团体等不得为保证人。当地方政府为投融资平台的银行贷款进行担保时，会因违反担保法的规定而无效②。

最后，地方政府投融资平台作出的对外决策须确保符合国家有关法律法规。例如，在进行投资并购时，应按照法律规定进行尽职调查，出具财务审计、资产评估报告等，从多个方面着手评估投资风险后，方可依据相关报告材料作出予以投资并购的决策，在投资并购完成后，还须积极履行股东权利与义务，确保国有财产不流失。在对外签订重大工程项目建设合同前，应对合同标的进行调查论证，并严格审查合同约定的条款，防止存在重大疏漏和违法条款的情形。在转让股权、资产前，应严格履行决策和审批程序，对拟转让的股权、资产进行价值评估，对拟受让方进行尽职调查，确保受让方具备相关资质与能力等，在完成前述分析与论证后，方可依法作出转让股权、资产的决策。在对外发行债券

①② 瞿定远："中国地方政府投融资平台风险研究"，华中科技大学博士学位论文，2012年5月。

前，应确定合理的利率，若融资成本虚高，很可能会引发相关部门对地方政府投融资平台及相关负责人进行审计、监督、稽查。在企业改组改制方面，应按规定组织开展清产核资、财务审计和资产评估，不得将国有资产以明显不公允低价折股、出售或无偿分给其他单位或个人，不得变相套取、私分国有股权、收取国有资产转让价款。改制后的公司章程还须规定国有权益的保护条款[①]。

3. 债务风险

平台债务风险，指融资平台无法到期偿债的可能性以及因为偿债引致的其他不确定性。地方政府为了更新城市基础设施建设而加速组建融资平台进行融资，导致平台债务激增。地方融资平台以土地作为抵押向银行贷款，基础设施项目的投资周期较长，投资回报率比较低，其债务偿还风险较大。当地方融资平台的贷款余额超过其财力支撑的偿还范围时，地方政府担保由于其连带责任将兜底融资平台的债务风险而形成地方政府性隐性债务。在商业银行严格控制贷款规模和总量的情况下，地方融资平台贷款融资受到限制，将进一步加剧债务偿还的压力[②]。2011年审计署的数据显示，2010年底地方融资平台债务余额为49710.68亿元，占全国地方政府性债务余额的46.38%。2013年6月底，地方融资平台债务余额增至69704.42亿元，比2010年增加19993.74亿元，增长40.2%[③]。

4. 运营风险

运营风险指由于外部环境变化，或者主体不能认知或者适应外部环境的变化，导致运营活动达不到预期或者失败的可能性。运营风险是一系列具体风险的组合体。地方融资平台运营风险包括以下方面：

---

① 中华人民共和国国务院公报："国务院办公厅关于建立国有企业违规经营投资责任追究制度的意见"，2016年9月10日，http://www.gov.cn/zhengce/content/2016-08/23/content_5101590.htm。

② 李侠："地方政府投融资平台的风险成因与规范建设"，《经济问题探索》，2010年2月1日。

③ 瞿定远："中国地方政府投融资平台风险研究"，华中科技大学博士学位论文，2012年5月。

首先，公司治理风险。按照法律性质划分，地方政府投融资平台组织形式分为机关、企业、事业法人三类。地方融资平台按《公司法》成立，是名义上的市场主体而实质上在人事管理上听命于地方政府。因此，地方融资平台经营决策市场导向被弱化，市场化投融资的责任主体不清晰，平台公司缺乏自主决策权。地方融资平台由于不是真正的法人治理结构，无法形成自主经营、自负盈亏的企业主体。政府干预企业的人事变动会造成公司治理不当，进而导致公司权力和利益失衡，影响企业的发展[①]。

其次，项目建设风险。项目建设风险是指在项目决策和建设过程中，造成实际结果与预期目标的差异性及其发生的可能性。根据投资项目的性质，地方政府投融资平台投资建设的项目分为经营性项目和非经营性项目。项目在建设期间将承受自然风险、社会风险、经济风险、法律政治风险以及项目运营风险的可能性。特别是非经营性项目，例如某些基础设施建设项目，本身不能产生直接的经济效益或者项目本身回报率低、期限长、难以取得回报，完全依靠于政府的财政性资金来保证并偿还投资。在当前的紧缩性货币政策环境下，地方政府融资平台的财务状况将日渐艰难，项目建设也将陷入尴尬境地。

最后，地方政府抵押物运作存在的风险。《预算法》和分税制财政体制没有明确中央和地方的事权责任及支出责任。中央在应对 2009 年的金融危机时，没有考虑到地方政府的财政能力，宏观上的财政政策落实到基层变成土地资本货币化的逻辑。中国的土地流转没有相关的规定和要求，因此，拿公有土地抵押借贷，无疑会有产权上的瑕疵。就具体的抵押事项而言，抵押评估存在三方面的潜在风险。一是地方政府违反规定为融资平台提供担保[②]。根据《担保法》《担保法解释》的相关规定，地方政府为融资平台的商业贷款所提供的担保在法律上是无效的，

① 瞿定远："中国地方政府投融资平台风险研究"，华中科技大学博士学位论文，2012 年5 月。

② 世联评估："浅谈地方政府融资平台名下的国有土地使用权抵押价值评估及风险"，2017 年3 月8 日，http：//www. vccoo. com/v/0t8tz5。

这就存在法律风险。二是地方政府融资平台因自身现金流无法覆盖银行贷款而出现的债务风险和进而引发的银行坏账风险。三是抵押物在抵押权实现时由于其存在的产权瑕疵或抵押物本身质量不佳而带来的难以处置和变现的风险。

4.5.1.2　地方融资平台风险的传导性

地方政府投融资平台存在的决策风险、法律风险、债务风险、运营风险等并不是独立存在的风险，各种风险存在交叉和关联，更为严重的是，这些风险可能通过不同途径将风险和压力传导，并最终传导至宏观层面，导致全局性的系统风险。

1. 地方政府财政危机

地方政府投融资平台投资项目大部分以财政收入担保获得银行借贷，当平台面临债务风险时，偿债责任则转嫁到地方政府的财政负担上。自2008年金融危机以来，地方融资平台数量急剧上升，其平台向市场融资的数量也不断刷新纪录。在财政收入变化不大的情况下，地方没有还款能力覆盖融资平台的亏损，最终可能造成贷方政府的财政危机①。

2. 金融系统风险

我国没有财政风险转化为金融风险的隔离机制，地方政府的偿债水平评估不到位，加上地方政府很容易干预银行信贷的配置，导致商业银行对于地方政府存在“过度放贷”的激励。在地方政府投融资平台自身“造血功能”不足的情况下，如果地方财政无法提供支撑，将会放大地方金融的不良贷款率，造成系统性地方金融风险②。

3. 社会稳定风险

地方政府投融资平台除存在向上传导的风险外，还有可能通过各种

① 李侠：“地方政府投融资平台的风险成因与规范建设”，《经济问题探索》，2010年2月1日。

② 李经路、母景平：“地方政府融资平台：现状、机理与对策”，《管理现代化》，2014年6月1日。

路径转嫁到社会大众，引发一系列社会问题，导致社会稳定风险。例如许多地方政府主要依靠土地收入等来偿还平台负债，地方财政变相为平台公司提供债务担保是建立在对未来土地价格上涨预期基础之上的，该种发展模式必然会引起土地价格的波动。如果土地价格急剧下跌，土地财政运作模式必然断裂，地方经济安全受冲击，最终影响社会稳定[①]。土地价格上涨还有可能带来推高房价、提高公共物品收费、增加赋税等问题，造成严重的社会财富分配不公。近几年，重大社会稳定风险事件包括重大群体性事件频发，大部分与政府及企业的项目建设、运营、管理有关。比如2008年7月云南普洱市发生的群体性事件，起因是当地采取“公司+基地+农户”模式发展橡胶产业，但企业不按市场行情收购橡胶，胶农利益长期受损，另行销售又遭到企业阻拦，从而引发群体性事件[②]。再比如厦门PX项目民众抗议事件，PX项目纳入国家“十一五”产业规划，但是民众担心影响环境和健康而集体抵制，直到厦门市政府宣布暂停工程[③]。

4.5.2 地方政府采购风险形成分析

4.5.2.1 地方政府绕过法律条款间接融资

地方政府绕过《政府采购法》的规定，通过融资平台或资金安排间接融资。《政府采购法》及其实施条例要求政府预算管理要遵循先预算后购买的原则，政府预算管理与中期财政规划保持一致并且服务期在三年以内，年度预算未安排的资金不能购买政府服务。地方政府变相用政府购买的方式融资，实际上增加了地方政府的隐性债务。这种违规的行为可以归纳为两种操作方式：一是没有预算约束，地方政府官员拟定

① 杨子絮：“地方政府融资平台法律制度完善问题研究”，南京航空航天大学硕士学位论文，2015年3月。

② 李斌：“检察工作中‘能动司法’的引入”，《国家检察官学院学报》，2012年第3期。

③ 曹斯、林亚茗、梁希：“大型能源项目中的公共沟通策略浅谈——以广东CCUS项目民意基线调查为例”，《广东科技》，2015年第8期。

虚假购买协议向地方融资平台购买服务，然后融资平台根据协议中所列对政府应收账款，转向金融机构融资。二是地方政府的基础工程一次性完成，但是相关预算只列支当期实际购买的数额，余下额度分几次付清。这样工程进度和资金使用进度的差别可提供变相融资的机会。但是如果改变项目性质，将建设工程列为服务，则可以和地方融资平台关联起来。这样可以最大程度逃避监管。

4.5.2.2 地方政府运用人大程序绕过法律约束

地方政府用人大法定程序绕过《政府购买服务管理办法（暂行）》条例。《政府购买服务管理办法（暂行）》要求先有采购后有预算，中期财政预算规划一般控制在3年。但是实际上有的政府服务项目期限超过3年，超过3年的政府支出无法纳入预算，因此实践中地方政府可以由当地人大出具决议，将整个服务期内政府付费再纳入当地财政支出预算。这样，通过人大的程序，地方政府可以绕过《政府法》逆向操作而获得融资。如果政府购买服务的协议超过10年，县市级人大任期最长5年，那么一届人大根本无法负责政府购买协议的审核，更谈不上对购买服务的监管。

4.5.2.3 财政部门的自由裁量权漏洞

政府性购买服务指导目录的自由裁量权导致漏洞。各级财政部门有权制定本级政府购买服务的目录，确定政府购买服务的内容、性质和种类。由于没有明确的列举或者穷举项目类别，因此地方政府也有空可钻。

4.5.2.4 地方政府出于融资便利采用政府购买服务

地方政府将建设工程纳入政府购买服务是出于变相融资便利性考虑。政府采用单一来源采购逃避监管。《政府采购非招标采购方式管理办法》规定，单一来源采购可以在某一特定供应商采购服务、货物和工程，而且单一来源采购经过专家认证和相关部门审批时间较短，公示7天后即可进行。如果依据正规的程序，全部国有资金的建设工程必须公开招标（特殊情况例外）。政府采购公开招标要经过编制招标公告、组建评标委员会、发布招标公告和文件、签订委托协议、开标、评标等一系列的流程。根据《招标投标法》及《工程建设项目招标投标办法》，整个招标流程至少需要一个月。地方政府优先选择信息透明度低，竞争性弱的采购流程，而回避建设工程招投标的流程。

4.5.3 PPP风险形成机制分析

对于PPP模式的风险性，加拿大国家PPP委员会曾经给出过一个极为清醒的基本判断，即PPP就是“一个建立在每一方都具备专业技能，并通过合理分配资源、风险和回报，而满足明确、具体定义的公共需求基础上的，介于公共部门和私人部门之间的合作风险体”。世界银行2015年的统计报告佐证了这一判断：1990—2014年，包括中国在内的194个低收入以及中等收入国家采用PPP模式进行交通基础设施建设运营的投资总额达2564.5亿美元，其中被取消或已陷入困境的PPP项目118个，总投资额324.64亿美元。因此，无论是源于理性的抽象判断，还是基于现实的客观总结，PPP模式都极具风险性。

而从抽象的角度看，PPP模式风险最大的特征即为不确定性。因为所谓风险，就是指由于客观环境及主观决策的不确定而导致实际结果偏离预期目标、产生损失的可能性。从某种角度而言，“风险”与“不确定性”之间甚至可以彼此相互定义、循环解释：“风险”即“不确定性”，“不确定性”即“风险”。但是，承认PPP模式风险的不确定性，并非否认这一风险的客观性、规律性与可测性。PPP模式风险绝非主观的臆想，而是客观的实在。它的发生不以意志为转移，不以主观意志为条件。正如普遍性总是寄寓于无数的偶然性之中，不确定的PPP风险也呈现出明显的演化规律性。而在客观性与规律性的基础上，PPP模式风险也必然同时具有极强的可测性——它不仅能通过理性的能力被定性地予以识别，同时还可借助各种科学模型与统计方法被定量地予以评估和测算，进而也可在合作各方之间予以合理的分担。除此之外，PPP模式风险还具有系统性的特征，存在着大量无法根本控制的外部风险因子与风险变量。因而，PPP 模式风险事实上无法回避，只能通过分散、转移等手段进行预防与降低。而 PPP 风险作为长期合作过程中各种矛盾的交互反映与聚变结果，同时亦呈现出累积性与叠加性的特征。一方面，随着时间的推移与事态的发展，某一风险值会因风险的正/反馈作用而不断积累放大，直至突破爆发的临界点；另一方面，原本具有一定关联性的各风险因子也会不断地交互作用、交织叠加，进而在导致风险迅速扩大的同时，甚至会因为原有风险间的交叉感染而出现新的风险源。

总而言之，PPP 模式风险作为"风险"的一种基本形式，具有一般风险"共有"的诸如不确定性、客观性、规律性、可测性、累积性、叠加性等基本特征。结合 PPP 模式的典型失败案例与其独特的合作架构、运作流程，政府必须认识到，并且高度警惕 PPP 模式风险的长期性、复杂性与传导性。

4.5.3.1　PPP 模式风险的长期性

1. 政府与社会资本合作（PPP）项目明股实债①

地方政府为了吸引社会资本投资，会在 PPP 项目建设运营期间私下许诺回购其部分股份，结果 PPP 项目是名义上的股份公司，实际上是用股份承担了项目建设和运行时期的风险，而政府承诺购买的股份变成其负债。实际上，政府和 PPP 项目公司用股份的方式承担各自的风险，以股份的方式划分其债务的比例。

2. PPP 项目转变为政府支出责任

PPP 项目社会资本与政府达成固定收益承诺，地方政府实际承担了一定时期的支出责任。这是以项目收益作为共同协定的风险共担机制。地方政府以收益权作为让渡条件吸引社会资本参与项目，该收益权因为政府的承诺而转变成为政府支出责任，继而成为变相政府债务。

从单一风险的角度理解 PPP 模式风险的长期性，显然是指这一风险

① 温来成："我国地方政府债务风险与财政重整制度研究"，《财政科学》，2017 年第 4 期。

基于长时的合作周期而具有时间存在跨度较长的特征。例如，在采取杠杆融资运作的PPP项目中，利率风险的存在往往持续数年以上，并直至债务本金偿还完毕才能得以消除。至于通货膨胀、市场需求等更具长期性的风险，则将伴随合作周期的始终，需要时刻地予以关注和警惕。而从PPP运作阶段的视角出发，所谓PPP模式风险的长期性，则是指作为整体抽象的PPP风险将贯穿于项目全生命周期的各个阶段，长达数十年的合作过程中始终潜伏着可能导致项目失败的各种风险。

当然，就目前的经验数据来看，大量的PPP失败案例集中高发于项目的执行阶段。但是，同时也不乏因为前期准备阶段的风险失控，而导致项目延迟推进、意外中止，乃至最终被撤销的现实教训。例如，爱尔兰“共用场地”医院项目，便在进展缓慢、拖沓冗长达数年之久的竞争性对话程序中被政府束之高阁，灯塔医疗集团与同步医疗公司为项目竞标花费的成本高达数千万欧元。再如，墨西哥克雷塔罗高铁项目中，墨西哥交通部先以“项目的合法性和招投标程序透明性存在疑问”为由，取消中铁建联合体在项目首轮招投标程序中的中标结果，随后又在第二轮招投标进行中宣布将因国际油价下跌、财政预算大幅削减等原因而无期限搁置项目，由此导致的直接结果是：墨方政府必须就中铁建联合体参与两轮竞标所花费的各类人工、咨询及融资成本等进行赔偿。

而在项目执行阶段，多方利益诉求的交锋冲突与各种机会主义的现实干扰更加决定了公私部门的长期合作必然矛盾重重。如伦敦地铁项目中Tube Line联合体主张的68亿英镑线路改造费用经政府仲裁审核仅认定为44亿英磅；北京“鸟巢”项目中政府强调国家体育场的“政治形象”而直接干预中信联合体的“企业冠名”行为与商务演出计划；长春“汇津”污水处理厂项目中，汇津公司直接将长春市政府诉至法院等案例事实，颇为鲜明地显示出公私合作过程中利益冲突的频发性与尖锐性。再如泉州刺桐大桥项目中名流实业公司利用合作协议缺乏利益调整机制而攫取大量超额利润并造成通行拥堵，政府则利用合租协议未对项目唯一性作出承诺，而在项目附近接连修建数条免费通行的竞争性通道，也非常直观地呈现出各方的机会主义行为对合作目标与合作关系的破坏性。

同样的，在基于合作期限界至的最后移交阶段，项目虽然因为一些具有特性阶段专属性的风险因素（如设计风险、建造风险、工期延误风险等）已经丧失了构成风险的不确定性，而使项目风险态势总体减弱，但某些贯穿于项目全生命周期的风险（如合同风险、界面风险、不可抗力风险等）仍然存在，并共同形成了项目的残值风险。例如，深圳沙角B电厂项目中，因为合作协议根本忽略了项目移交阶段的范围界定与标准要求，最终导致了移交至政府的电厂已经基本不能运营生产。再如广西来宾B电厂项目，虽然汲取了沙角B电厂的教训，1997年签署的特许协议对18年后的项目移交各方内容及具体标准进行了较为完善的规定，并要求项目公司必须持续存在至移交任务完成一年以后，以保证电厂的持续运营，但由于没有前例参考，仍在移交过程中遭遇到不少问题：如流动资产、零配件、消耗性材料的移交数量问题，设备移交标准的参考标准选择问题，具体移交程序的合法合规性问题等。这就是说，对于政府而言，项目残值风险不会因为移交任务的形式完成而彻底终结，政府仍然需要考虑到项目移交后在性能、功能、可维护性、可运营性、可持续性、可盈利性与可再融资性方面所存在的各种风险。

4.5.3.2 PPP模式风险的复杂性

PPP模式风险的复杂性表现为长期公私合作过程中具体风险类型的形式上的多样性。对于政府而言，引发PPP模式出现多样风险的具体原因在项目识别阶段集中表现为“可行性”研究的论证失误，“物有所值”评价的测算失准、“可承受能力”的判断失真等；在项目准备阶段集中表现为实施机构工作的能力欠缺与进展不力、实施方案编制的设计欠精与水平欠优、部门沟通协调的效率低下与接续不畅等；在项目采购阶段集中表现为采购程序的非法违规、采购标准的考虑欠周、采购成本的支出失控、合作伙伴的选择失当等；在项目执行阶段集中表现为客观情势的动态变化、监管履责的角色错位、机会主义的随机干扰、合作冲突的频繁聚显等；在项目移交阶段集中表现为移交标的的边界不清与标准模糊、移交工作的道德风险与执行无序、移交补偿的定量困难与争议不断等。

而从根本上讲，PPP 模式风险的复杂性是由 PPP 参与主体关系的复杂性与 PPP 风险分配契约的不完备性造成。

首先，在 PPP 参与主体关系层面，最为基础的核心关系是政府与社会资本方之间通过 PPP 项目协议建立起来的伙伴合作关系。以这一法律关系为纽带，随着项目运作的程序推进与各方主体的陆续进入，PPP 的交易结构将呈现出极其复杂的网络关系。从政府的角度看，需要直接面对的复杂关系包括但不限于：政府与实施机构之间的委托代理关系；政府各职能部门之间的工作对接关系；政府与项目公司之间的特许经营关系、公司股东关系、行政管理关系；政府与社会资本方之间的内部股东关系；政府对其他项目参与人的承诺关系；其他项目参与人对政府的担保关系；政府与第三方专业机构的咨询服务合同关系；政府与社会大众之间的服务供给关系等。而基于公共服务的供给职责，并承担项目运作兜底责任的政府还同时需要面对以项目公司为主体，围绕项目运作具体需要而建立起来的各种间接关系，如：社会资本方之间的股东关系；项目公司与工程承包商、运营服务商、原料供应商、产品或服务销售商之间的各类合同关系；项目公司与监理单位之间的监理关系；项目公司与专业中介机构的咨询服务合同关系等。而面对着 PPP 参与主体之间如此众多且相互交织关联的各类关系，PPP 模式风险对于政府而言必然是极为复杂的。

其次，PPP 模式风险的复杂性还源自于 PPP 风险分配契约的不完备性。如前所述，PPP 模式风险是不确定的，具体项目运作的长期过程中将会发生哪些风险，预期的风险最终会不会发生，会在什么时间发生，发生后会造成什么样的消极影响与损失后果事先都无法精准预知。而既然风险总是不确定的，所以旨在对这些不确定风险进行确定分配的风险分配契约也就不可能是充分“完备”的——当下的契约签订主体无法完全预估到未来可能出现的所有风险，容量有限的成文契约也无法借助文字的表达而实现有关风险分担的精准安排。对于政府而言，无法“完备”的风险分配契约实质也仅是一种预先表达的风险承担意愿与风险致损后果的归责安排。对于项目所承载的公共服务目标来说，这一风险分配的契约安排是极其必要的，但可能也是“虚弱无力”的。从PPP项目参与各方的角度看，即便是签订了堪称“完美”的风险分担契约，合作目标的实现也仍然面临着极其巨大的挑战。例如，印度大博电厂项目中，安然公司凭借自身丰富的实践经验与强大的谈判能力，对自身风险进行了堪称“完美”的契约回避，并取得了两级政府的联合担保，但最终却仍然出现了投资失败、公司破产的终局。再如英法海峡隧道项目中英法政府以“坎特伯雷条约”为基础，将项目的全部建造风险、融资风险都转移给欧洲隧道公司，最终的结局却是隧道建设耗时超过八年，项目公司运营失败并破产倒闭。

4.5.3.3　PPP模式风险的传导性

所谓PPP模式风险的传导性，是指存在于项目外部环境与内部系统之中的各类风险源所释放的风险，依托于一定的传导载体，经由一定的传导路径，而蔓延、传导至项目运作的各个阶段与各功能业务进展流程，进而干扰到整个项目效益产出与分配链条的顺畅流转，并造成预期合作目标的偏离而使各方遭遇损失的过程。其中，风险源是指所有影响到项目正常运作的不确定因素，包括项目运作内、外部环境系统中的各种非预期变化（如政策调整、法律变更、合作违约、股东争议、遭遇不可抗力等）的出现或形成出现的可能；风险传导载体主要包括“人”（具体合作行为的执行者）、“物”（作为项目运营基础的各类物质组成）、“事”（项目的具体任务及突发事件）三个方面；传导路径则既包括项目内部风险向外部的传导（如成本风险导致服务水平降低进而引发公众抗议），也包括外部风险向内部的传导（如通货膨胀风险导致工程建设成本超支进而形成公司财务压力），还包括项目内部风险之间的传导（如设计变更风险导致工期延误进而延迟项目现金流入；道德腐败风险导致政府做出过高承诺进而引起政府被迫违约）。

事实上，多数PPP典型案例的失败原因均可逆溯、归集于某一

（或数个）长期存在的具体风险源。这些风险源引发的风险事件经过各种渠道的传导，将引起负面的“财务杠杆效应”，并引发项目参与者的“羊群效应”，而堕入“蝴蝶效应”的危局。这就是说，从风险传导的动态机制角度分析，某一风险源之所以会发生蔓延、扩散，主要是因为PPP项目运作过程中“财务杠杆效应”“羊群效应”与“蝴蝶效应”的存在和驱动。其中，“财务杠杆效应”是指PPP作为高负债运行的大规模项目，过高的债务杠杆率与固定的沉重债务压力将使某一财务变量即便仅是出现微小的变化，也能就此引发另一相关变量的巨幅变动，进而导致项目公司形成财务风险甚或财务危机；“羊群效应”是指处于“信息不完全”之幕下的PPP参与者，在有限理性甚或无理性的“从众心理”驱使下，产生“集体无意识”的盲从，对自身的观念、行为失去独立思考、决定的意愿和能力；“蝴蝶效应”则是指PPP作为一种复杂混沌的多方合作体，其良性运作高度敏感地依赖于初始设定的合作条件，某一预期要素的微小偏差在经过多重渠道传导并被不断放大之后，将产生“谬以千里”的差异结果，导致“一招不慎，满盘皆输”的合作终局。

比如，在台湾高铁项目中，台湾高铁公司于2010年进行债务重组后，尽管运营收益不断持续上升，净利润从2010年的-12.1亿元转为2015年的208.73亿元，但仍出现了导源于“蝴蝶效应”的破产危机。扇动翅膀的“蝴蝶”是台湾高铁公司数量众多的特别股股东。早在项目建设阶段，由于五大出资股东迟迟未能充分出资，资本金严重短缺的台湾高铁公司不得不发行了总额551亿元，约占公司股本总额50%的三种可转换特别股。这些特别股的固定股息每年至少为5%以上，并按规定可在4—6年期满后，自由选择转换为普通股或由公司回购。特别股的发行是台湾高铁公司为完成高铁建设任务而添加的财务杠杆，权益资本的表面形式虽在短期内掩盖了其作为公司债务的真实属性，但却成为2015年公司陷入财务危机的重要风险源。因为自高铁运营后，长期亏损的台湾高铁公司无力支付特别股股息，至2014年累计“挂账”、拖欠的股息总额高达140.12亿元，由此引发一些特别股股东扇动起“蝴蝶翅膀”发动诉讼。2015年，一桩特别股纠纷案件二审审结，裁判的结果是高铁公司需要支付54亿元以支付股息并回购股份。但彼时，高铁公司仅有十几亿账户资金，若三审仍然败诉，则仅此一份判决的执行便足以使其陷于破产的境地。况且，任何一桩特别股纠纷三审败诉的案件都会引发所有的特别股股东以同样的方式行使权利。而在“羊群效应”的作用下，所有的特别股股东也都不愿意将到期的特别股转换为普通股，都会要求高铁公司支付股息后予以回购。届时，高铁公司面临的判决支付额预期将高达542.02亿元，公司破产已是迫在眉睫。而在高铁决不可停运的刚性原则下，此种局势下的台湾政府面临两种选择：其一，等待公司破产然后接管运营；其二，继续采取挽救措施以免公司破产。经利弊权衡后，台湾政府认为，破产接管所需付出的代价太大，政府不仅需要支付5500亿元左右的收购费用，还要负责偿还高铁公司的巨额历史债务，并可能面临大量的权益诉讼。而破产接管后，无论是委托其他私营公司或另行组建公营企业继续运营高铁，政府仍将面临巨大的不确定性与难以承受的金钱、时间成本。因此，政府的最终选择是继续挽救台湾高铁公司，在五大出资股东让步确认高铁公司股票（公股、泛公股持股比例为37.5%）评价值主动缩水60%的同时，由政府方扩股增资300亿元（增资后公股、泛公股持股比例达63.8%），并要求此后公股与泛公股股份均不得买卖和变更。至此，台湾高铁公司改变其民营性质，进入由政府真正主导运营的阶段，台湾高铁项目PPP模式已是彻底失败。

综上所述，PPP风险具有长期性，主要体现在PPP项目一般持续时间很长，政府、市场和社会都是风险的承载主体。但是由于政府是PPP制度的设计者，所以一般是风险的主导者，而市场一般是被动承担风险方。PPP风险的复杂性在于：其操作过程的每一个环节都有可能出现风险，PPP参与主体之间的关系复杂及契约的不完备性。而PPP模式的风险由于内部和外部环境因素的相互作用，而导致风险的相互传递。后文将针对PPP风险形成机理梳理出PPP的风险点，并试图设置指标定量测定。

4.5.4 地方政府城投债融资风险机制形成分析

4.5.4.1 城投债融资平台界定和境内市场城投债基本情况

国发〔2010〕19号文件①中定义地方融资平台是“由地方政府及其部门和机构等通过财政拨款或注入土地、股权等资产设立，承担政府投资项目融资功能，并拥有独立法人资格的经济实体。”实际上，地方政府创造了一个公司，然后由这个公司向银行、信托公司或债券市场借款。这些公司被称为地方政府融资平台，或者城市发展投资公司，抑或地方政府融资平台。地方政府创建它们的目的就是为基础设施建设融资。融资项目可能用多项收入来源，如道路通行费或者水处理设施使用费②。银监会、发改委、审计署和财政部对城投融资平台的定义不完全一致，但是基本有三个要素，即政府出资，平台具有投融资的功能和法人主体。投融资平台主要经营公益性项目，但是公益性项目没有准确的界定，因此，目前各机构对城投债的统计口径不一，银监会掌握11000家企业的名单，财政部的统计名单和中金公司对城投债务的名单也不一样，因此，我们只能根据各方数据统计，筛选城投公司中有项目，只要没有足够现金流覆盖其债务融资的公司都将其认定为城投债。

根据审计署2013年的数据，第一类地方债务一般信用债余额是0.55万亿元，中金统计口径国内市场城投债券余额是1.6万亿元，Wind口径是1.89万亿元。根据统计数据显示，2015年平台公司发行“城投美元债”60.5亿美元。随着国家“一带一路”等外向型发展战略的推开，地方政府逐渐加大海外融资的力度。2016年6月底境内Wind口径城投债务余额为5.91万亿元，其中公募4.42万亿元，私募1.5万亿元。根据中金公司的统计，城投债余额为4.07万亿元，其中私募债最少0.77

① 具体指国务院2010年6月发布的《关于加强地方政府融资平台公司管理有关问题的通知》。

② 周沅帆：《城投债——中国式市政债券》，中信出版社2009年版。

万亿元，公募债 3.3 万亿元。同时期的境内非金融类债务的余额是 16.65 万亿元，城投债将近占三成。城投债的发行公司数量，Wind 统计口径有 1784 家，中金统计有 1414 家。境内城投债近两年发债主体区县级占比达 40%，目前城投债券的发展存量前五名的地区是江苏、天津、浙江、湖南和重庆。根据 Wind 统计，债券中存量城投债余额以中长期限为主，其中剩余期限 1 年以上的债券占比 85%，3 年以上占 58%，5 年以上占 20%。城投债的信用评级 AA 以上占 43%，其中 AAA 级和 AA + 分别占 21% 和 27%，债券评级辨识度低于一般产业债①。

4.5.4.2 境外城投债增多的原因

截至 2016 年底，全年“城投美元债”发行规模为 119.1 亿美元，共 43 只债券，已经远超 2015 年全年的发行规模。从发行期限来看，当年 3 年期占比最高，发行金额占全部发行额的 76%。虽然，此前平台公司海外发债方式多集中于维好协议及股权购买承诺协议（KEEPWEL + EIPU），但 2044 号文件发布以后，直接发债趋势明显，2016 年直接发行占发行总额的 58.2%。

1. 国家相关部门政策鼓励

2015 年 9 月 14 日，国家发改委发布《关于推进企业发行外债备案登记制管理改革的通知》（发改外资〔2015〕2044 号），取消企业发行外债的额度审批，开始实行备案登记制管理。需向发改委备案的发行主体范围主要是境内企业及控制的境外企业或分支机构，含金融/非金融企业，不包含境内企业只参股、不控股的境外企业或分支机构。文中特别提到，“鼓励资信状况好、偿债能力强的企业发行外债，募集资金根据实际需要自主在境内外使用，优先用于支持‘一带一路’、京津冀协同发展、长江经济带与国际产能和装备制造合作等重大工程建设和重点领域投资”。鉴于城投企业在基建投融资领域的作用，城投境外发债融资显然是政策鼓励的方向。2015 年发布的 2044 号文件鼓励资信状况

① 和讯名家：“中金固收境外城投美元债专题研究”，2016 年 7 月 29 日，http://bond.hexun.com/2016-07-29/185224920.html。

好、偿债能力强的企业发行外债，将境外发债事前审批改为事前备案登记，放开了对境内企业直接发债的监管，大大简化了企业境外发债的限制。与此同时，海外债发行条件便利、发行限制较低，中资企业对于拓展融资渠道、扩大国际声誉的考虑，境外投资者对中资美元债的认可等，也推动了中资企业海外债的快速增长。

2. 城投海外债以中期美元债为主，直接发债趋势明显

虽然城投企业目前在境内债券市场融资比较容易，成本也不高，但多数企业还是想尽可能有更多的融资渠道配合使用，以增强关键时点流动性管理的灵活性。另外，境内债券市场环境虽然今年以来对城投债一直比较有利，各监管机构也支持城投发债，但境内市场债券发行审批还是有一些限制条件必须要满足的，比如：单一发行人公募债券总余额不能超过净资产的40%，债券募集资金用途监管较为严格，属于银监会平台名单的企业发行部分品种存在障碍等。相比而言，境外市场只要做好信息披露，债券发行的行政限制较少。

3. 配合国际合作和招商引资的城市战略、提升国际形象

由于城投平台是中国特有的经济发展进程中形成的产物，国际市场投资者对其性质和风险普遍不了解。通过在境外发债、接触投资者并进行信息披露，不少城投平台的政府支持特征能够获得评级公司认可，从而得到投资级国际评级，有利于提升国际形象，为今后长期的资本运作和打开融资渠道铺平道路。另外，部分城市本来就有与其他国家或金融机构进行长期战略合作或招商引资的方案，城投发债也可以作为加强双方金融合作的一种形式，引入外汇资金。

4. 国内融资环境阶段性收紧、境外债发行利率相对较低

2014年10月，国发〔2014〕43号文件颁布后，城投企业融资环境进一步收紧，公开市场发债困难，部分企业重新转向非标融资，成本高达10%左右。加之北基投境外发债成本较低的示范作用，更多城投企业选择“走出去”融资。

5. 境外发债限制条件较少

由于境内外监管思路的差异，境内监管机构对于城投债发行有较多

限制条件，如发行企业净资产要求，累计债券余额占净资产比例，债券募集资金用途，净利润对利息偿付的保障等，而境外发债此类限制条件较少，主要依赖投资人自身对发行人信用资质的判断，因此，较为宽松的发行条件也成为吸引城投企业发行境外债的重要条件。

6. 城投企业境外业务活动产生外币资金需求

随着我国"走出去"和"一带一路"建设的实施，部分城投企业业务范围拓展到了境外，经营活动中产生了外币资金需求。公司通过发行外币债券募集资金，募集后可直接在境外项目使用，并以境外项目产生的收益偿还债券本息也成为城投企业发行境外债的原因之一。但根据中债资信的调研，目前募集资金用于境外项目的企业仍较少。

7. 承销商的推动作用

为扩大承销业务规模，提升市场份额，占领境外债市场先机，承销商以可拓展城投企业在资本市场的融资经验和影响力等为理由大力推动城投企业赴境外发债。而从实践影响来看，承销商的积极推动也确实对城投企业赴境外发债决策起到了一定的积极作用。

4.5.4.3　境外城投债的风险现状

1. 境外城投债的数量

近两年，城投公司海外发债悄然成风，根据彭博数据统计，目前城投公司境外发债规模累计达到311亿美元，存量债券300多亿美元，这其中超过四成是2016年发行的。具体来看，城投公司赴海外发债的情况从2015年开始增多，当年共发行29只城投海外债，融资规模接近100亿美元，是2014年的2.5倍多；2016年累计发行47只海外城投债，融资125亿美元，较2015年增长26%。从币种来看，主要是美元债，金额占比约80%，其次是占比12%的人民币债，以及7%的欧元债和少量港元债。从期限来看，3年期的最多，金额占比接近60%，5年期占1/5，其他的主要就是10年期及以上的债券。从票面利率类型来看，全部是固定利率。

2. 海外城投债由于人民币汇率波动造成债券的技术性违约

天津滨海新区建设投资集团有限公司发行的债券，2016 年底的财务数据显示，由于近两年汇率波动剧烈而不能满足债券“维好条款”的相关要求，已经构成技术性违约。违约的债券包括两项：一项是 3 亿美元，利率为 3.1%，2018 年到期；另一项是 5 亿美元，利率 4%，2020 年到期。上述两笔债券的限定在滨海建投的条款中规定，债券存续期间，发行人和担保人的合并资本净值不能低于 1 美元，合计所有者权益不能低于 1000 万港元。但是在 2016 年末，由于人民币对美元和港元累计贬值超过 10%，以人民币计价的资产在负债端大部分以美元计价，再以港元出具财务报告，人民币贬值造成的损失已经无法满足上述盈利最低限制的要求，继而触发违约[①]。滨海建设已经向债券持有者发出豁免同意申请，成为第一家请求豁免限制条款技术违约的中国地方政府融资平台。

事实上，早在 2015 年，滨海建投香港的资本净值就因为人民币贬值而缩水，但该公司在当时并没有及时采取行动来避免此次可能的违约，直到准备 2016 年审计报告的时候才发现并公布了这个问题。“除了人民币贬值等外部因素以外，此事件也说明滨海建投集团在境外债务的财务管理方面缺乏警惕、经验和了解，从而导致违约限制条款。”

4.5.4.4 城投境外债显现的问题

1. 城投企业的国内评级存在虚高，国内和国际评级差距较大

国外评级机构一般是惠誉、标普和穆迪，中国境外 18 家城投企业获得最高 A 级的仅 1 家，A－级别的 3 家，BBB＋评级的 7 家，BBB 评级 2 家，BBB－评级 1 家，BB＋评级 3 家，BB 评级 1 家。国际评级对我国省、市及市属开发区城投企业评级结果多在 B 级[②]。

① 钟源：“滨海建投 8 亿美元债陷危机”，《经济参考报》，2017 年 6 月 16 日。

② 吴冬雯、邵威：“城投企业境外发债情况梳理及展望”，2016 年 8 月 17 日，http：//www.sohu.com/a/110893937_335953。

2. 我国境外债发行债券的成本并不具有绝对优势

我国城投债在境外债券发行的利率和国内同期同规模债券的利率相比较，在14只具备可比资质的债券中，国际评级在BBB+及以上的城投企业发行的国外债券利率普遍低于国内同级债券利率，BBB—BBB-的城投企业境外债发行利率基本低于或者与国内同类债券持平。而BB+及以下的城投企业境外发债成本高于境内。所以如果考虑到外币债务的汇率风险，现有大多数境外城投企业没有建构汇率对冲机制防范汇率波动风险，加上我国对外汇回流的管理规定较多，城投企业募集外汇资金转入国内需要手续费，相比较而言，我国低级别的城投公司不具备境外发债融资以节约成本的目的[①]。

3. 境外间接发债的维好协议不具有法律效力

我国境内企业可以采取直接和间接两种方式在境外发债。境外直接发债的主体是境内企业自身，境外间接发债主体是境内公司在境外的子公司或者特殊目的（SPV）公司。国家对直接发债的监管要求远远大于间接发债的监管。已发境外城投债的企业只有三家采取直接发债的方式。间接发债的主体一般需要城投企业采取增信措施，比如直接提供担保和提供维好协议。境内公司为境外提供担保要受到监管，并且担保下的募集资金无法流回国内使用，因此，只有三家公司采用直接担保方式增信，余下企业采用提供维好合同增信。而维好协议不具备法律效力，是否能够履行协议只能取决于维好人的意愿。一旦发生债务违约风险，债权人不能要求维好人直接履约，维好人不具有法定对债权人支付的义务。

4. 地方政府不承担境外债务违约后的财政责任

新预算法和国发43号文件规定2014年以后新增政府债务不包括城投债，因此，境外发行的城投债也不会被认定为政府债务。由于提供担保或者运用维好协议方式增信的主体是发债主体的母公司，地方政府不承担偿债责任，也不属于地方政府的或有债务。

---

① 吴冬雯、邵威："城投企业境外发债情况梳理及展望"，2016年8月17日，http://www.sohu.com/a/110893937_335953。

经过以上分析可知，不同信用资质的城投公司开展境外发债的效用不同。高评级公司可以通过海外发债节约融资成本，中等以下的城投公司境外发债更多在于积累国际资本市场的融资经验。未来监管层会调整政策鼓励城投公司境外发债，但是目前国内城投企业融资环境较宽松的情况下，城投企业境外融资难以成为城投企业主要融资方式。但是不排除当政策发生变化时，城投企业会偏向加紧海外融资。

第5章

地方财政风险的实证分析

5.1 地方财政支出责任与支出效率的实证分析

我国公共财政的主要功能是提供公共品。环境因为其外部性而成为一种特殊的公共品。环境财政包括收入和支出两部分，其中环境支出体现财政职能并实现财政目标，因而占据核心地位。中央和地方在提供公共品支出责任划分的科学性会直接影响到国家治理的成效，同时也会影响到政府执行自身职能的科学性。我们以环境的支出效率为例，探讨地方支出责任与地方政府支出效率之间的关系。

5.1.1 中央与地方环境保护职能的分工

根据新《环境保护法》的规定，中央和地方的环境保护职责如下：国务院环境保护部门对全国环境保护工作实施统一监督管理。国务院环保主管部门制定国家环境质量标准和国家污染物排放标准。国家环保部门同意发放国家环境质量、重点污染源监测信息和其他重大环境信息。地方环境保护主管部门对本行政区环境保护工作实施统一监督管理。地方制定国家环境质量标准和污染排放物中未作规定的项目，制定地方环境质量标准和污染物排放标准。省级以上环保部门定期发布环境状况公报。地方政府有责任监督管理环境保护，处置突发事件，公开环保方面的信息，并且有责任将企事业单位环境违法信息计入社会诚信档案，并向社会公布。

我们观察中央和地方支出的增长情况以及各自历年在环境保护方面的投入占比情况，试图用计量方法分析中央和地方财政分权情况下，支出责任的划分合理性，并试图找到两者的最优点。

5.1.2 我国中央政府和地方政府的环境支出现状

我国财政支出中，中央和地方都对环境保护的支出总量上有所增加。中央财政环境保护支出如图 5 -1 所示，2013—2015 年中央环境保护的财政支出增长迅速，2013 年突破 100 亿元，2014 年增至 344. 74 亿元，2015 年达到历史最高 400. 41 亿元，是 2007 年 11. 58 亿元的 11. 6 倍。比较地方环境支出总额，如图 5 -2 所示，地方环境支出的总体趋势增长，2013 年达 3334. 89 亿元，2014 年达 3470. 91 亿元，2015 年达到历史最高的 4402. 48 亿元，是 2007 年 961. 22 亿元的 4. 58 倍。我们再比较两者的变化，如图 5 -3 所示，尽管中央在环保支出的增长幅度大，但是因为其基数小，因此环保支出的增长总量没有地方大。

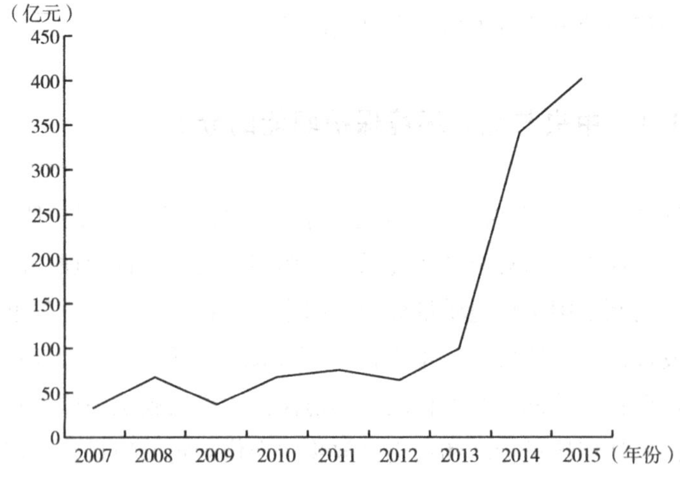

图 5 -1　历年中央财政环保支出

数据来源：国家统计局网站。

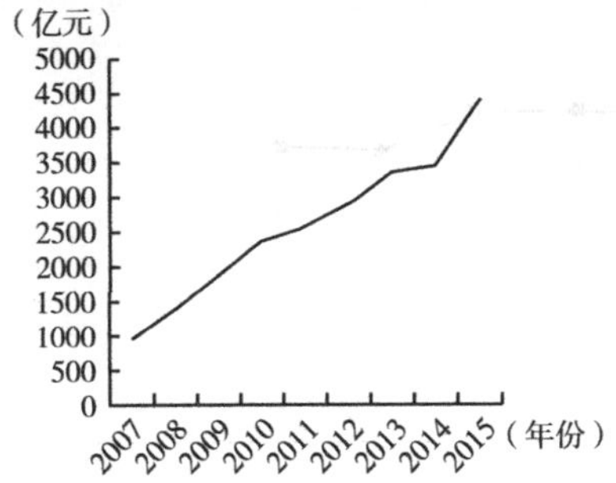

图5－2　历年地方财政环境保护支出

数据来源：国家统计局网站。

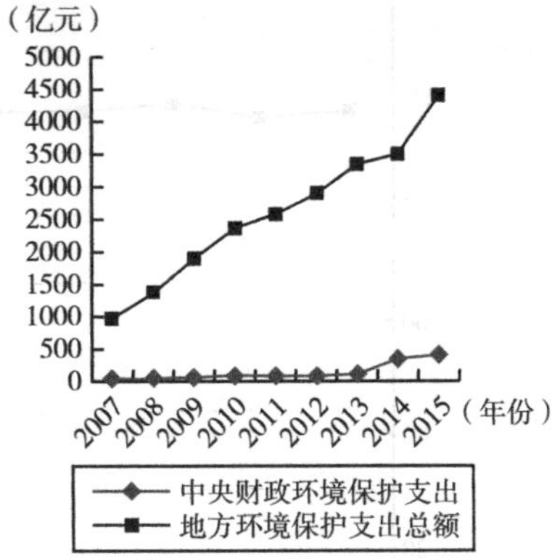

图5－3　历年中央和地方环境保护支出总量对比

数据来源：国家统计局网站。

比较中央和地方环境支出占比，2007—2013年，地方环境保护支出一直在90%以上，地方环境保护支出从2008年的98%降到2015年的92%；中央环境保护支出的比例从2007年的3.6%增至2015年的9%。观察图5－4，我们看到2013年开始，中央的环保支出占比加强，地方环保支出占比降低。2013年中央环境保护支出占比达3%，地方环境保护支出达97%，到2015年中央环境保护支出增长至9%，地方环境保护支出减少至91%。从中央和地方分担环境责任的角度看，这意味着中央的支出责任比地方的支出责任更重一些。在中央和地方在环保责任上都有所加重，地方政府在资金投入上数量更大。我们关注的问题是：一，中央和地方的在环保投入增加的情况下，其资金使用效率是否提高；二，什么情况下中央和地方的支出责任划分是最优的。因此，我们试图用DEA模型监测历年地方政府的支出效率，分析中央和地方的支出责任划分对地方财政提供环境保护的公共品是否有促进作用。

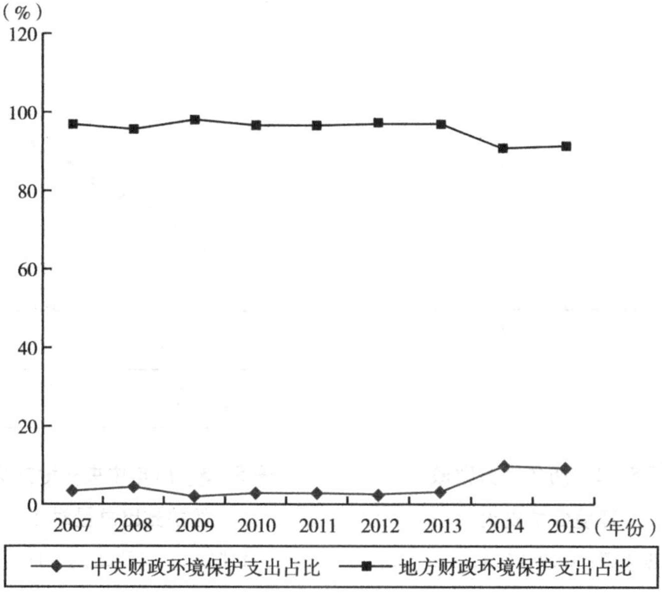

图 5-4　历年中央和地方环境支出占比

数据来源：国家统计局网。

5.1.3　环境支出文献回顾及指标选择

5.1.3.1　环境支出文献回顾

现有环境支出的文献主要采用 DEA 的方法对环境治理的效率或者环境支出效率进行分析。潘孝珍（2013）[①] 用 DEA 方法测算地方环境保障支出效率，发现财政分权对环境支出负相关，我国大部分省财政环境保护支出效率低。郭平等[②]（2014）从中国财政分权特点出发，运用省级面板数据，实证分析了财政分权度对政府工业污染投资额具有负效

① 潘孝珍："中国地方政府环境保护支出的效率分析"，《中国人口·资源与环境》，2013 年第 11 期。

② 郭平、杨梦洁："中国财政分权制度对地方政府环境污染治理的影响分析"，《城市发展研究》，2014 年第 7 期。

应的影响。官永彬[①]（2015）用DEA非参数测度省级地方政府环境保护的支出效率，研究发现西部地区环境的支出效率低于东中部地区，各省的财政能力、管理制度和技术水平不同，其改进模式也不同。刘丽波[②]（2016）根据政府统计设置指标，计算治理环境投入的财力物力要素和产出的效益，衡量不同区域环境治理的投资效率，结果发现我国环境治理总体投入不足，地区投资结构有改进空间。以上文献从财政分权和指标设置两方面，运用DEA模型对地方环境保护支出效率进行测评，本书拟借用以上文章的基本思路，设置中央和地方的环保支出财政分权指标，测评地方政府在环境保护设备投入上的支出效率。

5.1.3.2 环境支出评价方法和模型选取

测定治理环境污染的评价方法一般采用投入—产出指标，用数据包络分析法建立多指标输入输出之间同类决策单元的效率评价体系。DEA（Data Envelopment Analysis）在系统工程、决策分析、经济管理和产业绩效评价方面作为重要分析工具和研究手段，该方法完全适用于评估，因此本书使用DEA建构环境支出效率评价模型。本书采用的指标分为投入和产出两个方面，所有数据来源于国家统计局网站和历年《中国环境统计年鉴》。投入指标是2007—2015年30个省级环境保护支出总额，支出指标包括废气、废水和固体治理三类指标。由于《中国环境统计年鉴》统计口径发生变化，我们只能用废气治理设施（套）、废水治理设施数（套）和无害化处理厂（座）三个指标数据来计算。我们认为，如果地方政府在废水、废气和固体废物处理机械设备上投入比较多，假定其设备运转的时间一样，那么可以计算出财政资金投入到设备上的资金使用效率。我们计算出各省2007—2015年的环境保护投入—产出效率，如表5-1所示。我们发现各省环境保护的投入—产出效率呈现不同的发展趋势。环保投入—产出效率不断提升的省份有：安徽、黑龙

① 官永彬：“基于DEA模型的我国地方政府环境保护支出效率评价”，《重庆师范大学学报（哲学社会科学版）》，2015年第4期。

② 刘丽波：“基于DEA的区域环境治理投资效率分析”，《会计之友》，2016年第1期。

江、重庆、内蒙古、甘肃、江苏、广东、河北；投入—产出不断下降的省份有：北京、福建、天津、海南、上海；投入—产出效率先升后降的省份有：河南、宁夏、广西、陕西、云南；投入—产出效率先降后升的有：江西、吉林、辽宁、湖北、湖南、青海、四川、贵州、山东、新疆、浙江、山西。从以上环境保护支出效率的变化趋势看，我们发现各地对环保设备支出的变化趋势各不相同。这其中的原因可能是各地的污染情况不同，地方政府对环保设备的需求情况也不一样。但是我们看到地方财政资金在环保设备投资上的总体效率不高。除了广东省基本在0.9—1之间外，其他各省的资金使用效率非常低。比如宁夏基本上保持在0.15左右，海南则从2007年1跌至2015年0.26，青海甚至在0.1左右徘徊。以上数据说明，我国地方政府环境保护支出效率比较低，有很大的改进空间，地方政府以质量为导向的资金使用机制没有建立起来，导致资金使用效率低下。

表5-1　　全国各省环保投入—产出效率表

省份	年份	效率	省份	年份	效率	省份	年份	效率
安徽	2007	0.318098	江西	2007	0.52838	黑龙江	2007	0.31963
安徽	2008	0.293305	江西	2008	0.305475	黑龙江	2008	0.31176
安徽	2009	0.28486	江西	2009	0.287727	黑龙江	2009	0.34222
安徽	2010	0.303869	江西	2010	0.27909	黑龙江	2010	0.34781
安徽	2011	0.354933	江西	2011	0.365268	黑龙江	2011	0.37906
安徽	2012	0.375615	江西	2012	0.299252	黑龙江	2012	0.35523
安徽	2013	0.418421	江西	2013	0.318156	黑龙江	2013	0.33124
安徽	2014	0.443832	江西	2014	0.340148	黑龙江	2014	0.36821
安徽	2015	0.469047	江西	2015	0.423101	黑龙江	2015	0.52461
北京	2007	0.436767	吉林	2007	0.235264	河南	2007	0.586
北京	2008	0.419883	吉林	2008	0.195106	河南	2008	0.57816
北京	2009	0.369861	吉林	2009	0.197961	河南	2009	0.65344
北京	2010	0.378141	吉林	2010	0.15838	河南	2010	0.64724
北京	2011	0.359557	吉林	2011	0.219902	河南	2011	0.68278
北京	2012	0.334737	吉林	2012	0.189018	河南	2012	0.70295

续表

省份	年份	效率	省份	年份	效率	省份	年份	效率
北京	2013	0.389348	吉林	2013	0.26225	河南	2013	0.71969
北京	2014	0.378451	吉林	2014	0.275788	河南	2014	0.71216
北京	2015	0.36243	吉林	2015	0.414048	河南	2015	0.70131
重庆	2007	0.225679	辽宁	2007	0.811188	湖北	2007	0.40368
重庆	2008	0.255604	辽宁	2008	0.650948	湖北	2008	0.3968
重庆	2009	0.262408	辽宁	2009	0.589903	湖北	2009	0.34502
重庆	2010	0.239734	辽宁	2010	0.47846	湖北	2010	0.39183
重庆	2011	0.224038	辽宁	2011	0.572264	湖北	2011	0.5444
重庆	2012	0.229938	辽宁	2012	0.529264	湖北	2012	0.47791
重庆	2013	0.237871	辽宁	2013	0.523319	湖北	2013	0.60253
重庆	2014	0.26779	辽宁	2014	0.642725	湖北	2014	0.65971
重庆	2015	0.292011	辽宁	2015	0.736467	湖北	2015	0.6584
福建	2007	1	内蒙古	2007	0.219462	湖南	2007	0.38492
福建	2008	0.866605	内蒙古	2008	0.239818	湖南	2008	0.34177
福建	2009	0.539334	内蒙古	2009	0.28833	湖南	2009	0.33612
福建	2010	0.470802	内蒙古	2010	0.301263	湖南	2010	0.37284
福建	2011	0.592346	内蒙古	2011	0.318308	湖南	2011	0.45703
福建	2012	0.556574	内蒙古	2012	0.358576	湖南	2012	0.50211
福建	2013	0.512171	内蒙古	2013	0.396938	湖南	2013	0.50811
福建	2014	0.523316	内蒙古	2014	0.437523	湖南	2014	0.55158
福建	2015	0.474776	内蒙古	2015	0.451896	湖南	2015	0.51387
甘肃	2007	0.206844	宁夏	2007	0.256026	江苏	2007	0.71226
甘肃	2008	0.228804	宁夏	2008	0.137888	江苏	2008	0.71589
甘肃	2009	0.215852	宁夏	2009	0.140521	江苏	2009	0.73547
甘肃	2010	0.240245	宁夏	2010	0.173657	江苏	2010	0.76973
甘肃	2011	0.228691	宁夏	2011	0.140319	江苏	2011	0.81652
甘肃	2012	0.219312	宁夏	2012	0.130922	江苏	2012	0.80362
甘肃	2013	0.220753	宁夏	2013	0.167837	江苏	2013	0.78417
甘肃	2014	0.29136	宁夏	2014	0.188362	江苏	2014	0.85355

续表

省份	年份	效率	省份	年份	效率	省份	年份	效率
甘肃	2015	0. 307467	宁夏	2015	0. 17727	江苏	2015	0. 86399
广东	2007	1	青海	2007	0. 149796	四川	2007	0. 53798
广东	2008	1	青海	2008	0. 109678	四川	2008	0. 55802
广东	2009	0. 968695	青海	2009	0. 078467	四川	2009	0. 52133
广东	2010	0. 909785	青海	2010	0. 074347	四川	2010	0. 51805
广东	2011	0. 959165	青海	2011	0. 075939	四川	2011	0. 56311
广东	2012	1	青海	2012	0. 088286	四川	2012	0. 48499
广东	2013	0. 970009	青海	2013	0. 078889	四川	2013	0. 63589
广东	2014	1	青海	2014	0. 101709	四川	2014	0. 62958
广东	2015	1	青海	2015	0. 104834	四川	2015	0. 70828
广西	2007	0. 663261	陕西	2007	0. 252198	天津	2007	1
广西	2008	0. 466596	陕西	2008	0. 279603	天津	2008	0. 42869
广西	2009	0. 382845	陕西	2009	0. 20773	天津	2009	0. 40209
广西	2010	0. 378907	陕西	2010	0. 478549	天津	2010	0. 25976
广西	2011	0. 413661	陕西	2011	0. 289753	天津	2011	0. 29656
广西	2012	0. 405354	陕西	2012	0. 250554	天津	2012	0. 27861
广西	2013	0. 382143	陕西	2013	0. 26779	天津	2013	0. 26996
广西	2014	0. 344794	陕西	2014	0. 284526	天津	2014	0. 26472
广西	2015	0. 363557	陕西	2015	0. 321169	天津	2015	0. 25542
贵州	2007	0. 258122	山东	2007	0. 972221	新疆	2007	0. 37029
贵州	2008	0. 211051	山东	2008	0. 837761	新疆	2008	0. 33505
贵州	2009	0. 23258	山东	2009	0. 97473	新疆	2009	0. 32384
贵州	2010	0. 233028	山东	2010	0. 920527	新疆	2010	0. 34011
贵州	2011	0. 249977	山东	2011	0. 90379	新疆	2011	0. 3711
贵州	2012	0. 242134	山东	2012	0. 93139	新疆	2012	0. 33692
贵州	2013	0. 241611	山东	2013	0. 878007	新疆	2013	0. 36884
贵州	2014	0. 247241	山东	2014	0. 928628	新疆	2014	0. 40345
贵州	2015	0. 290861	山东	2015	0. 945147	新疆	2015	0. 42097
海南	2007	1	上海	2007	0. 439668	云南	2007	0. 36941

续表

省份	年份	效率	省份	年份	效率	省份	年份	效率
海南	2008	0.329007	上海	2008	0.38546	云南	2008	0.30013
海南	2009	0.114695	上海	2009	0.309184	云南	2009	0.27864
海南	2010	0.136495	上海	2010	0.281831	云南	2010	0.33396
海南	2011	0.21571	上海	2011	0.588198	云南	2011	0.47948
海南	2012	0.307254	上海	2012	0.282512	云南	2012	0.4809
海南	2013	0.285351	上海	2013	0.288141	云南	2013	0.35511
海南	2014	0.284312	上海	2014	0.264446	云南	2014	0.39865
海南	2015	0.267828	上海	2015	0.280485	云南	2015	0.40878
河北	2007	0.834411	山西	2007	0.520059	浙江	2007	1
河北	2008	0.665696	山西	2008	0.496174	浙江	2008	0.9516
河北	2009	0.53838	山西	2009	0.467323	浙江	2009	1
河北	2010	0.615312	山西	2010	0.43843	浙江	2010	1
河北	2011	0.748914	山西	2011	0.532488	浙江	2011	0.96784
河北	2012	0.752114	山西	2012	0.582743	浙江	2012	1
河北	2013	0.784307	山西	2013	0.653285	浙江	2013	1
河北	2014	0.830479	山西	2014	0.763978	浙江	2014	0.98768
河北	2015	0.883609	山西	2015	0.77041	浙江	2015	0.94825

5.1.4　政府在环境保护中存在的问题

尽管绿色发展是贯穿我国经济发展的主线，党的十九大报告中提出建设美丽中国的理念，并且实行严格的生态环境保护制度，为全球生态安全做贡献，但是环保投入和环保资金使用上仍然存在问题。具体分析，财政在环境保护方面存在如下问题：

第一，我国环境保护方面资金投入总量及其占 GDP 比重均下降。从 2011 年开始，我国在环境保护的投资总额总体上呈先增长后下降。数据显示，2015 年我国投资环境污染总额达 8806.3 亿元，比 2014 年下降 8.03%。2015 年环境保护投资总额占 GDP 的 1.3%，比 2014 年减少 8%。

第二，环境基础设施的建设投资占比小幅度下降[①]。2015 年城市环境基础设施建设投资达 4946.8 亿元，占环境污染治理投资总额的 56.2%；治理老工业污染源投资额达 773.7 亿元，占环境污染治理投资总额的 8.8%。

第三，污染治理设施的运行费用上涨。2015 年我国治理污染设施的运行费用达到 3282.7 亿元，比 2014 年污染设施治理运行费用增加 8.5%。全国的工业废气治理设施运行费用达到 1866 亿元，占污染设施运行总费用的 56.8%；而废水治理设施运行费用占污染治理设施运行总费用的 35.4%，达到 1162.7 亿元。

以上问题说明我国政府在环境保护方面仍需要投入更多资金，同时也需要提高资金使用的效率。

5.1.5 财政分权对地方财政资金使用的效率分析

中国现有国情下，中央和地方环境保护的事权和支出责任匹配不够，有可能导致地方政府的资金使用效率损失。其逻辑是，地方承担的环境支出责任在没有中央政府的监控情况下，地方政府没有动力主动提高财政资金的使用效率，因此，地方政府环保资金占用率越高，其支出责任越大，资金的使用效率反而越低。我们预测，地方政府的支出责任与其资金使用效率成负相关关系。我们借鉴前人文献中财政分权的基本思路，设置中央和地方的环境支出分权效率指标 $fd-envir$ 为解释变量，用 Eff 表示地方政府环境保护的效率的被解释变量，建立如下计量模型：$Eff=\alpha+\beta fd-envir$，其中被解释变量 Eff 是上文计算出的各省环境保护支出效率，核心解释变量 $fd-envir$ 表示地方环保财政支出责任占比，$fd-envir=$地方环保人均支出/（中央环保人均支出 + 地方环保人均支出）。该模型主要说明支出责任的划分范围与地方支出效率之间的关系。我们直觉上认为地方政府支出占比越大越不关心资金的使用效

① 环境经济政策年度报告 2016。

率，预计 β 符号为负。被解释变量 *Eff* 的数据来源于表 5－1，地方环保人均支出和中央环保人均支出数据来源于中国国家统计局网站。采用 Stata2.0 软件采取 OLS 方法对模型进行线性回归。结果如表 5－2 所示。

表 5－2　央地环保支出分权对地方环保支出效率的回归分析

VARIABLES	(1) eff	(2) eff
fd_envir	-1.167^{***} (0.183)	24.62^{***} (8.573)
fd_envir2		-13.83^{***} (4.617)
Constant	1.582^{***} (0.175)	-10.41^{***} (3.972)
Observations	270	270
Number of prov	30	30

Robust standard errors in parentheses， *** $p<0.01$， ** $p<0.05$， * $p<0.1$.

我们做了两次模型回归，结果显示在不考虑二次项情况下，第一个模型地方环境支出分权 *fd－envir* 系数为负，并且在0.01 显著水平上显著，证实了我们的观点。第一个模型的经济学含义是，地方政府环境保护的支出分权与地方政府支出效率成反比，地方政府人均环境保护支出占比越大，越不利于地方资金效率的使用。也就是说，在环境保护支出责任划分上，地方政府的支出责任越大越不利于地方环境支出效率的提高。中央对地方环境保护资金支出的管理和绩效考核仍需要改进。证实了该想法后，我们认为中央不可能担负所有的环境支出责任，因为环境保护的落实仍然由地方政府实施，所以中央和地方在环境支出的划分上不可能完全由中央全部承担。但是中央和地方支出责任划分的比例最优点是哪里呢？第二个模型的我们进行二次回归，设定地方环境支出分权的平方作为解释变量（平方的含义是当分权程度的进一步提高），被解释变量仍然是地方环境支出效率。得出的结果如表 5－2 模型（2）所示，其散点图如图 5－5 所示。模型二的系数为负，说明提高地方环境保护支出分权对地方环境保护的支出效率有倒 U 型关系。其经济含义是，随着分权程度提高，环保支出效率先升后降，存在一个环境支出分权的最优点。也就是说，中央和地方在支出责任的划分方面，当分权度比较低时，提高分权有助于促进效率提高。当分权程度比较高时，再提高分权会降低效率。

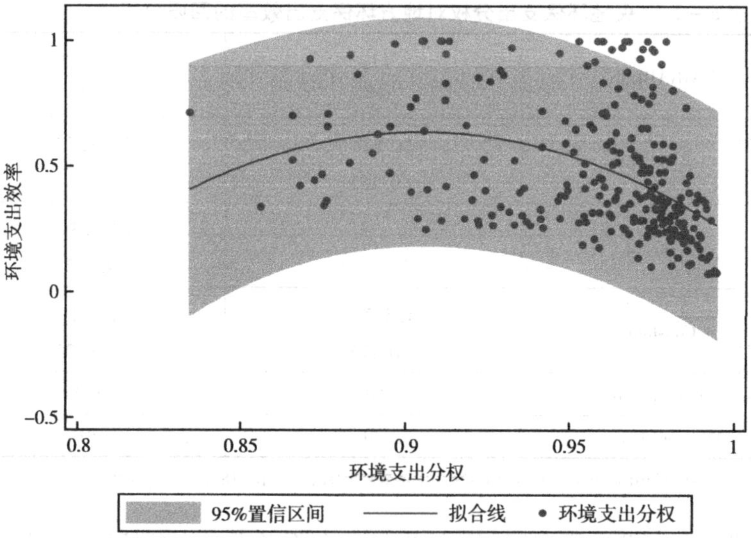

图 5－5　地方政府支出分权提高与支出效率相关性

5.1.6　地方政府环境支出结论及政策含义

以上 DEA 计量模型的研究表明，我国地方之间的环境保护支出效率差别比较大，在环保设备支出效率方面，浙江和广东的支出效率最高，宁夏、甘肃和青海的环保设备支出的效率全国最低。这同时印证了甘肃 2015 年环保锑污染[①]和沙漠污染的事件。为了说明导致地方环境保护支出效率低的原因，我们建构模型，发现地方政府的支出效率与其财政支出占比呈负相关，说明中央和地方在资金分配使用上，不仅仅要注意事权的划分，更要注意事权与支出责任的匹配。地方作为资金使用

① 澎湃新闻网："甘肃锑污染：600 里河段锑超标 河水成水泥色"，2015 年 12 月 17 日，http：//news. 163. com/15/1217/21/BB2KT2SA0001124J. html。

方，在没有中央监管的情况下，没有动力提高资金的使用效率，更多注意力放在对资金的争取之上。因此，在事权划分正确的前提下，中央和地方支出责任的划分对资源配置效率起到实质性的作用。更重要的政策含义是，我们要辩证地看待中央和地方支出责任的划分，要寻求中央和地方合作的及责任分配的最佳划分点。在中央和地方支出分权不充分的情况下，提高支出分权程度有助于提高地方资金的使用效率；当中央和地方支出分权已经很充分，到达了最优值之后，继续提高支出分权会降低资金使用效率。由此我们看到，中央和地方支出责任的划分有必要进行科学的测算，并且有必要对地方财政资金的使用进行绩效考核，以提高资源配置的效率。

5.2 地方债务可持续性风险的实证分析

5.2.1 地方政府性债务的分类

我国政府性债务统计口径分为财政部和审计署以及银监会三个口径。其中财政部将债务分为一般债务和专项债务。审计署将地方政府性债务分为三类：政府负有偿还责任、政府负有担保责任和政府可能承担一定救助责任的债务[①]。两者之间的联系在于：财政部的一般债务和专项债务之和等于政府负有偿还责任的债务。银监会的债务统计口径一般基于央行统计的“平台贷款”确定地方融资平台贷款的数据。具体统计的方法是，各地银监局对所辖区域内的融资平台建立“目录”。银监局按照一定标准，将在其管辖范围内银行上报贷款明细所列的企业中，挑选部分企业来征求银行意见，最后形成一个企业目录和贷款累计金额。地方融资平台的贷款统计就来自这些目录中的企业提供的贷款数

① 忻尚伦：“各地部署政府债审计：债务范围扩大，近一年半债务入‘账表’”，《东方早报》，2013年7月30日。

据。由此可知，银监会的融资平台统计数据也不能覆盖所有的地方融资平台。

不论是统计口径不同还是统计方法不同，我国地方政府性债务的规模至今不能得出确切的数据，有时候不同部门报告的地方政府性债务的数额相差很大。本书参照审计署的债务统计口径和财政部的债务偿还口径，将地方政府性债务分为两类：显性债务（包括一般债和专项债）和隐性债务（包括政府担保和有救助责任）。本书将基于以上分类，对地方政府债务风险做相应的估算。

5.2.1.1 财政部债务分类

国发〔2014〕43号文件根据法定预算管理方式将地方政府债券分为一般和专项两种债券，其中无收益的公益性事业确实需要地方政府举借债务的，由地方政府发行一般债券，用一般公共预算收入偿还；有一定收益的公益性事业需要政府举债的，由地方政府发行专项债，用对应的政府性基金或专项收入偿还①。

地方政府一般债务。2016年11月9日财政部发布的《地方政府一般债务预算管理办法》明确指出，地方政府一般债务（以下简称“一般债务”），包括地方政府一般债券（以下简称“一般债券”）、地方政府负有偿还责任的国际金融组织和外国政府贷款转贷债务（以下简称“外债转贷”）、截至2014年12月31日已确认的非地方政府债券形式的一般债务②。一般债务收入只能通过发行一般债券筹集，只能用于公益性资本支出，应该有稳定的偿还资金来源，应该被纳入一般预算管理。

地方政府专项债务，包括地方政府债券形式和2014年12月31日以前认定的非债券形式的专项债务。专项债务的管理纳入政府性基金预算管理，本金与利息还款渠道不同，其本金可以用对应的政府性基金收入、发行专项债务和专项收入偿还，但是其利息不得通过发行专项债券偿还。

---

① “依法规范土地储备融资行为”，《中国国土资源报》，2017年6月3日。

② 谢玮、徐豪：“严控地方债”，《中国经济周刊》，2017年第29期。

经第十三届全国人民代表大会第五次会议审议批准，2022年全国地方政府债务限额为376474.30亿元，其中一般债务限额158289.22亿元，专项债务限额218185.08亿元。截至2022年6月末，全国地方政府债务余额347503亿元，控制在全国人大批准的限额之内。其中，一般债务144858亿元，专项债务202645亿元；政府债券345881亿元，非政府债券形式存量政府债务1622亿元。截至2022年6月末，地方政府债券剩余平均年限8.4年，其中一般债券6.2年，专项债券9.9年；平均利率3.44%，其中一般债券3.44%，专项债券3.43%。

5.2.1.2 审计署债务分类

国务院安排审计署于2011—2013年分年度进行了三次政府债务存量情况的审计。审计署将债务划分为三种：第一种是政府应该直接偿还的债务；第二种是政府承担担保责任，财政只有在相关单位无力按期偿还时才承担偿债责任；第三种是地方政府为了保证社会稳定，担当救助责任的债务。

1. 政府负有偿还责任的债务

第一种直接债务具体包括：①地方政府债券、国债和外债转贷、农业综合开发借款以及明确由财政资金偿还的其他债务；②地方融资平台或者政府部门和机构、拖欠或回购（BT）、农业综合开发借款等直接由财政资金（不含车辆通行费、学费等收入）偿还的债务；③当地粮食、供销企业的政策性挂账。

截至2014年12月31日，地方政府负有偿还责任的债务余额为15.4万亿元，地方政府债务从2015年1月1日起需经过人大审核批准新增债务上限，2015年债务上限为16万亿元，2016年为17.18万亿元，2017年188174.3亿元①。

2. 地方政府负有担保责任的债务

第二种或有债务具体包括：①地方政府融资平台或事业单位等举

① 数据来源：财政部预算司网站，http：//yss. mof. gov. cn/zhuantilanmu/dfzgl/sjtj/201712/t20171228_2790007. html。

借，地方政府、部门和机构提供过直接或间接担保，明确用债务单位的各类收入偿还的债务。②明确用非财政资金偿还地方政府、部门和机构举借的债务。

3. 地方政府承担救助责任的债务

地方政府可能承担救助责任的债务被称作“三类债”。主要包括地方政府融资平台公司、公用事业单位和经费补助事业单位为公益性项目举借，并由非财政资金偿还的部分债务。该类债务不包括拖欠其他单位和个人的债务。法律上政府不承担该类债务的给付责任，政府可能在债务人出现危机时承担相应的救助责任。政府对存量救助债务可能承担一定救助责任，并保留对债务人的追偿权①。

财政部目前仅承认2014年12月31日前形成的存量救助债务。担保债务和救助债务都属于或有债务，最近几次的债务统计规模如图5－6所示。2011年12月末担保债务统计数为4万亿元，2013年6月末增至7万亿元，2014年12月达到8.6万亿元。

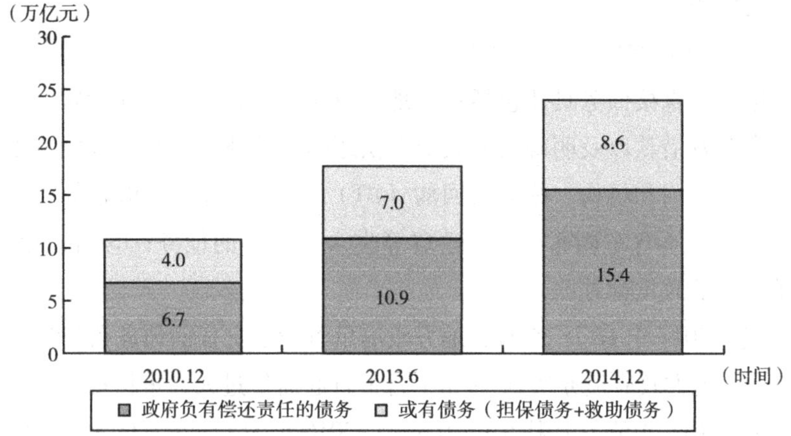

图5－6　地方政府性债务构成

数据来源：Wind数据库。

从风险角度来分析，负有偿还责任的债务因为规模小，政府重视程

① “全面解读地方政府性债务新政”，http：//www.aiweibang。

度高，因此其带来的风险可控程度高，反而那些政府负有救助责任的债务，因为政府未进行担保也无法规明确要求财政资金偿还，因此，对其规模和风险的重视程度不够，但恰恰是这类债务规模较大，潜在性风险高，一旦集中爆发，将带来巨大的财政偿还压力。

5.2.1.3 其他地方债务的统计分类

银监会是从银行系统的角度对其认可的地方政府融资平台融资情况进行了统计，前期主要针对融资平台信贷融资规模进行了统计，后来根据审计发现的问题，又对地方政府平台融资中除信贷融资外的非信贷融资渠道，如理财、企业债、中票、短融、信托计划进行了全口径统计。值得一提的是银监会的地方融资平台概念与审计署的地方融资平台公司概念有差异，前者除了地方政府融资平台公司以外，还包括了机关和事业单位，与审计署的政府部门、事业单位及融资平台公司三者的债务规模合计数的口径类似。

国务院2014年10月初公布的《关于加强地方政府性债务管理的意见》（以下简称“43号文件”）中关于债务的分类。43号文件提到了政府债务、政府性债务和政府或有债务三个概念。政府性债务包括政府负有偿还责任、担保责任和一定救助责任的债务。该口径与审计署2013年划分的债务口径完全一致。政府债务则仅仅指政府负有偿还责任的债务，相当于审计署统计口径中的第一类债务。政府或有债务指政府债务以外的政府性债务，即审计署债务统计口径中的政府担保性债务和政府负有救助责任的债务。

世界银行汉娜的四种地方政府债务类型，为我国后续各部门的地方债务统计的分类提供了较好的思路，但其中涉及的一些债务，如失业下岗等社会保险金缺口能否作为地方政府直接债务则尚待确认。银监会和财政部对地方政府债务的统计较局限在本部门所掌握的债务数据统计上。例如财政部门对地方融资平台公司承担公益事业所造成的地方政府或有隐性债务统计不足；银监会则基于银行信贷的视角，将地方政府融资平台的债务全部纳入地方政府债务，可能会有部分多统计或漏统计，比如一些新型的非信贷融资渠道。审计署的统计应该是较为准确的，但审计署审计时部分政府应付工程款未纳入当时的债务统计口径，这也是债务风险点之一。我们认为较为合理的债务划分是基于国务院 43 号文件的口径，将地方政府性债务划分为政府直接偿还的政府债务和政府或有债务。以下对政府性债务的实证分析将沿着以上分类展开。

5.2.2 地方政府性债务的数量风险

本书地方政府性债务包括政府负有偿还责任的债务以及或有债务。即地方政府性债务包括地方政府必须偿还、有义务偿还和违规担保而形成的具有一定救助责任的债务。

审计署债务审计结果显示，2014 年地方政府性债务余额为 24 万亿元，其中地方政府负有偿还责任 15.4 万亿元，或有债务 8.6 万亿元。财政部 2016 年末统计地方债务规模为 15.32 万亿元。根据财政部预算司统计数据，2017 年 1—11 月累计，全国发行地方政府债券 43258 亿元，新增债券 15773 亿元①。

5.2.2.1 我国地方政府显性债务的总体风险可控

根据财政部公布的数据，截至 2016 年末，我国地方政府债务（包括一般债券、专项债券和非政府债券）达到 153164.01 亿元。地方政府债务率（债务余额/综合财力）为 80.5%。2016 年我国 GDP 达到 74.41 万亿元，当年的债务余额与 GDP 之比达到 36.7%，低于世界主要经济体的负债水平，我国债务风险总体可控。2017 年人大批准全国地方政府债务限额为 188174.3 亿元。截至 2017 年 11 月末，全国地方政府债务余额 165944 亿元，控制在全国人大批准的限额 188174.3 亿元之内。从债务类别上分析，一般债务 104109 亿元，专项债务 61835 亿元；政府债券 147125 亿元，非政府债券形式存量政府债务 18819 亿元。预计

① 财政部预算司：“2017 年 11 月地方政府债务情况”，http：//yss.mof.gov.cn/zhuantilanmu/dfzgl/sjtj/201712/t20171228_2790007.html。

到2017年年底，我国政府负债存在一定举债空间①。

5.2.2.2　我国部分地区地方政府性债务数量增长较快

由于我国正处于供给侧结构性转型时期，地方政府经济发展的新旧动能没有转换到位，固有的债务思维逻辑不可能短时间转变，因此，部分地方债务增长率均超过20%，西部地区和某些区县债务余额已经超过100%。基层财政财力较弱的行政主体，如市、县、乡负债比例普遍较高②。

根据审计署的调查，近年来我国部分地方政府债务增长较快，有的还违规举债。截至2017年3月底，我国被审的16个省、16个市、14个县本级政府债务风险可控。相比2013年6月底，我国政府以财政资金偿还债务的余额增长了87%，其中西部地区增长超过1倍；4个省、2个市和2个县没有成立债务管理领导小组，部分省、市、县通过银行贷款和信托融资等形式，政府违规举债并承诺以财政资金偿还的债务有537.19亿元③。

5.2.2.3　地方政府隐性债务估算

另据审计署调查，部分地方政府通过PPP、政府引导基金、政府购买服务等变现举债融资，扩大了地方隐性债务规模，加剧地方债务偿付压力。我们通过Wind数据库中的数据估算隐性债务规模，并且将之与存量债务进行对比。假定存量债务为1，则2015—2016年通过地方政府采用PPP和购买服务的方式，举借债务的规模是1.5—2。经过整理各省的发债说明书，我们将公布的存量债务视作1，然后比对2015—2016年通过政府性购买服务和PPP举债数量，发现后者是前者的1.5—2倍，即当前的实际债务余额应该是已经公布的债务余额的2.5—3倍。各省发债说明书公布的数据显示，在28个省份中有一半省份2015年末政府

① 曾刚："地方政府债务现状与应对"，《当代金融家》，2017年第7期。
② 辜胜阻："六大举措将地方债关进制度'笼子'"，《中国人大》，2017年第15期。
③ 谢玮、徐豪："严控地方债"，《中国经济周刊》，2017年第29期。

债务余额比上一年有所下降。上海市 2015 年较 2014 年末债务余额减少了 782 亿元，降幅高达 16.04%。6 个公布了地方政府债务（包括或有债务）的省份的数据显示，2015 年有 5 个省的年末债务余额比 2014 年末降低，上海政府性债务减少 1884 亿元。

针对地方政府违规举债，国发〔2014〕43 号、新预算法、国办函〔2016〕88 号、财预〔2016〕152 号以及财预〔2017〕50 号、财预〔2017〕87 号等文件搭建了全覆盖的防范体系，旨在清理地方违规举债行为，降低地方隐性债务的增长速度。其中，国办函〔2016〕88 号文件确定建立领导干部责任追究机制，明确政府主要领导干部，如果在本届政府任期内举债形成风险事件的，不能提拔或者重用。以上一系列规章制度力图通过"终身问责、倒查责任"达到遏制地方违规举债的目的。

5.2.3 地方政府性债务的结构风险

2017 年宏观调控采取更加积极的财政政策。一般公共预算总量上符合预期，但是预算外资金的额度大幅增加，比如地方政府专项债和政府性基金。另外，财税政策更注重经济结构调整。我国经济增长的模式短期内转变的可能性不大，地方经济增长仍然是以基础设施投资拉动。审计署的债务报告显示基础设施债务是地方政府债务的风险点，因此，我们可以透过基础设施债务分析地方政府性债务风险。

5.2.3.1 积极财政政策下政府专项基金支出增加

全国财政赤字增速减缓，但政府基金性支出增速提高。2017 年全国一般公共预算收入较 2016 年同比增长 5%；2017 年全国财政支出较 2016 年同比增长 6.5%。最近三年的财政收支缺口增速降低，从 2015 年的 7.4% 下降到 2016 年的 2.9% 和 2017 年的 1.5%。2017 年财政赤字比 2016 年同期高出 2000 亿元，达到 23800 亿元。但是中央和地方赤字仍按 65∶35 的比例增加。地方政府的专项债达到 8000 亿元（不包括赤字），是 2016 年的两倍。同时，全国政府性基金支出比 2016 年多 8622

亿元，基金增长速度高到18.4%。

5.2.3.2 基础设施的投资结构

审计署在统计地方政府性债务的时候是依据见物、见人、见证三原则取证。我们认为，地方政府性债务的下限可以采用上述方式确定，但是要估算中国债务的整体面貌和结构，则应该从债务投向的重点方向来总体估算。根据审计署的审计结果，基础设施投资是地方政府拉动经济增长的重要方向，因此，如果能够预测出投资总规模，那么用基础设施投资规模总数减去当年的地方财政的收入，应该能够前瞻性地预测地方政府债务。

我们估算，假定名义GDP增速如果要达到9%—10%，根据历年投资拉动的比例情况估算，2017年基建投资增速必须达到16.4%。如果要折算成相应的投资数量，则大概到2.5万亿元。如果考虑到实际情况的复杂性，我们预计基础设施的投资规模应该到18万亿元。地方政府投资建设资金来源包括发行地方债、城投债，预算安排资金或者专项建设基金，向银行贷款或者用PPP模式向市场融资①。我们从以上方面对地方政府的投资状况进行分析。

我们运用支出法GDP细项进行测算：

（1）我们假定全国消费和净出口增速保持不变，要确保名义GDP增长率达到9%—10%，假定其他条件不变，则2017年的固定资产的增长在6.99%—7.97%之间。如果折算成固定投资总额，与国家发改委计划的65万亿元固定资产投资总额相近，同时和各省计划投资固定资产额的总数相当。

（2）如果依据历史数据，我们预估2017年的房地产和制造业产值。假定房地产投资保持2%—3%的投资增长率，制造业投资增长率为5%—6%，其他行业投资增长率为7%。根据以往的数据推算，2017年要保证名义GDP增长率达到9%—10%，那么基础设施投资增长率必须高于11.7%—17.6%。折算成基础设施投资增加额则是1.8万亿—2.7

① 吴海燕："上半年货币政策收紧　金融监管趋严"，《证券时报》，2017年3月16日。

万亿元。在基准条件下，2017 年基础设施建设的增长率必须达到 16.4%，总投资额达到 2.5 万亿元。具体推算见表 5－3 对应的各列数据。

表 5－3　2017 年基础设施投资规模预测

	2016 年规模（万亿元）	2017 年规模（万亿元）	2017 年增速（%）	2016 年增速（%）
名义 GDP	74.41	81.85	10.00	
固定资本形成额		32.74		
固定资产投资	59.65	64.4	7.97	8.10
制造业投资	18.78	19.91	6.00	4.20
房地产投资	13.53	13.80	2.00	6.80
其他投资	12.14	13.00	7.10	7.10
基建投资	15.20	17.69	16.41	15.71
基建投资增量		2.49		

数据来源：Wind 数据库、《历年政府工作报告》、《关于 2016 年中央和地方预算执行情况与 2017 年中央和地方预算草案的报告》。

5.2.3.3　基础设施投资资金来源

我国基础设施建设投资主要包括以下几个来源：一是预算内资金项下国有土地出让收入用于投资目的的 8063 亿元。二是 2017 年地方政府计划发行的 7 万亿债券（6.2 亿元为置换债，8000 亿元为新增专项债）。三是城投债，2017 年预计城投债发行规模在 2.5 万亿元左右。四是专项建设基金。该基金由国家开发银行和农业发展银行向邮政储蓄发债筹资，专门用于基础设施建设。该基金债券享受财政贴息 90%，截至 2016 年底已经投放 1.8 万亿元，2017 年投放超过 2000 亿元。部分省市正考虑仿照中央建立 2000 亿元地方专项建设基金。五是银行贷款。2016 年 12 月到 2017 年 1 月，银行新增企业中长期信贷分别为 7000 亿元和 1.52 万亿元，其中一部分进入基础设施投资。六是 PPP。财政部鼓励政府与私人合作融资方式以弥补财政资金不足。2016 年底 PPP 项目已经落地 1351 个，总投资额达到 2.2 万亿元，2017 年 PPP 项目落地规模估计至少 1.8 万亿元。

实际中，地方政府由于政绩的驱动和“锦标赛”竞争压力，在换届后会有地方投资的冲动。假定 2017 年固定资产投资增长率至少

16.4%，那么我们估算2017年设施投资可能达到18万亿元。

5.2.3.4 地方基础设施债务

铁路、公路和基础设施作为拉动经济增长的重要力量，近几年的投资增速迅猛。巨额基础设施投资的背后造成的巨额债务容易引致巨大的地方财政风险。

1. 我国债务资金投入收费公路建设投资的比重加大

我国正处于加速建设高速公路集成网络阶段，财政资金杯水车薪，收费公路资产规模增加的同时造成债务余额增大。从图5-7中看到，我国高速累计投资总额不断上涨，其中债务资金投入量和增长率不断上升。2016年全国收费公路累计建设投资总额为75857.5亿元，比2015年增加6369亿元，增长了9.2%。2015—2016年，我国用债务资金投入收费公路建设从47668.8亿元增至52339.3亿元，净增加4670.5亿元，增幅高达9.8%。从资本投资和债务资金投入占比看，我国收费公路建设2016年投入23518.2亿元资本，占收费公路累计建设投资总额的31.0%；举借债务本金52339.3亿元，占收费公路累计建设投资总额

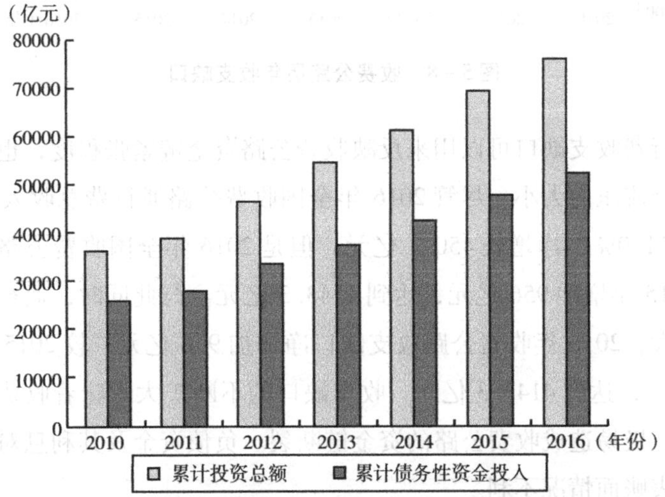

图5-7 2010—2016年收费公路累计投资总额和累计债务性资金投入对比

注：累计建设投资总额指历年和当年收费公路建设投资额的合计。

的69.0%。为了满足公路建设的需要，我国用举债方式用时间换空间，其造成的风险是收费公路每年举债的额度和还本付息压力不断累积，容易造成资金的错配而导致资金链断裂。

2. 收费公路收支缺口增速放缓

我国收费公路的通行费收入增长的同时，支出也不断增加。收入和支出缺口总量逐年增加。如图5-8所示，2016年全国收费公路通行费4548.5亿元，是2015年通行费收入的111%，净增450.7亿元。2016年收费公路支出8691.7亿元，是2015年通行费收入的119.3%，净增1406.7亿元，其中还本付息支出占主要部分。

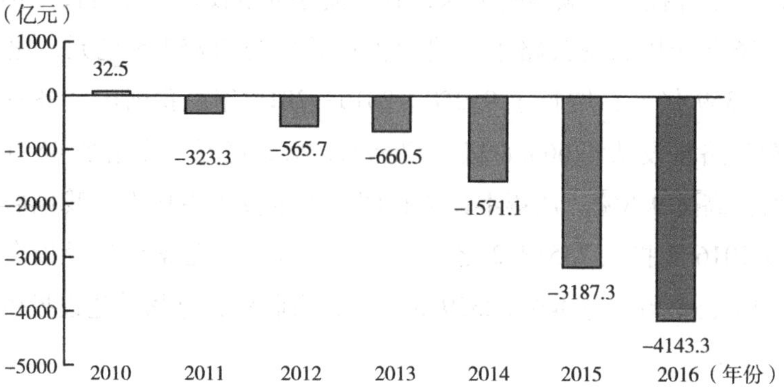

图5-8 收费公路历年收支缺口

通行费收支缺口可以用来反映收费公路资金链紧张程度，也可以反映出现金流压力大小。尽管2016年全国收费公路通行费总收入比2015年增长11.0%，净增长450.7亿元，但是2016年全国收费公路收支缺口比2015年增加956亿元，达到4143.3亿元。与此同时，通行费收支缺口扩大，2016年收费公路收支缺口净增加956亿元，较2015年底增长30.0%，达到4143.3亿元。收支缺口的不断扩大意味着收费公路收不抵支，极易造成收费公路的资金链断裂。负债资金及其利息对地方资产负债表账面情况不利。

3. 收费公路偿还债务支出达到高峰期

我国收费公路债务支出不断增加，已经到达偿债高峰期。《2016年全国收费公路统计公报》数据显示，2016年底，全国收费公路债务余额达到4.86亿元，较2015年增长9.1%，增长了4061亿元。从支出占比分析，2016年全国收费公路中债务支出4750.5亿元，占全国收费公路总支出的54.7%，偿还债务利息支出2313.3亿元，占全国收费公路总支出的48.7%。相比2015年同期，全国收费公路支出总额增长19.3%，净增长1406.7亿元。其中，偿还债务本金支出增加35.8%，净增长1252.5亿元；偿还利息支出增加2.7%，净增长61.4亿元。

5.2.4 地方政府性债务置换风险

《国务院关于加强地方政府性债务管理的意见》（国发〔2014〕43号）规定，各地方政府可以申请发行地方政府置换债券以降低债务利息负担，优化债务资金的使用效率和期限结构。

5.2.4.1 地方政府置换债发行规模

2015年地方政府开始发行置换债券3.2万亿元，2015—2016年地方政府总计发行债券9.88万亿元，其中2015年发行3.84万亿元，2016年发行规模为6.05万亿元。2017年1—11月累计发行地方政府置换债券2.75万亿元。

5.2.4.2 地方政府债务置换额度和债务到期额度

地方政府仅仅置换认定的存量债务，前期债务置换压力不大，后期会有较大压力。国务院计划用三年时间置换地方政府存量债务14.34万亿元，2015年和2016年分别计划置换债务3.2万亿元和5万亿元。2015年财政部将中国地方政府债务总额限制在16万亿元人民币。我们估算如果除去2015年发行、前期代发代偿和代发自偿的地方债，地方政府剩下11.2万亿元地方债需在2—3年内完成置换。除去2017年已经发行的置换债券2.75万亿元，如果按照财政部安排，地方政府债务置换需要在2018年8月前完成，2018年将面临8.45万亿元的债务置换，压力巨大。

债务逾期的数据显示未来债务逾期有可能大量增加。Wind 数据显示，往年的债务逾期 0.9 万亿元，占债务总额的 6%。2015—2018 年预计债务到期分别为 3.1 万亿元、2.8 万亿元、2.4 万亿元和 6.2 万亿元，分别占债务总额的 20%、18%、16% 和 40%。

5.2.4.3 各省地方政府债务置换进度差异

2016 年，江苏省地方政府性债券公开发行规模居第一，2015—2016 年总共发行 7705 亿元。山东、浙江和广东地方债发行也在 5000 亿元左右。2017 年置换债发行的规模有可能增大，特别是以往置换度快并且置换额度偏低的省份。如图 5－9 显示，2016 年末统计数据显示，贵州省和四川省以非政府债券形式的债务余额位列全国第一和第二，分别为 3781.39 亿元和 3131.38 亿元。未置换债务占各省总债务的份额分别为 43% 和 40%。浙江省（不包括宁波）非政府债券形式债务余额占其债务总额为 11.8%，债务置换风险最小。大连市非政府债券形式债务余额占总债务比例为 85.38%，其债务置换速度缓慢。其他各省地方债的置换已经超过 50%。

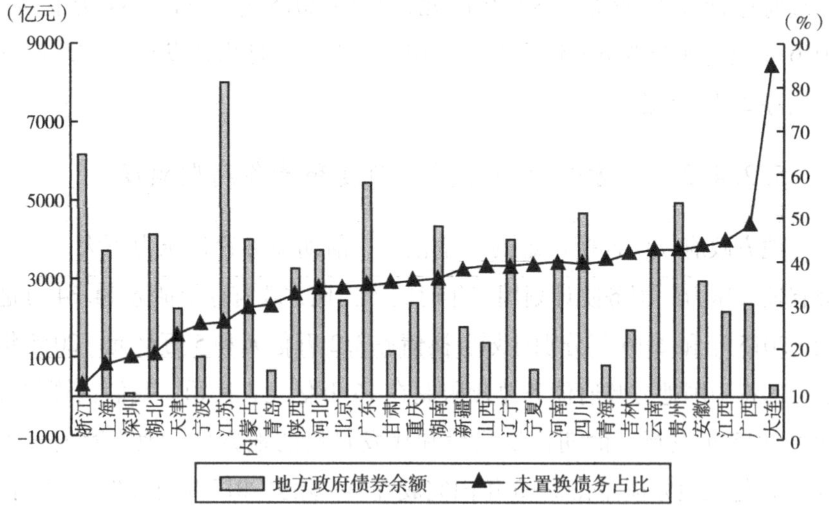

图 5－9　地方政府置换债务余额及占比情况

数据来源：Wind 数据库。

总体来看，在当前经济发展三重压力不减、政策边际调整、债务管理红线不改的新形势下，我国地方政府债务风险总体可控，但结构性及区域性风险仍然突出。从地方债务可持续的角度看，需重视三类问题：第一，关注地方政府“债务—资产”转化过程中的效率问题，债务能否形成可持续的现金流以及良好的资产是衡量政府举债投资有效性的关键因素；第二，关注专项债快速发展中存在的资金闲置、挪用、投向不合理等问题；第三，关注隐性债务显性化不断推进下的债务偿还问题，警惕偿债资金紧平衡状态下的期限错配风险以及化债压力后移、付息成本增加和利率的不确定性①。

5.3 土地开发的经济增长模式不可持续风险

土地出让收入作为地方财政收入发展经济的模式在我国普遍存在，与房地产相关的收入成为地方政府的主要财政来源。房地产税收收入是地方财政很重要的收入来源，近两年来土地出让金增速已经回落。房地产支柱性行业的地位正在改变，房地产泡沫的破灭会导致全国政府收入与支出赤字敞口持续加大，继而加大全国政府性收入与支出赤字敞口。如果房地产市场出现泡沫，那么地方政府的风险会随着房地产泡沫的破裂而加大。本部分主要分析我国房地产市场泡沫的现状，证明以房地产为支柱产业的地方发展模式不可持续，导致地方土地财政不可持续风险。

5.3.1 土地财政、房地产泡沫与经济发展的不可持续风险

5.3.1.1 土地财政的形成机理

土地财政指地方政府流转土地使用权和所有权，将不动产的价值货

① 中诚信国际：“中国地方政府与融资平台债务分析报告（2021）”，2022年4月28日，https：//www. sohu. com/a/542156140_121123915。

币化成财政收入的过程。地方政府成为国有土地的经营方，以出让土地获得土地出让金，加上土地流转的税费收入和土地抵押给银行融资的贷款收入。土地财政出现的机理在于：分税制改革中央事权与地方财力不匹配，地方政府承担的事权支出超过其税收收入和转移支付收入。地方政府在中央制定的土地收储制度下，变更土地的性质，将农用地转变为商业用地，由房地产开发商开发获取土地收益上缴与土地相关的收益，补充地方财力的不足。土地市场价格理论上由市场供求关系决定，但是中国土地公有制下，地方政府控制土地的出让数量。土地供应短时期过少会导致房价暴涨，影响宏观经济的稳定，给社会民众造成很大的心理压力。而房价暴涨时，地方政府和房地产开发商天然获取超额利润，造成社会分配不公。

地方政府在不同城市有不同的行为方式。在人口不断流入的一线城市，地方政府缩紧土地供应，大量资本进入土地市场造成高溢价性土地成交，地方政府获取超额垄断利润。而在人口流出的三、四线城市，地方政府土地过剩却仍然大量供地，结果造成高流拍率或者一座座鬼城，造成房地产市场的高库存现象。在民众没有其他更好的投资渠道下，房产变成了金融投资品，离其居住的属性越来越远。房地产泡沫越来越大，严重影响宏观经济的稳定和社会公平。

5.3.1.2　房地产市场泡沫造成财政收入不可持续风险

我国基础建设投融资模式资金的来源对土地的依赖性逐渐增强，地方政府经济发展经历了中央调拨为主、从预算内到预算外土地、从政府财政基金直接投资到以土地抵押为核心的融资平台的融资过程。在转变过程中相继出现“福利性公共品缺位”“生产性支出偏向”和“实体经济虚化”等问题，造成地方财政收入不可持续①。

首先，土地财政收入基于房地产市场的繁荣。土地出让金约占地方一般预算收入的一半。与土地和房地产相关的税收已经占到地方一般预

① 中央财经大学财政税务学院编：《2016/2017 中国税收发展报告：全面营改增试点：大变局、大格局》，中国税务出版社 2017 年版。

算收入的近28%。具体分析，2015年全国税收中包括房产税2050.9亿元、城镇土地使用税2142.04亿元、土地增值税3832.18亿元，共占税收收入总数的5.27%；全国国有土地使用出让金30783.8亿元，占全国政府性基金收入的72.71%。上述四项收入占政府收入项目的16.11%[①]。2016年国有土地使用权出让收入37456.63亿元，占地方政府性基金本级收入42440.54亿元的88.2%。中国有土地使用权出让收入相关支出38405.84亿元，占地方政府性基金相关支出43961.66亿元的87.36%[②]。

其次，土地财政造成“实体经济虚化”。伴随我国从“建设财政”过渡到“公共财政”的转变，并在公共品资本化的逻辑支配下，地方政府有动因提供与土地价值升值有关的公共品，并从其相关税收和收入中获得更多的财政收入。比如学区房的设置激励居民购买产权而拥有相应的良好教育。居民在空间上搜索与其偏好相同的公共品，以房价的形式显示其偏好。如果居民更看重教育的作用，愿意在教育上投入更多，则该学区房的房价飙升至不合理的范围，形成房地产的泡沫。再加上房地产企业为了追求高额利润，不惜采用“饥饿营销的方式”制造“虚假繁荣”，扭曲房地产开发的基本居住功能而转变成金融品，进一步推升房地产泡沫。由此看来，房地产市场泡沫的产生与地方政府提供公共品有很重要的关系。

最后，房地产泡沫对实体经济的挤出效应，造成财政收入长期看不可持续。张燕君（2012）认为，城镇化中地方政府用土地及与土地相关的未来收入作为抵押，向银行获得贷款。这种借贷资本和土地资本的融合成为地方政府主要的投资方式，但是侵蚀实体经济的发展。城市的积聚效应和经济发展水平的提高，城市间的地租竞争相反对工业化和城镇化产生负效应（雷潇雨、龚六堂，2014）。负面效应表现为地方政府

① 中国报告网：“2015年我国房地产行业对政府收入与支出贡献”，2017年2月8日，http://data.chinabaogao.com/fangchan/2017/02RC94H017.html。

② 人民网：“2016中央和地方预算执行情况2017中央和地方预算草案报告”，2017年3月18日，http://news.tom.com/2017-03-18/OKV9/06593509.html。

和民营企业更愿意投资于房地产行业，而不愿投资到生产性行业，其结果是“地方产业结构虚高”引起经济空心化，地方政府的税收结构发生扭曲，进而影响地方政府的财政收入。

5.3.1.3 房地产市场泡沫影响地方政府经济转型

我国近年来的高速经济增长与房地产行业的迅速增长密不可分，房地产行业一度成为我国地方经济的支柱行业。房地产非理性繁荣为国民经济增长作出巨大贡献，拉动了各地 GDP 的快速上涨。与此同时，由于房产金融化导致房奴和炒房团的两极分化，造成社会的不稳定。中央屡次对房地产市场进行调控，9 次调控的结果均不理想。其中的原因在于，地方政府的经济发展已经深深融入地方产业结构之中，大宗的钢铁、水泥、玻璃等高耗能的产品由房地产行业消化，其他的家具、装修等行业与房地产行业密不可分。房地产行业在整个国民经济生产结构中起到了聚集需求的核心作用。中房网数据显示，全国住宅均价十年来上涨了 145%，北京、上海、深圳、杭州等一线城市的商品房价格平均上涨 220%，北京居首位，上涨了 259%。

地方政府在供给侧结构性改革过程中面临许多困难。第一，短时间内要把经济结构从高度依赖房地产行业转型到高新技术创意行业不够现实。这意味着房地产泡沫的破灭将给地方财政减少带来冲击。第二，地方政府有 GDP 崇拜，房地产是土地资源在国民生产资源再分配中贡献 GDP 数量较多的行业，同时也引领其他生产制造业的需求，间接带动 GDP 的上涨。短时间内，地方政府难以摆脱“房地产依赖症”带来的丰厚回报。第三，房地产行业因为土地资源的开发利用，涉及众多金融、财政和税收部门，其利益的复杂程度短时间无法理清。特别是地方政府性债务涉及国有土地的抵押融资，银行货币资源的信贷等一系列的责任关系。房地产行业的发展关系到地方政府的还债能力、地方财政的可持续发展问题。第四，房地产的不合理发展以牺牲社会公平换来经济增长的模式，长久来看不能持续。当经济问题转化为社会问题，最终会从政治上爆发出来，影响政权的稳定。另外，房地产市场的泡沫影响资金配置的效率，导致资金脱实向虚，严重影响实体经济的发展，对我国经济结构调整构成威胁。中央经济工作会议明确指出让房屋回归到居住属性，国土资源部正在研究探索农村宅基地“三权”分置，以破除政府垄断住房供地的惯性。这表明地方政府依靠出让土地带动房价上涨，带来土地出让收入上涨的经济发展逻辑已经不可持续。

5.3.2 我国房地产泡沫的形成机理

5.3.2.1 房地产泡沫产生的原因

第一，中国房地产的供给和需求不匹配。从供给上看，中国土地价格占房地产价格的大部分，土地供应及其收益模式是中国房地产市场诸多问题的源头和症结所在。城镇化的战略推动土地购置成本的逐年上涨，加上地方政府的财政收入很多来自于卖地收入，这些因素一起推动房地产价格不断上涨。从需求上看，中国的城镇化导致外流人口大量进入城市，造成一定的积聚效应。短时期对于一线城市造成的积聚效应大于二三线城市，因而一线城市房价泡沫出现的时间要早于二、三线城市。另外，受到传统观念的影响，中国人租房的意愿不如买房的意愿高，买房的人通过出租分摊自己的买房成本，并且最后得到房产的所有权。因而更多的人会考虑买房，并且推高租金的价格。

第二，金融行业对房地产行业的过度支持是导致房地产泡沫的重要原因。我国的房地产具有商品和金融投资品两重属性。普通民众金融投资渠道比较狭窄，房地产普遍成为稳定收益预期的金融产品。这样，大量的资金流涌入房地产市场套利，也是造成房价虚高的原因。另外，房地产保值和增值的预期使得许多金融投资机构将资金投入到房地产，许多开发商以较少资金开发房地产，造成房地产行业过度开发，投机杠杆操作过多，造成金融泡沫。地方政府运用土地抵押，向银行贷款获取资金提供公共品的方式，使得房地产与金融行业紧密绑定。

第三，现行房地产税收制度不完善，税收调控房地产市场作用有限。我国地方税种针对房地产开征的“五种税”（包括耕地占用税、土地增值税、契税、房产税、城镇土地使用税），对地方收入的贡献率较低，地方政府在“营改增”之后面临缺乏稳定税源的情况，因而会更多干预房地产市场，推动房地产市场价格非理性快速上涨。要调控房价需要在房地产流转和保有环节加强对房地产的调控。我国现阶段少数地区在房地产保有环节开征房地产税，大部分税负通过流转环节转移到消费者身上。这样空置的房屋造成资源浪费，普通消费者却要为高涨的房价买单。客观上现行的税收政策无法真正调控房地产市场。

第四，房地产的居住功能转变为投资功能。谢国忠（2016）认为中国房地产市场出现严重虚假过剩，中国制造房子没有相应的人口去居住，这是出现房地产泡沫的主要原因。爱德华·格莱泽（Edward L. Glaeser，2016）认为房地产是大部分被动投资者首选的对象，投资者因为投资过程中的代理问题会偏向于房地产投资，因此大部分被动性资产会进入房地产市场导致泡沫产生。

5.3.2.2 房地产泡沫测定的方法

我们用定性和定量两种方式测评我国房地产市场的泡沫。一般学者用指标法测评，我们比较单一指标法和指标体系法的优劣再选择合适的方法。

1. 单一指标法

单一指标法优势在于计算较为简便，很多学者综合运用多种单一指标进行测度。如范静、蒙长玉（2015）使用了多个指标对成都市2003—2010年房地产泡沫进行了测度，具体使用了房地产开发投资/全社会固定投资、房地产开发投资/GDP、房价增幅/GDP、房价与家庭年收入比、房价增长率/定期一年利率等六个指标，研究发现六个指标都呈现出波浪式的上升趋势，从而认为成都市房地产存在泡沫。王浩、穆良平（2015）对比分析了我国目前房地产泡沫测度的多种方法（包括直接检验法、间接检验法、指标法和多元统计法等），认为只有房价收入比对测度住宅市场泡沫水平才具有适用性。孙炎林等（2015）使用了七种方法对上海市2003—2011年的房价泡沫进行了测度，对比了这些方法的适用范围，发现除了简单指标法和单位根协整检验之外的其他五种方法测度结果基本一致。毕振华、熊毅（2014）对比了租售比、空置率等单指标计算方法，认为房价收入比对测度我国房地产泡沫较为客观。

2. 指标体系法

指标体系法是将多指标进行分类，从多个角度和多个维度来判断房价泡沫是否存在。沈巍（2010）从金融、消费市场、经济水平和收入水平等四个角度选取不同指标测度我国的房地产泡沫水平。鞠方（2007）使用反映房价的实体经济变量和虚拟经济变量对我国的房价泡沫是否存在做出了判断。李永刚（2014）从国家层面使用多个指标对我国房产泡沫进行了测度。

3. 计量模型方法

由于指标法只能对房价泡沫的大小作出定性判断，不能定量评估房价泡沫的大小，因此为了更加精准测算房价泡沫，部分学者选择使用不同的模型来计算房价泡沫。模型法的基本原理是将由经济基本面决定的房地产市场的均衡价格与其实际价格相对比，从而用均衡价格与实际价格的偏离估算泡沫的程度。范新英等（2013）使用了动态面板模型估算了我国35个城市2000—2011年的房价泡沫。王泽宇（2013）认为相对于指标法和模型评价法，改进的BP神经网络模型测度更加可靠、客观。李文峰（2016）将通胀、风险等因素纳入房产出租现值函数，从而推算房价收入比模型。史兴杰、周勇（2014）使用了比switching regression模型更加有效的switching AR模型对我国4个直辖市的房价泡沫进行了检验。台红玉等（2010）使用HP滤波器和C－D生产函数两种方法对我国四个直辖市的房地产泡沫进行了估算。贾生华、李航（2013）构造了房地产价格决定模型，利用卡尔曼滤波对北京的房地产泡沫进行了评估。苑德宇、宋小宁（2008）利用适应新预期，使用面板数据模型对我国的35个大中城市的房地产泡沫进行了测度，但是所选择变量太少因而不能对房地产泡沫的大小准确测度。赵安平、范衍铭

(2011) 基于空间状态模型的估计结果，利用卡尔曼滤波的方法对北京市的房价泡沫进行了测算。郭文伟（2016）使用了国际上前沿的方法——可同时向前和向后的移动窗口递归技术方法（BSADF）计算了住房、商铺和办公楼三种类型的房价泡沫程度和存续的时间周期。

根据以上的文献可知，就使用的方法而言，有的使用简单的指标分析法，包括使用单一指标和构建多指标体系，有的使用滤波分析法等，还有的使用国际前沿的分析方法。就定性角度来判断房价泡沫的存在性而言，多指标体系法更加全面，能够从供给、需求以及信贷方面多个角度全方位判断房价泡沫是否存在。这种方法适合单个或较少的城市作对比分析，这主要与各个地区房地产数据的统计口径有关。

考虑到数据的可获得性，本节采用房价收入比、房价增长率/GDP增长率、房地产投资额增长率/GDP增长率和房地产开发投资额/城镇固定资产投资额四个指标，定性评估我国大城市房地产泡沫情况，然后用面板数据模型定量评估房地产泡沫大小。

5.3.2.3 房地产房价指数设定及其比较

房价指数用来反映某一时期房屋销售价格变动程度和趋势的相对变化，其表现形式为百分比，主要说明房价在不同时期的涨跌程度。房价指数的编制方法主要有加权平均法、重复交易法、特征价格法和混合模型法。中国的研究机构主要采用简单计算方式编制房地产价格指数。所谓简单计算方法是指用简单加权平均法、算数平均值法和中位数法等折算出住房价格指数。各国普遍采用这种编制方式是因为其操作简便，透明度高，及时性好。该方法适用于技术数据质量不高或者缺乏，或者对数据的及时性要求较高的情况。中国房价指数构建的方法原理有三种，本节基于三种房价指数测算方法以及结果简单对比，提出房价测量指数。

1. 中国指数研究院房价指数

中国指数研究院新房价格指数，采用其他城市或物业当时均价折算成基期基点与北京进行比较得出。方法是以2000年12月为基期，以该时点北京的基点设定为1000点折算。住宅、商业用房、写字楼等项目分别用物业指数运用拉氏指数理论计算，然后通过加权算出城市综合指数。住宅、商业用房、写字楼和别墅等分物业指数的计算公式如下：

$$I'_t = \frac{\sum P_i^t A_i^{t-1}}{\sum P_i^{t-1} A_i^{t-1}} \cdot I'_{t-1}$$

其中，I'_t和I'_{t-1}分别是t和$t-1$期的价格指数，其中P为物业价格，A为当期建筑面积。城市综合指数由该城市的住宅、商铺、写字楼、三类物业的指数加权平均得出，权重分别为0.75、0.1和0.15。

通过以上的计算原理，可以知道该方法实质使用的是加权平均法。除此之外，中国指数研究院发布了中国百城价格指数、新房价格指数、二手房价格指数、租赁价格指数、中国物业价格指数。根据其发布的新房价格指数可知，天津、重庆、杭州、成都房价走势较为平缓，深圳、上海和北京的房价上升幅度较快。

2. Wind数据库房价指数——国家统计局的计算方式

Wind数据库中的房价指数来源于国家统计局，其采用的方法是加权平均法。该数据库可以使用的数据有两个方面：①基于月度数据的房价指数，具体包括：70个城市新建商品住宅价格指数、70个城市新建住宅价格指数、70个城市二手住宅价格指数，该部分数据定基数为2015年=100；②基于季度数据的房价指数，具体包括：70个城市新建住宅销售价格指数、70个城市二手住宅销售价格指数，该部分数据定基数为上年同期=100。

3. 恒隆房地产研究中心城市住房同质价格指数

中国典型城市住房同质价格指数（CQCHPI）由清华大学恒隆房地产研究中心与北京大学林肯研究院城市发展与土地政策研究中心共同编制与发布（Guo等，2014）。CQCHPI包含新建商品住房中心城区同质价格指数、存量住房中心城区同质价格指数、新建商品住房区位子市场指数、存量住房区位子市场指数和存量住房面积子市场指数五个指数系列。其中，新建商品住房同质价格指数以2006年第一季度为基期。五个指数系列全部采用同质（或类重复交易）价格指数编制方法，最大限度地剔除了因为住房产品差异因素所带来的价格指数失真。指数目前覆盖北京、上海、天津、深圳、成都、大连、武汉和西安八个典型城市中心城区。

5.3.2.4 房价指数对比

为了对比与恒隆房地产研究中心的房价指数，本节将 Wind 数据库的数据折算为 2006Q1 为基期，将不同的指数转化在“同一起跑线”，从而具备可比性。如图 5－10 所示，通过将八大城市新建住宅价格指数、二手房价格指数和同质住房价格指数进行了比较，看出八大城市共同的特点是：一是转化为相同基期新建住宅价格指数、二手房价格指数走势完全相同（均缓慢上升），两者几乎“重合在一起”；二是恒隆房地产研究中心的同质住房价格指数的上升幅度要明显高于前两者。以北京市为例，在 2016 年第三季度，新建住宅价格指数和二手住宅价格指数分别上涨为基期的 2.40 倍和 2.35 倍，而同质住房价格指数则上涨为基期的 5.43 倍。这在一定程度上说明，国家统计局计算的房价指数存在低估房价的可能性，使用平均加权的算法往往会把高涨的房价水平拉低。

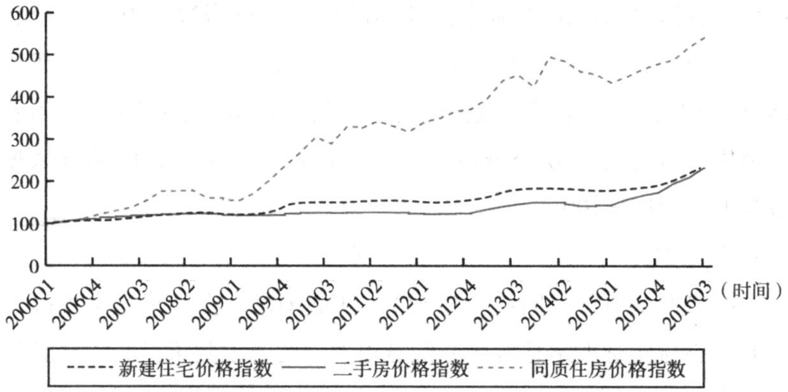

图 5－10 北京新建住房价格指数、二手房价格指数与同质住房价格指数对比（2006Q1 为基期）

通过比较中国指数研究院、国家统计局以及恒隆房地产研究中心的房价，我们认为三种指数构建各有优劣。其中，国家统计局公布的房价指数没有区分城市内部的差异和住房的异质性，简单的加权平均方式容易低估房价水平；而中国指数研究院对不同类别的房屋进行加权，得出的指数更加合理；恒隆房地产研究中心通过对同质住房进行计算，同时考虑了更多的因素，因而更能够真实反映城市的房价水平。综合考虑以上情况，本书将根据具体的情况，在以下章节的分析中采用 Wind 数据库和 CQCHPI 同质住房价格指数。

5.3.3　房价泡沫指数的设定

通过文献的梳理，我们可以选择以下指标用来判定房地产泡沫情况：房价与家庭收入之比、房地产投资增长率与 GDP 增长率比值、房价增长率与 GDP 增长率比值、住房供给水平、房地产投资与城镇固定资产投资比。我们认为 Wind 数据库的数据不能直接用来测定房价泡沫，设定如下指标有助于提高房价泡沫的测定。

5.3.3.1　住宅的价格增长率

根据 Wind 数据库提供的 70 个城市二手住宅价格指数月度数据、70 个城市新建商品住宅价格指数月度数据和 70 个城市新建住宅价格指数月度数据，本书计算北京等八个城市三种类型住宅的价格增长率。计算的原理（stata 环境下计算）如下：①由于 70 个城市三种类型住宅的价格指数均以 2015 年为基期，我们可以通过滞后算子计算月度的房价增长率，首先使用 tsset 命令设置时间变量；②利用滞后算子计算以上一年为基期的增长率，计算公式为（*hp/l. hp*）-1。计算出来的北京等八个城市三种类型住宅的价格增长率，在转化为 2011Q1 为基期的新建商品房价格指数后，可以看出八大城市新建商品房在 2015Q1 价格指数没有太大变化，走势较为平缓；而在 2015 年之后商品房价格指数出现较大的分化，其中深圳房价在 2015Q1 之后上涨速度最快。新建住宅价格指数和二手房价格指数转化为 2006Q1 为基期。

5.3.3.2　住宅价格季度累计增长率

根据 Wind 数据库提供的 70 个城市二手住宅价格指数月度数据、70

个城市新建商品住宅价格指数月度数据和70个城市新建住宅价格指数月度数据，本书计算北京等八个城市三种类型住宅的价格季度的累计增长率。具体的计算方法如下：①分别选取2006年3月（即第一季度）和2011年3月（第一季度）为基期，删除基期之前的数据，同时删除非季度节点（即非3月、6月、9月、12月）的数据；②将保留的每一个数据均与2006年第一季度或2011年第一季度数据相除，即可以得到以2006Q1为基期的新建住宅、二手住宅的价格指数和以2011Q1为基期的新建商品房价格指数。这样做的目的是与下面的CQCHPI数据（该数据是以2006Q1为基期的季度数据）的结果做一个简单的对比。从八个城市新建商品房情况可知，价格指数在2015年第一季度之前差别不大且变化幅度较小，但在此之后出现较大的分化、涨幅较大，上涨幅度最为显著的是深圳，其次是上海和北京。

5.3.4 房价泡沫的定性和定量判断

本书对房价泡沫的测度分析分为两步：第一步用指标定性测定，第二步选择模型定量测定。本书选取的研究对象为我国的北京、上海、天津、深圳、大连、西安、武汉、成都八个城市。选取他们作为研究对象原因有三：第一，购房行为大多发生在城市，选取城市研究房价问题比选取省研究房价问题更合理；第二，后文中提出的同质住房价格指（CQCHPI）选取的是北京、上海、天津、深圳、成都、大连、武汉和西安八个典型城市，为了与后文保持一致，同时便于与国家统计局、中国指数研究院的房价指数数据进行比较，本书选取了这八个城市进行研究；第三，这八个城市具有一定的代表性，它们分布在东北、东部、中部、西南、西北等五大地区，同时一二线城市[①]均有，以它们作为研究对象能够较好地反映我国城市房价泡沫的突出问题。本书通过构建面板数据固定效应模型，运用35个城市2002—2015年房价影响因素对八大

① 房地产泡沫主要存在于大中城市，小城市大多面临“去库存”的问题，存在房价泡沫的可能性小，所以未选取三四线城市作为本文的研究对象。

城市的房价泡沫水平大小进行了定量评估。

5.3.4.1 我国房地产泡沫的整体判断

如图5-11所示，直观观察房价水平高低可以判断城市泡沫存在的可能性。以全国房屋均价为例，1999—2015年中国四个直辖市（北京、上海、天津、重庆）和全国房屋均价均表现出上涨的趋势，其中北京和上海房价上涨最为显著，北京、上海房屋均价在1999—2015年上涨了4倍左右；天津、重庆和全国房屋均价表现出缓慢上涨的趋势。通过观察房价水平的走势，我们发现我国房价近15年来一直呈现出上升趋势。全国一线房屋均价的快速上涨意味着大量货币短时期流入房地产市场，房地产市场有出现泡沫的可能性。

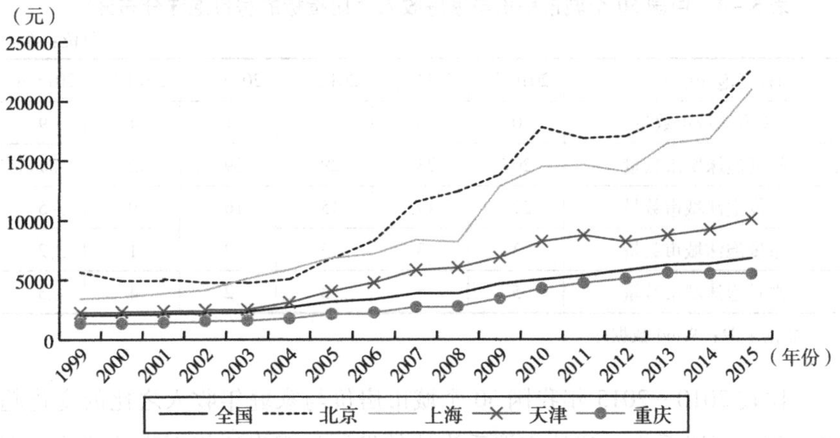

图5-11 直辖市与全国房价平均水平（1999—2015年）

数据来源：Wind数据库。

5.3.4.2 房价指数的定性判断

房价水平主要反映房价高低，是一个绝对值的概念，不利于纵向比较。房价指数则可以较好地刻画房价的变动趋势。结合已有的文献指标和能够找到的数据，我们选择以下相应指标定性判断我国房地产行业发展现状。

1. 房价与家庭年收入之比

世界银行将房价和家庭年收入之比的正常范围划定为3—6。这意味着一个家庭一年全部收入的3倍或者6倍是房屋价格的合理范围。我们认为这种情况对于中国目前的状况是理想状况，如果按照该标准，我国的房价与家庭收入之比没有一个地方是正常的。但是这种方法可以借鉴。因此，本书将该比例等于或者小于6的范围定义为“无泡沫”，6—10定义为“轻度泡沫”，10—15定义为“中度泡沫”，15—20定义为“重度泡沫”，20以上定义为“严重泡沫”。表5-4依据以上的分类统计了我国50个城市住房价格与家庭收入之比的情况。从中可以看出，2010—2015年我国50个城市的房价泡沫情况正在逐步改善，其中无泡沫和轻度泡沫的城市数量在逐步增加，而中度泡沫和严重泡沫的城市数量正在逐步减少。

表5-4　中国50个城市房价与家庭收入之比指标的房价泡沫分布分析

单位：个

不同程度泡沫的城市数量	2010年	2011年	2012年	2013年	2014年	2015年
无泡沫城市数量	0	0	0	1	4	9
轻度泡沫城市数量	20	23	29	29	32	31
中度泡沫城市数量	22	19	15	16	9	5
重度泡沫城市数量	3	3	3	2	1	2
严重泡沫城市数量	5	5	3	2	4	3

数据来源：Wind数据库。

比较2010—2015年我国50个城市房价与家庭年收入之比的变化趋势，我们可以看出，房地产严重泡沫的发展呈现出逐年下降的趋势，而平均值的下降较为平缓，最小值基本没有变化。三者的变化情况说明，我国的房价泡沫有好转的趋势，这可能是因为近年来的“涨薪潮”使得居民收入增加，从而房价收入比整体上呈现出下降的趋势。由于这里的研究仅仅考虑的是单个城市的房价收入比，并没有考虑城市之间的关联，因而单个城市房价泡沫下降的结论可能存在一定的偏误，相关的研究发现若考虑区域之间的相关性，中国城市房价则存在泡沫并且会自我膨胀（潘爱民等，2014）。

从2015年我国50个大城市房价与家庭年收入之比数据来看，八大城市中，北京、天津、上海、深圳和大连五城市房价收入比位居前列，西安、武汉、成都三城市房价与家庭年收入之比的排名则相对靠后①（见表5－5）。我们从 Wind 数据库统计的2010—2015年中国50个城市的房价与家庭收入之比的年度变化情况，选取以上八个代表城市进行样本分析。

表5－5　八个城市房价与家庭收入之比变化趋势（2010—2015年）

年份	北京	上海	深圳	天津	大连	武汉	成都	西安
2010	23.56	23.49	20.84	12.22	15.07	10.24	8.97	8.99
2011	22.25	23.00	20.15	12.36	13.99	9.82	8.24	8.59
2012	20.31	20.85	18.32	10.90	12.58	8.69	7.18	7.33
2013	19.81	20.06	19.41	11.41	11.75	8.28	6.58	6.77
2014	20.95	20.46	23.23	10.83	10.68	7.62	6.28	6.16
2015	19.60	20.06	24.95	9.77	9.03	7.09	5.34	

进一步，本节计算2010—2015年房价的变动比例与家庭收入变动比例之间的倍数关系，假如2010年的房价收入比为 $ratio_{2010}=\dfrac{HP_{2010}}{INCOME_{2010}}$，2015年的房价收入比为 $ratio_{2015}=\dfrac{HP_{2015}}{INCOME_{2015}}$，这里的 $ration_{2010}$、$ration_{2015}$ 分别为2010年和2015年的房价收入比；HP_{2010}、HP_{2015} 分别为2010年和2015年的房价水平；$INCOME_{2010}$、$INCOME_{2015}$ 分别为2010年和2015年家庭的收入水平。计算2015年与2010年房价收入比的比值，可得 $\dfrac{ratio_{2015}}{ratio_{2010}}=\dfrac{HP_{2015}}{INCOME_{2015}}/\dfrac{HP_{2010}}{INCOME_{2010}}=\dfrac{HP_{2015}/HP_{2010}}{INCOME_{2015}/INCOME_{2010}}$，该公式表明，通过将房价收入比进行相除，可以得到房价的变动比例与家庭收入变动比例之间的倍数关系。若该值大于1，说明房价增长速度要快于家庭收入的增长速度；若该值小于1，说明房价增长速度要慢于家庭收入的增长速度。通过数据之间的对比可知，2010—2015年50个大中

① 梁城城：“房价泡沫定性研究——以我国的八个城市为例”，《湖北工程学院学报》，2017年第5期。

城市中，房价增长速度快于家庭收入的增长速度的城市仅有 3 个城市，分别为深圳、厦门和东莞，$\frac{ratio_{2015}}{ratio_{2010}}$值分别为 1. 20、1. 15 和 1. 13；而其余的 47 个城市房价增长速度均要慢于家庭收入的增长速度，其中北京、上海和广州的$\frac{ratio_{2015}}{ratio_{2010}}$值分别为 0. 83、0. 85 和 0. 92。这一分析从侧面表明，虽然我国的房价收入比居高不下，但是有逐渐下降的趋势，而这主要是因为家庭收入的增长速度快于房价的增长速度。

根据上述分析可知，从房价收入比角度来看，八大城市中北京、上海、深圳房价泡沫较大，天津、大连、西安、武汉、成都等五个城市房价泡沫则相对较小。

2. 房地产投资增长率与 GDP 增长率之比

图 5－12 显示出北京、天津、上海、深圳、大连、西安、武汉和成都房地产投资增长率与 GDP 增长率的比值。2003—2015 年，八大城市房地产投资增长率大约是 GDP 增长率的 10—30 倍。这说明房地产投资在经济增长中的重要作用，地方经济的主要命脉和支柱依靠房地产的投资增长。不过 2012 年以后房地产投资增长率与地方 GDP 增速同时下降，但是房地产投资仍然是地方经济增长的引擎。

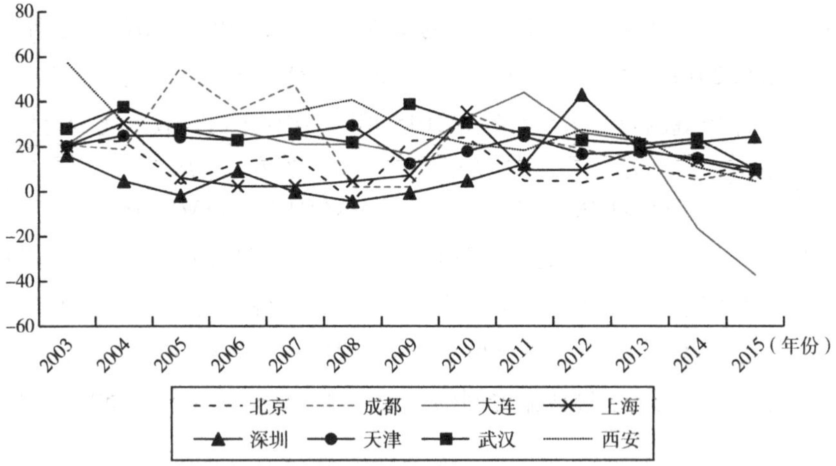

图 5－12　八大城市房地产投资额增长率与 GDP 增长率之比（2003—2015 年）

3. 房价增长率/GDP 增长率

我们分别从图 5－13、图 5－14、图 5－15、图 5－16、图 5－17、图 5－18、图 5－19 和图 5－20 的年度数据观察房价增长率与地方 GDP 增长率之间的关系，发现房价增长率与 GDP 的增长率在 1 上下波动。2003—2015 年，大部分一线城市的房价增长率与 GDP 增长率的比值都大于 1。房地产行业的增长超过了地方其他行业的平均增长水平，实体经济面临房地产泡沫化的挤压。2011 年八个样本城市房价增长率与 GDP 增长率之比普遍呈现下跌的情况（除西安以外）。2015 年北京、深圳和西安的房价增长率与 GDP 增长率比值超过 1，说明这几个城市的房地产市场 2015 年底存在比较大的泡沫。房地产去库存的压力下，地方政府能否仍然依靠房地产市场的泡沫提高经济增长是值得怀疑的，地方政府的经济增长动力面临转换的压力与机遇。

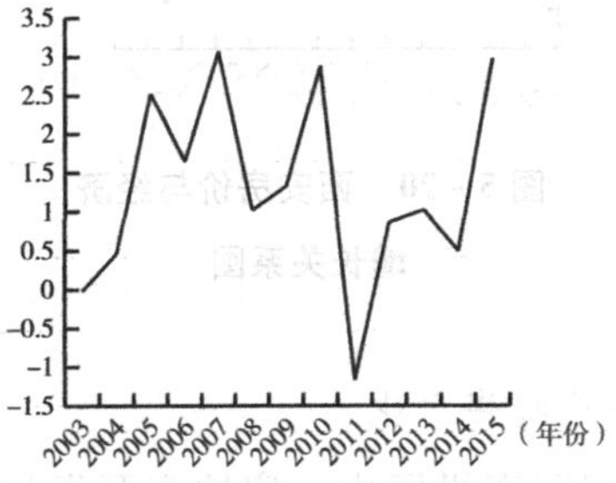

图 5－13 北京房价与经济增长关系图

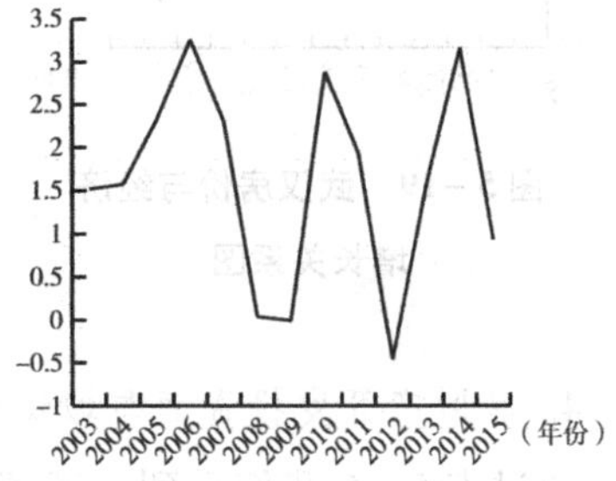

图 5－14 上海房价与经济增长关系图

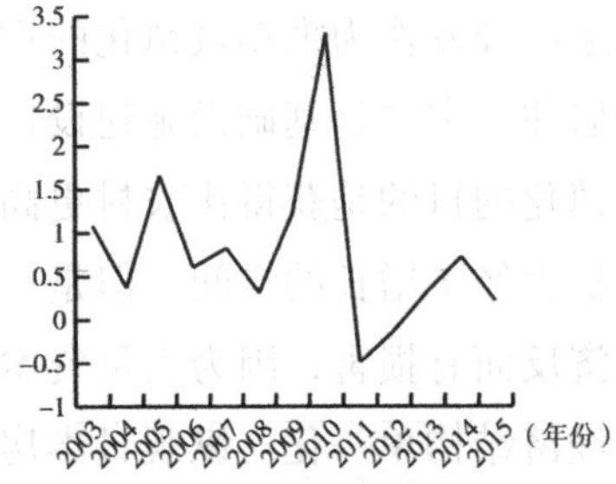

图 5－15 天津房价与经济增长关系图

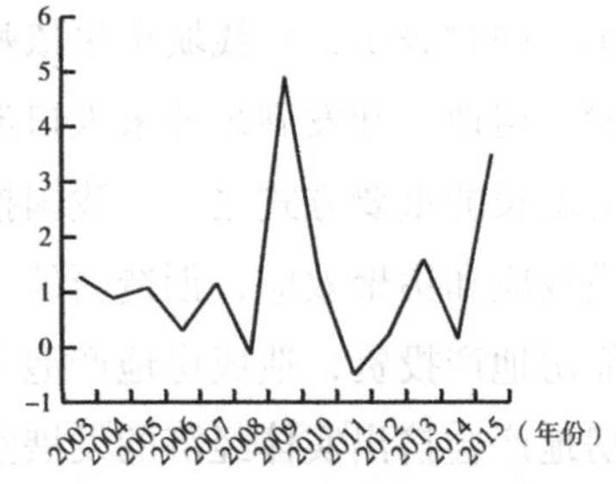

图 5－16 深圳房价与经济增长关系图

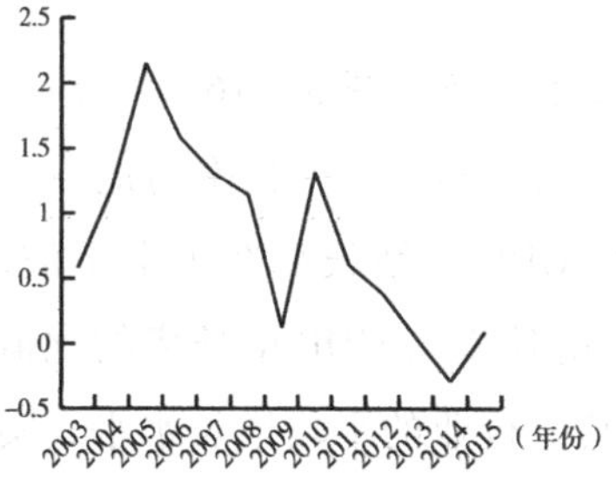

图 5－17　成都房价与经济增长关系图

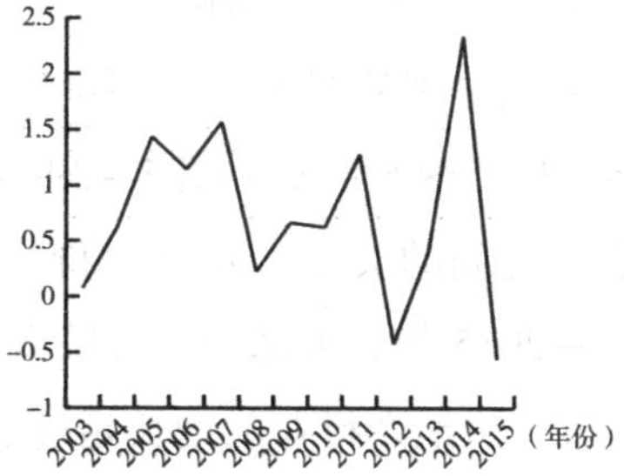

图 5－18　大连房价与经济增长关系图

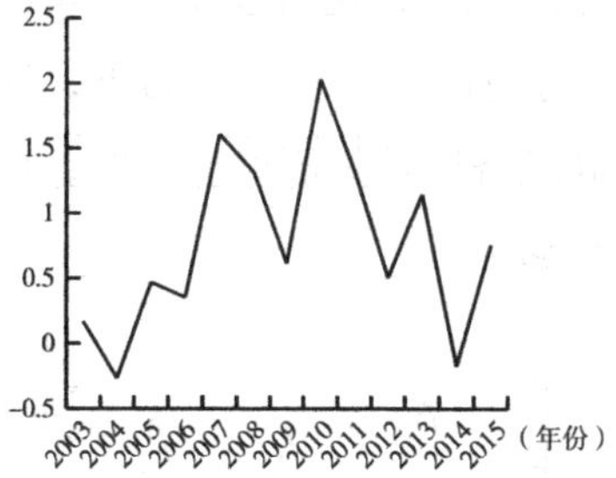

图 5－19　武汉房价与经济增长关系图

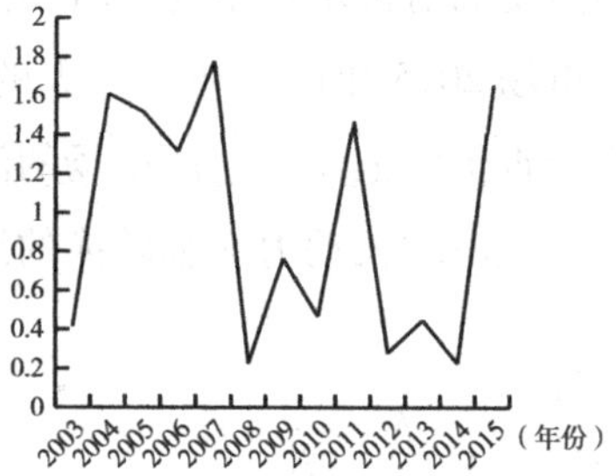

图 5－20　西安房价与经济增长关系图

4. 房地产开发投资额与城镇固定资产投资之比

通过表 5－6 我们看到，城镇化固定资产投资中，房地产开发投资占有较大比重，天津、武汉占 20%—30%，北京和上海则高达 50% 以上。这说明在一线城市推动城镇化过程中，房地产开发具有重要的拉动作用。同时表明，一线城市更依赖以房地产开发作为推动城镇化的重要手段。房地产开发满足外来人口流入的居住需求也是基础设施建设拉动经济增长的重要方式之一。我国推进城镇化的目的是获得比农村更高的规模效应和集聚效应，创造新的需求以扩大经济增长的空间。但是一味依靠房地产投资，造成房地产泡沫对经济反而有损害，因为大量资本涌进房地产会挤出实体经济的发展空间，经济结构单一化。纵观日本房地产泡沫导致“失去的十年”悲剧，我们仍然需要探求我国房地产泡沫的严重性，防止地方财政风险因为房地产行业的泡沫化遭受严重损失。

表5-6　八大城市房地产投资/城镇固定资产投资　单位:%

年份	北京	上海	天津	深圳	成都	大连	武汉	西安
2002	55.09	33.83	21.78	44.44	31.95	41.11	24.12	25.70
2003	55.43	36.06	20.34	47.14	31.14	37.18	27.22	28.00
2004	58.27	38.54	21.19	39.52	28.77	35.98	29.29	26.97
2005	58.76	38.98	24.01	35.87	30.95	23.89	28.24	25.42
2006	57.09	36.47	23.96	36.28	32.30	22.95	27.63	26.79
2007	55.48	32.32	23.05	34.28	37.80	21.12	26.53	26.99
2008	54.21	31.03	20.59	30.01	30.65	19.73	24.88	28.63
2009	56.34	31.70	16.53	25.60	23.48	18.59	25.94	27.77
2010	59.01	42.77	14.70	23.58	30.04	18.97	27.11	25.91
2011	55.01	43.76	15.34	24.09	32.12	24.18	30.13	29.72
2012	52.00	46.56	15.92	31.84	32.07	24.70	31.30	29.93
2013	51.25	49.96	16.27	35.06	32.48	26.40	31.90	31.11
2014	54.05	53.33	16.20	39.36	33.47	21.10	33.80	29.91
2015	56.10	54.63	15.84	40.36	35.05	19.68	33.61	35.79

5.3.4.3　房价泡沫的定量测算

上文指数只能大概判断我国房地产行业存在泡沫，不能精确测算房地产泡沫的整体情况。本节借鉴范新英（2013）构建的经济基本面对房价影响的动态GMM模型的方法对我国房地产泡沫进行定量计算。该方法通过对房价均衡价格进行评估，然后计算房价与均衡价格的偏离程度$\frac{hp-hp^*}{hp^*}$，用该指标衡量房价泡沫度的大小，这里hp是实际的房价水平，hp^*是均衡的房价水平。为此计算出均衡价格，本节构建35个城市（省会城市及计划单列市）2002—2015年间房价影响因素的计量模型，实证使用的数据均来源于Wind数据库。计量模型为：

$$hp_{it} = \alpha_{it} + \sum \beta_{it} X_{it} + \mu_{it}$$

其中，hp代表房价（这里使用的是城市住宅销售价格），X代表的是房价的影响因素①，具体包括人口密度②（*popd*）、三至五年期贷款利率（*rate*）、人均 GDP（*pgdp*）和城镇人均可支配收入（*income*）。α 和 β 分别是常数项和系数，下标 i 代表城市，t 代表年份，μ 表示为残差项。计量模型所使用的数据来自 Wind 数据库和《中国统计年鉴》。需要说明的是，少数城市个别年份数据存在缺失，使用简单插值法补齐缺失数据。

本节首先尝试了使用动态 GMM 模型进行回归，但是个别回归系数显著性、符号与预期不符，故舍弃。接着通过豪斯曼检验，使用了固定效应模型进行回归。值得说明的是，人均 GDP 与城镇人均可支配收入存在较高的相关性，所以两个变量分别进入模型，具体回归结果见表 5-7。结果显示，各个变量均具有较高的显著性，均在 1% 的显著性水平上显著。另外，从影响方向来看，人口密度对房价有抑制作用（但影响微弱），这可能是因为人口密度越大，房地产企业提供住房形成了一定的“规模效应”，从而降低了房价水平③；另外三个变量对房价均有正向的影响。

表 5-7　　房价影响因素固定效应回归结果

变量	(1)	(2)
	hp	hp
popd	-0.000184***	-8.92e-05***
	(4.44e-05)	(3.15e-05)

① 从理论上来说，影响房价的因素很多，还应包括土地供给、竣工面积等变量。但是，35 个城市中的个别城市未统计这些变量，所以本书最终选取了 4 个变量进入回归方程。

② 人口密度使用公式“总人口/行政区域面积”计算得到，单位：人/平方公里。总人口方面由于统计口径上的差别，4 个直辖市统计的是户籍人口（统计局未统计直辖市常住人口数据），其他城市则是常住人口。

③ 这种解释可能与直觉存在一定的偏差，认为人口密度与房价水平是正相关关系，人口密度越高增长越快，房价水平越高增长越快。理论上来说，人口密度越大，对房屋的需求也就越大；另外，人口密度增长，城市对人口的吸附能力持续提高，房企集聚，形成供应规模。房价上涨或下跌取决于需求与供应两种力量的大小，若供给过剩则会使房价有下跌趋势。另外，需要说明的是，4 个直辖市人口数据是“户籍人口”而非“常住人口”，由于前者明显小于后者，用这样的人口数据计算的人口密度对房价有负向作用也不难解释。

续表

变量	(1)	(2)
	hp	hp
rate	282.2*** (70.16)	332.9*** (74.74)
pgdp	0.104*** (0.0117)	
income		0.264*** (0.0245)
常数项	-1131* (616.6)	-1802** (764.8)
观察值个数	490	490
R-squared	0.692	0.684
城市个数	35	35

注：括号内为稳健性标准误；***、**、*分别代表1%、5%和10%的显著性水平上显著。

对比模型（1）和模型（2），各变量的显著性水平不存在差异，且拟合优度方面不存在较大的差异，因此，可以使用两个模型结果计算城市住宅的均衡价格，为了统一，本节使用模型（1）估算均衡价格。估算均衡价格的具体方法为：将各个城市的影响房价变量分别代入估计的方程中，结合估计参数计算出各个城市不同年份的均衡价格 hp^*。再根据上述定义的公式计算泡沫程度的大小。通过计算（结果见表5-8）后发现：北京、上海、深圳均在一定程度上存在房价泡沫，其中北京房价泡沫水平最高、上海次之、深圳紧随其后；另外五个城市暂不具备房价泡沫破灭的条件。就泡沫出现的时间来说，北京市在2006年开始出现房价泡沫，之后则一直扩大；上海市在2007年开始出现泡沫，之后房价泡沫缓慢升高；深圳市在2009年出现房价泡沫，虽有反弹，但泡沫程度不大；西安市在2007—2009年出现了三次轻微的泡沫，之后泡沫便消失。

表 5-8　　八大城市房地产泡沫（2002—2015 年）

	2002 年	2003 年	2004 年	2005 年	2006 年	2007 年	2008 年	2009 年	2010 年	2011 年	2012 年	2013 年	2014 年	2015 年
北京	-6.59	-14.36	-19.88	-3.37	0.58	33.67	38.94	54.00	81.76	48.65	51.82	53.26	51.56	76.60
成都	-42.36	-41.78	-39.21	-27.39	-19.47	-13.39	-9.03	-8.01	-14.31	-9.36	-14.37	-20.70	-28.08	-29.02
大连	-36.53	-41.48	-43.79	-36.34	-30.85	-23.66	-31.48	-31.29	-31.29	-30.70	-39.38	-40.95	-32.62	-33.32
上海	-50.54	-45.41	-41.75	-32.26	-14.13	8.90	4.12	1.32	19.90	27.43	21.24	29.13	48.99	53.31
深圳	-30.58	-22.83	-20.98	-16.00	-21.34	-17.55	-21.22	19.16	23.60	1.01	-5.15	0.90	-5.40	19.57
天津	-50.01	-47.91	-51.71	-45.97	-47.28	-46.98	-51.55	-44.68	-24.16	-39.70	-35.63	-45.42	-43.88	-42.86
武汉	-46.80	-48.22	-55.73	-56.19	-58.21	-53.34	-51.36	-52.69	-45.92	-45.10	-47.83	-47.04	-51.99	-50.39
西安	-31.69	-31.70	-24.02	-11.04	-4.23	11.14	3.66	4.06	-3.36	-0.01	-3.25	-6.40	-12.34	-1.29

5.3.5 结论与政策建议

5.3.5.1 研究结论

通过比较中国指数研究院、国家统计局以及恒隆房地产研究中心构建的房地产价格指数方法，同时对比了三者评估的房价指数差异，我们认为相对于中国指数研究院和恒隆房地产研究中心的做法，国家统计局统计的房地产价格指数可能低估了房价的真实水平。基于上述判断，本节使用房价收入比、房地产投资增长率与GDP增长率比值、房价增长率与GDP增长率比值、房地产投资与城镇固定资产投资比四个指标对我国八个城市房地产泡沫的存在性进行了定性分析。分析结果表明，北京、深圳存在房价泡沫的可能性最大。

本节通过构建计量经济模型对八大城市的房地产泡沫大小进行了测度，研究发现：北京、上海、深圳均在一定程度上存在房价泡沫，其中北京房价泡沫水平最高、上海次之、深圳紧随其后；另外五个城市暂不具备房价泡沫破灭的条件。结合定性分析和定量分析的结果，我们认为房价泡沫主要存在于北京、上海和深圳这样的一线城市，但是二线城市也存在房价泡沫的可能性，同样需要警惕。

5.3.5.2 政策建议

面对一线城市已经出现的泡沫和二线城市可能出现房地产泡沫的情况，我们结合短期与中长期的时间跨度，从财政、税收、金融和法律视角提出相应的建议。

第一，短期应该建立房地产价格泡沫的统一监测机制。房地产泡沫破裂会给经济带来灾难性后果。因为中国的房地产行业联系着居民、地方政府土地财政、银行系统，甚至是某些国有企业的直接利益。中国房地产泡沫的破裂将会出现居民资产严重缩水、金融系统大量坏账、地方政府巨额财政赤字和企业的倒闭浪潮。因此，应该在房地产泡沫仍然可控的状态下，在一线城市建立房地产行业相关的其他行业建立风险监控点，时刻密切关注房地产泡沫的变化情况。在二线和三线城市建立房地产行业的监控指标，根据不同城市的泡沫累积程度和风险点，因地制宜设置监控指标。

第二，中央和地方政府共同运用金融、土地、财税、投资等手段在稳定房价的基础上挤出泡沫。政府应运用多种手段稳定房价，确保房地产泡沫缓慢有序挤出。对于一线已经存在房地产泡沫的城市，金融方面，应提高购房首付比例，适当提高房贷利率，抑制过度炒房；土地方面，在确保耕地十八亿亩红线的前提下，适当的增加土地供给，避免流动人口房屋的有效供给不足；财政政策方面，地方政府的财力集中用于租赁性保障房建设，运用财政补贴、贴息等方式，促进租赁性保障房的投资获得稳健的收益，以吸引更多的社会资本参与保障房建设；房地产税收方面，在全面建立房屋信息联网之后，对持有二套以上的房产者征收高额不动产税；投资方面，政府加大对经济适用房和保障性住房的投资供给，减少豪华型别墅等住房的投资。

第三，建设房地产市场的长效机制中，政府采取租购并举、长期租赁或者共有产权等方式降低房地产泡沫。租购并举或者政府引导消费者先租后购的模式有助于满足住房者的刚性需求，长期租赁有助于给租房者更多的安全感，共有产权有助于消化房地产库存。房地产泡沫程度基本上都是用相对指标来衡量，房价泡沫的衡量从本质上在于房价和经济增长与收入提高的比例关系。所以控制房价既可以抑制泡沫，也可以加快经济增长提高低收入居民的相对收入，起到促进社会公平的作用。

第四，地方政府面临以下风险：首先，地方经济发展模式由投资驱动逐步转换为创新驱动，房地产行业不再具有支柱产业的地位，地方政府必须逐渐摆脱对土地财政的依赖。其次，房地产调控对地方政府的收入产生压力，在经济发展新动能没有真正形成的时候，地方政府必须提高财政支出的效率，争取更大的财政收入空间。最后，地方政府应该抓住住房租赁的市场机会，培养大型、专业化的住房租赁服务企业，助推租赁住房市场健康、快速、规模化和可持续发展。具体操作上，地方政府可以运用REITs等资产证券化产品，以及国家给予住房租赁行业发展的重要金融政策，一方面为相关房地产企业提供创新融资渠道和投资退出路径；另一方面培育完整商业闭环，解除租赁住房投资回收周期过长的“后顾之忧”，引导资本市场资金投入租赁住房市场形成轻资产运营模式。

第6章

建构地方财政风险管理的理念及控制框架

前面各章节已经说明地方财政风险的形成机理、原因以及风险的现状和表现形式，对风险进行管理和控制是地方财政平稳可持续运行的重要保证。本书基于现代财政制度的基本理念、风险控制理论等，从制度体系设计和风险指标管控两个层面建构地方财政风险的管控体系。

6.1 建立法制化的现代中央地方管理体系

6.1.1 建立新型的中央和地方政府关系

社会主义市场经济体制下，政府的职能和角色都发生变化。政府由实施计划管理转变到提供公共服务，政府的责权界定和运作程序要遵从一一对应、协调贯通的原则。中央和地方之间要建立一种均权协作的关系，这是社会主义市场经济要求上下级之间建立的一种新型领导关系，这种关系基于新的思维方式。中央和地方政府是具有“人格化”的平等主体。上下级和不同区域、不同行政层级的地方政府界定权责上应标准同一，职责和权限度量应体现一致性原则。该原则的学理思维是，上下级政府间承担的职责只有范围、层级、侧重点的不同，任何一级政府都不是无限权利和无限责任。因此，权责限定于管理学的含义层次。

6.1.2 建立基于社会契约精神的央地商谈和纠纷处理机制

正如前面章节所述，中央和地方的财政关系屡次变动，带来财政体制的不稳定，造成体制变动的不确定性风险。地方基于自身的利益与中央屡次博弈，不仅仅造成体制摩擦也容易引起内耗，更创造了寻租的空间。因此有必要建立明细的中央和地方的契约商谈机制和纠纷处理机制。我国中央和地方财政方面事务主要靠国务院以行政方式规定，在没有法律制度约束的情况下，中央会依据其行政意志增减地方特定项目的支出或者单方面决定地方税收的收益权。从财政体制稳定的角度看，没有经过协商而单方面解除地方的税权，容易引起地方政府的预期不确定性，造成中央和地方的隔阂，地方收入锐减的风险。中央随意调整与地方的收入分配关系，地方政府只能通过讨价还价的方式才能得到转移支付的资金。这意味着谁的议价能力强谁能够得到更多的财政资源，财政资金的分配没有相关的效率评定机制和评审机制，资源配置效率低下。在不断的反复博弈中，中央和地方的关系呈现高度的不稳定，中央对地方的调控只能是“一放就乱，一管就死”的状态。如果不能树立契约精神的管理理念，不建立中央地方产生矛盾的解决机制，那么财政制度的稳定性只会是一纸空谈。因此，我们应该从法制角度设立中央和地方的矛盾解决机制。

首先，中央和地方的关系调整遵循法律保留的原则。中央和地方财政关系的基本准则，应该由全国人大或其常委负责拟定相应的法律条款固定下来，取代国务院的行政法规。行政机关的活动受到法律的约束，法律没有明确授权的，行政机关不能妄为。对于直接或者间接涉及公民利益或者公民权利的行政性事务，比如公共预算、公共支出、公债和征税，应该贯彻法律保留原则，即通过人大而不是国务院制定相关法律规则。只有这样，中央和地方在财政关系上保持法律上平等的地位，才能保证中央和地方的契约精神的实现。同时也限制中央随意调整地方的权利范围而导致自由裁量权的滥用。

其次，在法律范围之外的行政性事务权责纠纷可采取协商机制。我国20世纪50年代，毛泽东在处理中央和地方关系的事务上，采取的是“商量”办事的方式。当时毛泽东认为中央和地方办事要商量，而不是贸然下命令。我们认为这在今天有非常重要的意义。今天许多发改委的文件满天飞，但是地方落实不了，很重要的一点是中央和地方的沟通渠道是堵塞的。中央在做决策之前，没有事先调查地方政府的执行条件，取得地方政府的意愿支持，单方面下行政命令没有任何意义。协商的基本初衷是中央在下命令之前摸底地方政府的各种心态，建立与地方政府的共同意愿。特别是推行某些制度性改革而且涉及地方政府的利益划分时，中央要听取地方政府的建议和意见，达到统一思想，统一认识的目的。这种柔性的管理方式比粗暴的命令更容易被执行者接受，有利于执行者弄清政策意图，精准执行。

最后，在中央和地方支出责任之外的经济责任划分可采取商谈机制。所谓商谈是指中央和地方在事权划分过程中共同执行某项事权，或者中央委托地方政府履行中央某些职责，包括配套工程的时候，地方实际上承担了中央的某些支出责任。地方政府在承担过多经济支出责任时，可以通过商谈机制，要求中央给予经济上的补偿。商谈的内容包括地方做的事项哪些是中央政府事权委托项下，哪些是中央与地方共担事项，地方政府的支出超过了其预算等。建立这种商谈机制，有助于中央了解事权的支出情况，对事权履行做绩效跟踪和评估；同时也有利于地方政府在财力不够的情况下，向中央说明转移支付的具体事由，将转移支付的分配方式由人情管理转向事权管理。其中绩效跟踪由审计部门负责，协调由中央直属监察部门负责协调，由人大及其法律机构对中央和地方之间的争议进行法律仲裁。

6.1.3　确立社会契约思维的管理理念

契约精神是一种守信的精神，它要求社会中的每个理性个体受自己诺言的约束，信守约定。这既是古老的道德原则，也是现代法治精神的要求。契约精神源远流长，从亚里士多德提出的交换正义理念到托马斯·阿奎那的有偿契约与无偿契约的划分，再到当代契约理论中的契约正义与诚实信用的原则形成的完整理论体系，契约精神到今天已经作为一种社会政治概念运用于政治制度和社会管理手段中。

社会契约论认为国家与公权力根源于人们缔结的社会契约，人们放弃自然权利，交给一个人或某些人，缔结契约来治理国家，实质上这是有关权力分配与控制的理论。从法定状态的角度，契约精神讲求平等，意味着法律在特殊情况下，以立法形式上的不平等来矫正实质上的不平等，以实现主体之间分配上的公平和实质权利与义务配置的基本相称。如果从国家行政管理的角度出发，中央政府作为理性的个体，在划分了事权与支出责任之后，也需要遵守自己的承诺，履行本层级政府应该履行的责任，而不应该通过各种其他方式转移责任。地方政府同样要遵守自己的承诺，履行地方政府的基本职责，不应该想办法通过各种渠道转嫁职责。

社会契约精神是政府公信力的底线，任何一方没有遵守诺言都会损害其公信力。政府作为公众利益的代理人，通过税收获得其生存运转及提供公共服务的资源。每一级政府有支出的义务和相应的税收权利，同时也承担提供公共品时带来的社会评价。不守信的政府将会影响到其执政的合法性，危害执政的根基。从政治和管理的角度看，政府自身树立契约精神是保证其职责履行到位的首要条件。

6.1.4　权—责—利框架下事权与支出责任相匹配的管理制度

事权与支出责任相匹配的过程是一个动态优化的过程。事权不是一成不变的，会随社会发展而不断变化，相应的支出责任也会发生动态的变化。因此，事权在政府层级间的划分，也是一个动态优化的过程。如同前面章节我们看到环保事权在中央和地方的划分有最佳均衡点，超过这个均衡点，分权越多反而会损害支出效率。这意味着中央和地方的事权管理存在辩证的转换，因此，我们认为重要的不是分清某项事权在中央和地方到底谁占比多少，而是确定中央地方共同合作的最优配合方式。

我们认为以事权为主要线索调整中央和地方的关系，重在提高政府做事的效率和能力。现代政府的管理原则遵循权力、责任、利益相结合和统一的方式。我们将此框架借用到中央和地方的关系调整中，我们认为财政事权、支出责任和绩效考核利益分配是理顺政府间关系的重要制度框架。中央和地方的财政关系从管理学的三个要素构建：根据政府职能确定政府的事权，基于政府事权确定其掌握的财政资源大小（做事所需要的支出），根据对政府支出履行的绩效考评对政府层级给予相应的奖惩，并记录到负责人的绩效考评之中，作为升迁的重要依据。

6.1.5 法制确立中央地方的事权范围和最低支出责任

中央和地方财政关系的稳定需要法律制度和操作细则来保证。《宪法》规定中央和地方关系的原则，但是没有具体的法律规范落实中央的事权和地方的事权范围，因此，我们需要制定法律准则确定中央和地方的权利和义务。

该准则细则应该规约中央和地方的行为。中央要做到以下几点：首先，做到中央自己本级事权不下移到比自己行政层级低的部门执行，其次，中央做到需要与下级部门共同完成的事情，要建立沟通渠道，在协商和商谈的基础上和省级部门进行任务分工分解。最后，中央对自身事权有绩效评价，同时监督地方政府事权执行情况。地方政府（省级地方政府）比照中央的行为规范履行其职责，同时地方有及时将事权执行情况真实迅速地反馈到中央的义务，并且有与中央商谈提出自己建议的权利，地方政府在与中央达成一致后要严格遵循双方的协议执行，没有搞变通的权利。

细则制定包括公共品的提供范围和支出责任确定基准。公共品属于中央应该全部负责的事权，其支出责任应该由中央全部负责；属于地方应该负全责的事权，地方政府承担所有支出责任。对于中央和地方共担事权，其支出责任不容易划分的地方，则遵循多干多补的激励原则，以支出效率为客观依据，对比中央和地方的支出绩效，对绩效高的给予财政补贴，绩效低的扣除事权承担责任。全面建立政府绩效考核的系统，不论中央还是地方，谁承担事权就对谁进行绩效考核，考核评价高的部门分配更多事权和财政资金，考核不合格的采取事权重新上收，不予财政资金支持的方式。也就是说，事权的多少决定财政责任的大小，决定财政资金分配数额。绩效考评的结果决定事权的划分变动情况，事权划分到能够并且确实做好事的政府层级或者部门。

6.2　建立中国特色中期预算体制

"中期"预算旨在站在现在的位置思考未来的方向。在面向未来的预算构建中，具有中期视野有两方面的作用：一是使当前预算具有前瞻性，切合未来政府的战略目标；二是在多年期内对资源配置进行调整，使资源配置达到最优。中期预算与年度预算之间的关系是：年度预算构成中期预算的第一个年度的预算，中期预算有效地指导年度预算编制。中期预算的框架有三个方面的功能：宏观经济计划的功能、战略规划的功能和完善年度预算的功能。它是一个实用工具，旨在把长远的目标和视角纳入预算编制，加强战略决策在资源配置中的作用，实现资源有效配置进而控制财政风险。根据我国国情，中期预算体系建立在战略规划和科学预测的基础上，以强化支出约束为标准进行3—5年期的预算编制。该体系在宏观预测的基础额上确定可利用资源的总量作为规划投入。其具体流程设计如下：

6.2.1　建立中期预算编制新方法

中期预算的预算编制方法有三个要点：一是确定能够满足公共支出

的资源总量；二是按照政府政策优先排序，编制部门支出限额；三是公布部门支出额①。

首先，财政部具有控制部门上限的权利。财政部门以“可用预算资源上限”的形式上报国务院核心部门，由其代为下达预算“上限”至各业务部门。各部门在中期预算“上限”之内自主确定本部门内的预算资源配置，以确保部门项目预算资金规模和发改委审批的项目规模不突破预算“上限”，但财政部仍然保留控制部门上限的权利。之所以要财政部门承担部门预算上限的权利，是因为其他部门更难以从总量控制和宏观角度出发来考虑全局性资金调配问题。

其次，赋予部门一定限额超支的权利。如果由于特殊原因造成部门对预算资金总量超过财政部门年度预算的“上限”，则该部门在中期预算总量预算“上限”内可以申请扩大本部门当年预算上限，但是要报请财政部门核准。该制度设计有助于财政部门动态控制不确定造成的财政支出增长额度变化。

最后，建立经常性预算和资本性（建设性）预算的上限。中期资本性预算以“上限”为突破口，相应的上限对应经常性预算的上限。经常性预算资金一般包括人员公用经费支出预算和耗损采购支出，其变化弹性小，比较容易实现中期预算管理。另一类是资本性预算（建设性预算）的上限，这类预算主要是大型工程的长期资金预算。资本性预算可以在中期预算公布，便于试点期间部分或者全部覆盖项目资金。资本性预算的上限与政府公布的财政约束基准相匹配，并且与宏观经济框架设定的支出限额相一致，必要时才进行微调。中期预算模式有助于激励部门自身建立支出顺序，促进资源从低价值领域转向高价值领域，通过优化资源配置强化核心部门的工作和领导②。

6.2.2 建立中期预算框架下的“自下而上”申请流程

所谓中期预算的“自下而上”的方式，是指部门的支出依据财政

①② 张韬：“中期预算与年度预算联动机制研究”，中央财经大学博士学位论文，2016年5月。

部门的预算限额和指南准备预算申请材料，递交财政部进行审查。部门应该准备的文件包括：

（1）部门支出的申请。

（2）部门政策报告书，主要阐释部门的政策及其预期成果。

（3）绩效指标的说明报告，已经准备的绩效指标说明。

（4）财政战略报告，主要说明打算实施政策目标的计划。

（5）部门资源配置提高的建议，包括成本节约和提高效率的建议。

（6）具体实施方案，包括资源配置提高的具体措施①。

从以上可以看出，中期预算框架下的预算管理为部门预算设定了上限，防止部门支出固化和年度预算造成部门支出不断膨胀的支出需求。中期预算管理的主要作用在于建立支出的上限，控制支出、赤字和债务的总量。而总量控制特别是控制支出能够建立财政纪律，防止公共财政领域出现“公共地悲剧”。

6.2.3　建立中期绩效预算框架下的沟通与协调机制

中期绩效预算能够通过与各部门确立长期财政目标及部门财政目标，保持短期目标与长期目标的一致性。现代组织的管理者意识到如果部属和一线工作人员对他们的组织的目标和任务有较为清晰的了解，将提高下属的执行力，减少信息不充分造成的执行偏差。因此，财政部门在发挥其治国理政基础作用的时候，需要建立一个有效的沟通渠道，作为管理控制系统的重要组成部分。以往的年度预算经过“二上二下”的过程确定以后，没有经过绩效测评的反馈结果修改资金支出的目标。管理者在输出目标之后没有相应的信息渠道监控财政资金的使用情况。中期预算相应建立一套共享的数据库，实现纵向集成（通过计划、预算编制和财政管理周期）和横向集成（会计、预算、现金管理和审计），为宏观经济规划与预测以及预算编制过程中的收支估计和战略性排序提

① 张韬：“中期预算与年度预算联动机制研究”，中央财经大学博士学位论文，2016年5月。

供支持。要做到以下几点：一是要建立标准数据库，挖掘适合系统本身的数据，建立政府财政管理信息系统所需要的标准数据库。二是在财政管理信息系统中引入决策分析管理，建立各个系统的通道，使财政部门及时、准确、翔实地掌握收支数据，提高各部门的协作能力。三是实现异构数据共享与交换，提升财政透明度。财政数据转换后，在关键数据保密的原则下，财政部门可以选取有针对性的内容通过合适的方式发布给合适人群，满足合适人群获得信息的需求。这样可以提高财政信息的综合利用价值，增加普通民众对财政信息的可获得性。

中期预算有助于财政部整合预算权，协调部门利益。我国财政部门长期以来不是预算的核心机构，实质上的预算权分落在各个部门。财政部门预算权的“零碎化”不利于国家资金的监控。长期以来，发改委和财政部在很多职能出现交叉和重叠，比如基础设置建设方面。具体看各部门，国家发展和改革委员会负责分配各部门中央基础设施建设和产业技术研究和开发支出，国管局分配各部门行政办公大楼的维修支出，都具有二次分配权。这种管理体制设计本身就分割了财政部的统一预算权和资金监管权，无形中增加了预算执行的自由裁量权，对预算透明度和预算的问责制度都不利。我们引入中期预算，目的在于建立统一的预算裁量权，建立清晰合理的信息沟通渠道，以便有利于重新定位政府部门的职责，协调政府部门间的关系。

中期预算有助于提供更多预算信息。对发展中国家而言，中期预算可以帮助连接资本预算和经常性预算，提供更多有用的预算信息，这样有助于政府降低公共设施的运营成本和维护成本。实施预算上限的优点在于：帮助政府编制年度预算并且确定政府重点开支更加有力地约束各部门支出需求，能够更有效控制经济衰退时期的非理性支出。另外，由于预算的跨度与国家的规划年限相匹配，更有助于有效率地实现政策的连续性，减少政府领导人的更替对预算和国家宏观政策带来的不确定性。

6.2.4 重新定位财政部的职能及其与其他部门的关系

根据国际经验，财政部门在预算过程中应该起到核心的作用，至少负责以下内容：发布关于中期预算编制的指南和说明，审查所有部委、预算管理者以及预算外资金和机构指定的中期预算提案，提供反馈意见。确保中期预算提案支出、赤字和债务目标与中期预算指南保持一致。制定中期预算最终提案，并附上解释性说明。在预算执行过程中，重新批准预算单位的资金分配。监控各部门遵守预算法的情况，上报每年预算需要变动的情况。

6.2.4.1 财政部门的部门职责

（1）与发改委等制定国家重要战略和发展方向的部门协商制定中期财政目标。

（2）发改委等国家战略部门提供宏观预测及预算资金需求资料作为中期预算的编制基础，财政部进一步核实与确认后提出资金的预算资金上限。

（3）提供编制政府部门经常性预算的技术支持。

（4）发布债务的透明度报告和相关管理条例。

（5）颁布和更新中期（与5年规划保持一致）可用预算支出资金的上限及其变动情况，说明和列举变动的原因。

（6）按照中期预算要求颁布预算指南，组织检查部门预算（中期和年度）执行方案。

（7）追踪部门预算的执行情况，组织绩效评审并及时反馈绩效评价的信息，帮助部门改进预算，追踪部门改进预算执行的情况。

6.2.4.2 发展改革委员会的职责

（1）负责国家战略规划的部门（发改委）协助财政部门提交财政预算目标。

（2）负责全国资本性投资的部门（发改委）帮助政府部门编制部门固定资产投资预算。

（3）预测并颁布5年规划的固定资产投资支出可用财政资金的上限，该上限与财政部颁布总的可用于预算支出资金的上限一致。

（4）按照中期预算编制程序的要求，发改委应该监督、审查部门预算中的固定资产投资预算安排与中期预算要求是否一致。

6.2.4.3 其他部门职能在中期预算框架下的责任

（1）负责安排和配置部门预算资金。

（2）上报部门项目的资金需求总额，预测本部门项目的投入与产出，据此计算需要的资金总额。

（3）本部门预算约束上限硬约束，说明本部门内二级单位的预算上限，部门内项目优先支出的计划。

（4）按照绩效导向的原则编制本部门的预算。

（5）对本部门预算管理和绩效负责①。

6.2.5 建立融合中期预算与绩效评估的管理体系

公共管理部门的集权和分权精妙之处在于找到其结合点，正确处理两者之间的关系对于预算改革的效果非常重要。当前国内财政的运转体系中，中央和地方之间，地方部门之间画地为牢、揽权推责的现象依然存在，导致正常的业务流程之间衔接困难。这要求行政管理的理念上不能仅仅靠层层下压的方式分解事权，而应该确立在资源控制上限的基础上开展资源授权和风险授权，以实现中期预算管理和绩效评估的对接。

中期预算的逻辑起点是确定明确的财政目标，然后建构一个包含优先顺序的富有战略性的框架体系，通过“自上而下”的限额约束给各部门分配可得资源量，使得预算资金申请部门从“需要”资金资源心理诉求转向“可行”资金资源心理诉求。一方面，设计中期预算体系的硬预算约束，提高各部门事实上的权利和自主权，削弱财政部在决定各部门的预算内部组成上的权利，使得资金的需求得以真实反映，减少财政和其他部门在预算资金的配置上的博弈成本。给予部门自由裁量权

① 张韬：“中期预算与年度预算联动机制研究”，中央财经大学博士学位论文，2016年5月。

是财政资本约束“自下而上”的必然要求。中期预算管理要求部委确认所有活动中的真实需求，财政部将所有实质性支出都涵盖在管理框架中，计算出单个部门的财政资金需求量，然后累加各部门资金量，减去由于组合分散效应而重复计算的资金量，将所得资金量与财政资金总量对比。这样就出现了一个“从下到上”体现资金需求，由分到总的过程。另一方面，在资本软约束下，部委和部门都有“规模偏好”和“速度情结”，对业务扩张缺乏必要的理性控制，对资本覆盖的风险认识不足。长久以来的部门惯性分配流程使得部门将每年分配给他们的资源视作一种权利，要推翻这种惯性思维很难，特别是削减部门的支出变成困难的事情。面对日新月异的社会转型，部委必须转变观念，从社会公众的需求出发，建立以国家利益为本，以市场为导向，以公共为中心的配套业务流程，科学地设计财政资金配套。

财政资金的配置问题是中期预算管理体系的三大核心构成之一，而且与绩效评估密切相关。我国现有财政资金分配的方法是“被动”的方式，各部门提出资金的需求，但并没有与绩效、报酬和业务计划结合起来。下一步我们要将财政资金的分配纳入到绩效衡量的“主动”方法之中。财政部门明确每项业务及项目的资金数量，然后根据资金情况考核部门或者业务负责人的绩效。创设业务部门争取财政资金而努力改善财政资金的使用效率的机制，避免部门一味讨要财政资金并且觉得理所当然。

中期预算管理体系中资金的配置和绩效评估是相辅相成的，它们闭合成为一个动态、循环的过程。循环过程从事前计算各项业务的预期绩效开始，到将财政资金配置到绩效比较高的业务部门，进而对各项业务活动的绩效进行活动跟踪并安排事后的绩效考核过程。确定财政资金使用的效率、经济和社会的贡献率，以确定是否增加或减少财政资本金，对财政资源配置做修改。确定增减财政资本金的标准是，将不同业务以及公共产品进行横向业绩比较，对于绩效水平低于平均水平的业务部门减少其财政资本金。而对于绩效水平高于平均水平的业务部门，增加其财政资金的配置。这样可以使财政资金由绩效较差的部门向绩效较好的部门转移，整合资源分配以提高财政资金整体效益。

6.2.6 优化专项转移支付绩效评估体系

《国务院关于深化预算管理制度改革的决定》明确提出规范专项转移支付，建立专项转移支付的评估和退出机制。要提高专项转移支付资金使用效率，可以从以下几个方面着手：一是清理目标不清晰、绩效低的转移支付项目。重新整理专项转移支付项目，整合资金使用方向比较相近、重复性的专项转移支付资金项目，进一步压缩专项转移支付的资金规模。二是改变用行政手段配置专项转移支付的项目资金，采取公开竞争的方式，聘请专家对申报材料论证的科学性进行严格审核，逐渐杜绝专项转移支付的“跑步前进”现象。三是建立专项转移支付的绩效评价和跟踪审计系统，将审计的结果与绩效评价结合起来，帮助改进后续专项转移支付项目的执行。四是专项转移支付申报流程及其相关信息要及时向社会公开，接受社会的监督。项目主管部门与项目负责人签订责任书，明确资金使用过程中其应当承担的责任及惩罚条款，严肃追责的流程和纪律。优化转移支付的绩效评估体系涉及财政资金自申请起的各项环节，我们只有增加专项转移支付资金使用的透明度，把追踪项目审计结果计入考核项目的绩效，并将绩效信息结果运用于改进项目资金的使用上，才能真正提高专项转移支付资金的使用效率。

6.3 建立地方财政风险控制指标体系

我们已经进入了一个充满风险的时代，既有国际环境造成的风险也有国内环境造成的风险。财政风险是公共风险转化成为财政部门责任的产物，财政是公共风险的解压阀和缓冲垫。地方政府基于效率、公平和稳定的职能，承担起化解风险的历史重任。但是财政风险不是财政部门的风险，而是政府运用财政资金，调动人力物力防范和化解公共风险的转化物。财政风险涉及环境保护、社会治理、人口老龄化、经济稳定等社会生活的方方面面，任何运用政府财力去化解的公共风险都会转化为财政支出，进而造成财政收支不平衡的风险。由此，财政的风险管理体系应该具备前瞻性和动态优化的特性。地方政府作为公共风险化解的行政承担者之一，必须建立适合于其财政运行的风险控制体系①。为此，我们从公共风险防范体系建立出发，由宏观向微观建构相应的风险防范和指标监测体系。

6.3.1　地方财政风险防控整体体系构建

6.3.1.1　建立地方财政风险专项应急基金

地方财政风险专项应急基金是为了解决短时间地方政府遭遇的公共危机。地方财政部门预留部分资金，为了预防和处置公共事件，保证突发公共事件发生后及时提供财政政策和资金支持，维护经济社会稳定，保障公民的生命和财政安全。根据突发地方公共事件的影响，地方财政可分别或同时采用财政收入政策、财政支出政策、资金应急拨付等应急保障措施。应急资金的来源按照《预算法》的规定，在当年的预算编制中，按地方预算支出额的1%—3%设置的预备费，优先用于处置当年预算执行中的突发公共事件②。

6.3.1.2　建立地方公共风险分类体系

地方公共风险从时间上可以分为中期风险和长期风险，从发生的来源可以分为内生风险和外生风险。本书将财政风险分为内生性财政风险和外生性财政风险。内生性风险指由于财政体制的不完善性造成资源配

① 中国财政科学研究院宏观经济研究中心课题组："财政风险指数框架研究"，《财政科学》，2016年第4期。

② 思茅市人民政府办公室：《思茅市人民政府办公室关于印发思茅市突发公共事件财政应急保障预案的通知》，2006年6月2日。

置效率低下，或者地方政府行为不当造成债务危机的可能性。外生性风险指由于宏观经济环境和环境资源、人口老龄化以及房地产市场等外在因素的压力，造成其财政收入的锐减和债务支出的激增以及财政赤字增长的风险。

6.3.1.3 建立地方重大风险预警系统

我们按照地方公共风险的严重程度，将其分成Ⅰ级（特别重大）、Ⅱ级（重大）、Ⅲ级（较大）和Ⅳ级（一般），依次用红色、粉色、黄色和绿色表示①。根据每年的经济情况作出预测，根据地方财政风险发生的可能性，导致地方财政风险的因素，并且根据减少风险而相应安排的支出的紧迫性判断风险的等级。根据上述的风险等级纳入中长期风险监控矩阵，便于中期预算的防范风险的优先排序需要②。

6.3.2 建构地方财政风险监控体系

基于前文讨论地方财政风险的三个方面：地方财政风险的资源配置效率风险、地方政府运行风险和地方政府融资风险。根据风险形成的原因和因素，分别置于内控和外控两个风险控制体系。

6.3.2.1 地方财政中长期风险监控矩阵

由于财政资金有限，地方政府在面临各种风险的同时，必须按照风险的重要性和紧迫性进行排序，以此保证财政资金的资源配置达到最优。中期预算是为了防范3—5年的风险而设置的预算机制，在我国推行不顺利，主要原因是地方政府对中长期风险的认识不足。另外，我国的财政风险理论如何与中期预算的风险管控结合，特别是在中期预算滚动编制方式中如何增加防范风险的要素是非常重要的问题。现有的年度预算机制只能应对1—2年的风险，当遇到重大公共风险和重大的经济

①② 中国政府网："国家突发公共事件总体应急预案"，2005年8月，http://www.gov.cn/yjgl/2005-08/31/content_27872.htm。

危机时，缺乏应对长期风险的预算弹性机制和分析框架，不利于我国抗击全球风险财政能力建设。

我们希望建构面向未来风险变化方向的指标监控体系。首先我们将地方政府可能面对的外生性财政风险和内生性财政风险的风险点梳理出来，按照风险持续的时间纳入到风险监控矩阵。外生风险一般是宏观经济变化或者环境变化造成的风险，属于中长期风险。我们估算风险持续的年限，将风险分为超短期（3—6个月）、短期（6—12个月）、中长期风险（12—36个月）（见表6－1）。我们希望各地方预算部门按照风险的重要程度和紧急程度将所有风险点纳入矩阵。以上所列的风险点作为中期预算列支的依据。根据风险变化的具体情况可以在各象限之间移动，以贴近各地方风险重要程度和紧迫程度的实际情况。根据风险的紧迫程度确定财政资金安排的优先秩序，根据风险对经济社会的损害程度确定财政支出占比。

表6－1　　风险控制分类矩阵

		紧急性		
		超短期（6个月以下）	短期（6—12个月）	中长期（12—36个月）
重	Ⅰ级	Ⅰ级超短期风险	Ⅰ级短期风险	Ⅰ级中长期风险
要	Ⅱ级	Ⅱ级超短期风险	Ⅱ级短期风险	Ⅱ级中长期风险
程	Ⅲ级	Ⅲ级超短期风险	Ⅲ级短期风险	Ⅲ级中长期风险
度	Ⅳ级	Ⅳ级超短期风险	Ⅳ级短期风险	Ⅳ级中长期风险

对于第一栏所有超短期（6个月以下）财政风险，我们建立地方公共突发风险基金来应对；对于短期（6—12个月）风险，我们用年度预算管理的方式可以应对。但是对于中长期风险（12—36个月），我们现有的预算机制无法覆盖，更没有机制激励地方官员关心自己任期之外的地方财政风险。为了防止前期已经形成的风险不断向后累积，形成系统性财政风险，我们设计以上矩阵，力图从时间—重要性双维度监控地方

财政风险，为地方编制中期财政预算提供相应的参考依据。

6.3.2.2 地方政府风险监控体系指标设置原则

我们根据前述风险的分类，建立相应的指标体系。指标体系分为定性和定量两种评价标准，确立以下指定指标的原则。

第一，系统性原则。财政风险指标体系能够全面反映内部风险和外部风险两个层面。在两个层面设置主要指标，观察风险点。指标一方面能直接反映财政风险的变化，另外也能间接说明监控的效果。

第二，指标可测性原则。在设计指标时，指标的含义明确，需要的数据可以从经验观察中直接获得，易于收集、计算和掌握。

第三，风险指标与防范的目的相关。财政风险的指标不仅仅是监测风险的严重程度，还要能够反馈降低风险措施之后的结果。同一个目标可以用多个指标衡量，但是指标实现与目标的实现一定是具有重要程度的相关性。

第四，定量指标与定性指标相结合。定性指标确定风险的范围和种类，定量指标便于反映风险大小，两者结合既能够保证准确度，也能确保精确度。

6.3.3 地方财政中长期风险监控指标

我们将风险控制指标分为外部风险和内部风险两种，根据外部风险点和内部风险点包含的内容设置相应的指标（有的指标只能定性不能定量）。

6.3.3.1 外生性财政风险分类

宏观经济环境（包括国内经济增长率、CPI 增长率、地方失业率），宏观政策变化的风险（国内财政政策变化、国内金融政策变化、国内房地产政策变化、“一带一路”政策变化），环境和资源不可持续风险（自然资源和人力资源）等。

1. 宏观经济环境蕴含的风险

（1）国内实际GDP增长率。经济发展状况一方面是决定政府财政收支状况的最主要因素，影响地方政府的借债需求以及偿还能力；另一方面，经济发展的好坏也影响着作为债权人投资者的放贷能力及对政府债务资产的信心，进而从债务人、债权人两个方面影响政府债务安全状况。实际GDP的增长率是经济增长状况的最直接反映，通过分析实际GDP增长率的表现，可以确定经济增长的质量与稳定性。相对于潜在经济增长率，如果实际GDP增长率偏高，则可能产生经济过热现象，导致通货膨胀，不利于经济的长期稳定增长；反之，如果实际GDP增长率偏低，则可能产生经济衰退现象，同样不利于经济的长期稳定增长。

（2）CPI增长率。通货膨胀率是影响经济长期稳定发展和社会稳定的重要因素。温和的通货膨胀率有助于调动生产者的生产积极性，同时工资的提高有助于调动消费者的消费积极性，从而促进整个经济系统的良性循环，推动经济稳定发展。但是如果通货膨胀率过高，会扰乱人们对未来价格变化的稳定预期，进而导致生产者、消费者无法制订稳定的生产计划和消费计划，导致经济发展出现波动，不利于经济的稳定发展。相反，如果通货膨胀率过低，甚至产生通货紧缩，那么将会导致产成品价格下降，同时由于工资刚性不变，将导致企业盈利减少，降低企业生产经济性，进而出现企业减产裁员，影响消费者的消费能力，压缩整个经济体的需求能力，导致经济活动出现进一步的萎缩，不利于经济的稳定发展。CPI增长率是通货膨胀率的有效表现指标，通过对其分析，可准确把握通货膨胀（通货紧缩）走势。

（3）地方失业率。地方政府要保证辖区内的社会稳定，重要的方式是降低失业率，保证人力资源的合理流动和使用。地方失业率降低，就业率提高，有助于地方个人所得税收增收，有助于经济拉动消费并提高消费占GDP的比重。

2. 宏观经济政策变化风险

（1）国内财政政策变化。扩张性、紧缩性和中性财政政策。扩张性财政政策运用财政方式增加总需求，紧缩性财政政策抑制总需求，中性财政政策则既不会出现紧缩也不会产生扩张效应。国内总需求的变化影响到地方经济需求的变化，通过经济结构传导机制影响地方的经济结构和财政收入。

（2）国内金融政策的变化。为实现宏观经济调控目标，中央银行调节货币、利率和汇率水平来影响宏观经济的各种方针和措施的总称，称为金融政策[①]。地方财政的融资受到国内金融政策的制约，当国内货币发行较多的时候，地方政府融资比较顺利，反之，地方政府融资会比较困难。

（3）国内房地产政策的变化。房地产行业是地方经济的支柱产业，中央对房地产行业的政策决定该行业的发展趋势。比如中央近期推出一系列旨在去房地产库存，让住房回归其居住功能的宏观调控政策，对去房地产金融化，减低房地产泡沫化所带来的风险有重要的作用。我们可以用第四章的房地产泡沫衡量指标来测定房地产市场的发展变化，包括以下四个指标：①房价与家庭收入之比。该指标用家庭年均收入的倍数来表示房价的高低。数值越大说明买房程度越难[②]。按照世界银行的标准，一般一个家庭年收入的3—6倍可以购买一套住房。如果房价与家庭收入之比超过该数字，则意味着购房支出会挤压家庭的其他福利。②房地产投资额增长率/GDP增长率。该指标用来判断房地产投资是否处于过热的状态。数字小于1说明房地产市场投资不足；数字大于1表明房地产投资过热[③]。房地产投资额增长率数据来自各城市房地产的投资额计算其增长率，GDP增长率用GDP指数据直接减去100。③房价增长率/GDP增长率。该指标反映房地产市场的变化与经济增长之间的关系。如果房价增长率大于GDP增长率，说明房价已经虚高，房地产市场发展超过国民经济发展水平[④]。如果房价增长率与GDP持平，则表示房地产市场发展与国民经济发展的速度同步。如果房价增长率小于GDP增长速度，说明房地产市场发展仍然存在空间。

---

① 马润平："甘肃省经济转型跨越的金融支持"，《甘肃金融》，2012年第5期。

②③④ 梁城城："房价泡沫定性研究——以我国的八个城市为例"，《湖北工程学院学报》，2017年第5期。

(4)“一带一路”政策。中国推出“丝绸之路经济带”和“21 世纪海上丝绸之路”，旨在构建横跨亚洲、欧洲和非洲的自由贸易区。地方政府及其企业将是“一带一路”建设推进的关键力量。从具体区域合作的角度分析，丝绸之路经济带对接的贸易核心区域是中亚五国，对应中国的西北五省。21 世纪海上之路对接的区域是东盟十国和欧洲经济圈，对应中国东南和西南省份。中国的和平崛起不仅需要更多的能源、资源和市场，更需要发达经济体的技术、经验和资金，也需要在经贸合作的基础上维护政治领域的安全互信。中央为了推进“一带一路”建设推出一系列融资优惠政策，帮助地方政府开拓国际市场，而相关基础设施投资方面的风险也必须由地方政府和相关企业承担。因此，地方政府的风险有国际化的趋势。

3. 自然环境资源可持续风险

面对资源约束趋紧、环境污染严重、生态系统退化的严峻形势①，党中央屡次强调地方政府必须树立尊重自然、顺应自然、保护自然的生态文明理念，走可持续发展道路。为了减少地方政府追求 GDP 造成的生态风险，地方政府应该制定绿色 GDP 产能能耗控制评价体系和地方政府在环境保护支出中的绩效评价指标。绿色产能能耗控制评价指标包括单位 GDP 的能耗、水耗、电耗、建设用地，以及单位规模工业增加值能耗，工业三废排放量占地方 GDP 比重等②。地方政府环境保护支出绩效评价指标包括环境保护费用占地方支出的比重，城市空气质量良好天数达标率、城市绿化覆盖率等正向指标作为地方政府的支出绩效考评标准。

4. 人口资源可持续风险

人口资源的可持续性与养老金的可持续性紧密相关。衡量人口资源可持续性的指标包括人口数量、人口结构和养老金的可持续性三个方面。

(1) 青年劳动力人口数量。青年劳动力人口是一国劳动力提供财

① 马雪辉：“加快生态淄博建设的若干建议”，《北方经贸》，2016 年第 12 期。
② 朱钢华：“稳增长行动”，《新经济导刊》，2012 年第 9 期。

富的重要因素。只有保证劳动力人口数量的稳定，才能保证经济发展所必需的劳动力投入量。但是另一方面，如果青年人口数量过高，其供给超过经济发展所需要的数量，将会产生劳动力剩余。这样，不仅会导致整个社会失业率的上升，增加社会不稳定因素，同时会增加政府公共服务的支出，诱发或者加剧政府财政赤字，不利于地方的稳定。

（2）人口结构：总抚养比。由上文可知，人口总规模是劳动力变化的基本影响要素之一。在此基础上，人口结构是影响劳动力规模的另一重要因素。人口总规模一定的情况下，不同的人口分布结构，会有不同的劳动力人口和非劳动力人口。总抚养比是衡量人口结构的重要指标，其等于人口中非劳动年龄人口数（等于65岁及65岁以上的老年人口数与14岁及以下少年儿童人口数之和）与劳动年龄人口数（15—65岁的成年人口数）之比，说明每100名劳动年龄人口大致要负担多少名非劳动年龄人口。在合适的人口规模和总抚养比下，劳动力数量与经济发展得到合适有效地配比，不仅满足了经济发展对劳动力数量的需要，同时也尽可能地降低了非劳动力人口给社会经济发展带来的负担。

（3）养老金的可持续性：全球养老金指数①。该指数涉及充足性、可持续性和完整性三个方面。养老金充足性指标包括中等收入者替代率、基本养老金水平、老年人口赡养率；养老金可持续性指标包括养老基金资产收益、养老金覆盖面、养老金强制缴款比例、法定和实际退休年龄和地方养老金给付占地方GDP的比例；养老金全面性考察养老金监管和治理的绩效、对参保者的保护及相关法规信息的沟通指标。

6.3.3.2 内生性财政风险分类

本节主要从地方财政治理角度讨论地方财政的可持续性问题。内生性风险的风险点包括：地方财政运行风险、地方政府性债务风险（债务可持续性）、地方政府融资风险（PPP地方融资平台）。地方政府管理风险（制度设计、信息沟通）等。

① 网易："全球养老金指数：中国可持续性远低世界平均"，2013年11月29日，http：//data.163.com/13/1129/05/9EQT2NQ200014MTN.html。

1. 地方财政运行风险

主要表现为财政收入、财政支出以及财政平衡三个方面，我们设置相应的指标计算风险的大小。

（1）地方财政收入指标 = 地方税收收入/全国财政收入。从财政收入的各条途径来看，税收收入相对有着较为显著的稳定性，可以用地方税收收入对全国财政收入的比值，来衡量地方财政收入的稳定性。该比值越大，则说明地方财政收入的稳定性越高，反之，则说明地方财政收入稳定性的欠缺。

（2）地方财政支出指标 = 地方经常性支出/全部地方财政支出。地方财政支出的刚性大小决定了政府自由支配财力的灵活度。地方财政支出中刚性支出占比越高，那么财政支出的刚性特征则越强，财政支出调整的空间也就越小，越不利于政府适时调整财政支出规模，以满足政府债务偿付等其他支出需求，进而降低了政府债务的安全性；反之，财政支出刚性特征越弱，则政府财政支出灵活度就越高，越有利于政府债务的安全。按经济性质分类，财政支出分为经常性支出和资本性支出，其中经常性支出具有较强的刚性特点。因此，可用经常性支出占全部地方财政支出的比重，来衡量财政支出的刚性大小。

地方财政平衡指标包括地方财政平衡度和地方财政赤字率两个指标。地方财政平衡反映地方财政收入与地方财政支出相互作用的结果，关系着地方政府债务的产生和地方政府债务的偿还能力。对于地方财政平衡的度量，有地方财政平衡度和地方财政赤字率两个指标。对于地方财政平衡安全，地方财政赤字率和地方财政平衡度类似于两个必要条件。

（3）地方财政平衡度 = 地方财政收入/地方财政支出。该指标是从财政系统自身的角度来考察收支的偏离状况。当财政收支相等时，该指标为1；当收入大于支出时，该指标大于1；当收入小于支出时，该指标小于1。该指标由于同为正数，可以方便进行财政平衡率变化的比较，且在1附近波动，比较平滑。该指标与财政依存度（财政赤字（结余）/财政支出）存在数学上的等式关系：即财政平衡度 = 财政依存度 +1，即这两个指标的变化趋势是相同的。但是由于财政赤字（结余）依存度存在正负数的原因，不利于其作横向增长率的比较，所以这里选择财政平衡度作为度量财政平衡度变化情况的指标。

（4）地方财政赤字率=地方财政赤字/地方经济总量。该指标是从地方经济的角度来衡量财政收支偏离程度的指标，反映了地方经济对财政赤字的承受情况。由于存在大量预算外财政收支活动，通过《统计年鉴》数据计算出的财政赤字仅能反映地方实际财政赤字的部分情况。为了更加真实地反映全国财政赤字状况，可以根据债务余额是财政赤字累积这一恒等关系，使用审计署公布的全国政府性债务数据倒推历年的财政赤字额，进而计算相应的财政赤字率。

2. 地方政府债务风险

我们考虑以下四个方面因素设置指标：地方债务总偿债压力指标、地方债务当期偿还压力指标、地方债务利息负担。

（1）地方债务总偿还压力指标。总债务压力是指政府未来所要偿还的债务总额带来的压力情况。同样的政府债务余额，对于不同经济主体所产生的影响是不同的，因为不同经济主体所具有的偿还能力是不一样的。为了准确度量债务余额所带来的压力情况，需同经济主体的偿还能力作对比。这里从经济总量和居民储蓄总额两个角度加以衡量：

（2）地方债务当期偿还压力指标。债务偿还指标是指地方政府所面临的债务本息偿还压力状况，与分析债务总规模压力的方法类似，通过地方债务付息额与地方财政收入的对比和债务还本付息额与财政储蓄额的对比，来衡量政府所面临的债务偿还压力。

（3）地方债务利息负担=地方当年付息额/当年地方财政收入。在当前政府债务还本基本通过借新还旧的方式解决的背景下，只有债务利息才计入政府的财政支出。我国自2000年开始，开始将债务利息划入政府财政支出范围，以确保债务利息支出的安全性。为了衡量债务利息支出带来的财政压力，可使用债务利息支出与当年财政收入之比进行衡量。

（4）流动性指标。地方流动性指标=地方财政存款/地方政府债务还本付息额。地方政府能否及时偿还到期的债务本息，与其流动性密切相关。如果地方政府的流动性能够覆盖到期的债务本息，那么就不会发生债务偿还风险；反之，则可能出现债务违约的风险。地方政府财政存款是对其流动性的最好衡量，因此，可以使用地方财政存款/地方债务还本付息额衡量政府即时的债务还本付息能力。

3. 地方财政管理风险

财政具有收入分配、资源配置和经济稳定三大功能。地方财政运行是否合理有效，不仅影响经济的稳定，同时也影响地方政府债务的变化情况。地方财政制度是地方政府财政的行为准则，其合理与否影响政府财政行为表现得好与坏，进而影响经济的发展与政府债务的安全。针对财政制度的考察，主要从以下三个方面加以展开：

（1）财政制度的完备性。该指标主要从财税体制的合理性、财政预算覆盖范围的大小，以及是否具有中长期财政预算计划，是否已经建立地方政府绩效考评机制，是否已经建立地方政府内部信息沟通机制来评价财政制度的合理性。

（2）财政信息透明度。财政预算起草、审核、执行过程的透明度如何，决定了社会监督效果，进而影响了财政制度执行的效果。另外，财政透明度的高低也影响着相关分析研究的顺利展开，影响相关财政风险的发展和防范。中央和地方在履行各自事权责任的情况下，相互的信息沟通渠道建立非常重要，一个好的沟通机制有助于中央政府了解地方的真实情况，更有助于地方政府在中央的监管下完成履行政府职责。

4. 地方融资平台海外融资风险

地方政府融资平台于2015年开始海外发债，在美元、欧元低利率带来的低融资成本的利好下，多家地方政府尝试对海外发债融资。2015年6月北京市基础设施投资有限公司（京投）的海外融资额度已经提升至60亿美元，对其他融资平台起到了带动作用。因此，尽管国内地方融资平台的融资得到一定程度的管控，但是地方融资平台的海外融资活动，特别是城投债应该纳入监管视野。我们设置地方融资平台海外融资资金规模的监测指标，包括海外城投债的资金规模、海外融资的利率变动、汇率变化等风险指标。

5. PPP 融资风险①

我们将 PPP 风险按照运行状态划分为两种：项目全过程和项目阶段性风险。由于 PPP 的模式正在全国推广，并且在“一带一路”政策的支持下，PPP 模式有海外合作的前景，因此，PPP 的风险影响的不仅仅是项目本身的经济损失，可能更多影响财政和金融系统，甚至是国家的经济运行和国际关系，因此，地方政府应该密切关注 PPP 风险的变化和动态。

PPP 全过程风险指在 PPP 项目运行的过程中都可能发生的风险。具体包括：

（1）认知风险。地方政府和项目的发起者对项目合作方式、双方风险的分担方式、政府付费方式、项目具体的操作程序以及双方利益的分割方式等方面的认知风险。

（2）政治风险。政府信用、政府决策和审批时间过长，以及政府可能面临公众反对的压力风险。

（3）法律风险。PPP 适用的法律体系和条款不够成熟和完备，一旦政府和出资方产生纠纷，导致 PPP 项目出现争议无法继续开展下去。

（4）政策风险。在“一带一路”沿线国家进行 PPP 的工程项目，沿线国家内部的政策变化，政权的稳定和社会经济的变化给 PPP 项目带来的不确定性影响。

（5）合同风险。地方政府在与项目发起人签订合同的时候，条款拟定不规范和不严谨容易造成双方权利和责任不对等导致的纠纷。

（6）金融风险。国际金融危机和“一带一路”沿线国家内部金融市场的不稳定会造成 PPP 项目的资金链断裂问题，导致项目的违约和延误。

（7）不可抗力。不可抗力主要指人力无法预见的天灾和人祸。比如 PPP 项目承担者所在国家的自然灾害和社会动乱等。

PPP 项目的阶段性风险，指在项目运作过程中或者运作的某阶段出

---

① 中国政府采购报：“PPP 项目风险类型分析”，2017 年 7 月 10 日，http：//www. ccgp. gov. cn/ppp/llyj/201707/t20170710_8495933. htm。

现的风险。包括以下几种：

(1) PPP 项目建设阶段风险。大型长周期的基础建设项目，可能会与当地文物保护和环境保护发生冲突，或者出现建设技术、工程变更、建设成本超过预算的风险。

(2) 项目运营阶段风险。PPP 项目建成之后，其运营成本由市场化的方式转交给项目发起人，后续运营过程中会出现市场需求变化，运营成本增加、项目收费标准变更以及与其他项目竞争的风险。

(3) 项目移交阶段的风险。主要指 PPP 项目经营期结束后，其所有权在政府和社会资本之间转移的风险。地方政府可能会遇到政府评估 PPP 项目的残值和回购出资数量的问题。该风险可以在 PPP 协议中写明政府回购时对项目建设标准、质量认证、技术要求或者评估检查方面的具体要求，便于地方政府以评估的实际价格出资回购项目资产。

结论：

本书认为地方政府支出责任的确立基于地方政府的职能，同时地方政府的财力依据分税制体制下的事权划分。1994 年分税制财政体制改革没有完成中央和地方事权划分，没有明确地方政府的职责，造成地方政府事权与支出责任的不匹配。没有契约精神和法制理念的财政体制关系调整，历史上表现为中央和地方在财政资源上的博弈，不利于整个国家经济的稳定。现代化的财政体制改革需要中央和地方政府在权—责—利确定的框架下担负起各自的责任，双方合作共同提供公共品。中央和地方分别建立绩效考评机制，中央对地方有绩效考评知情权。中央和地方在审计署的跟踪审计之后，将绩效结果信息公开，接受审计署和其他部门的监督。在中央和地方共担事权的领域，建立互动的内部信息沟通机制，以财政资金使用效率最优为准，寻找中央地方事权分割的最佳点。

从经济学、法学和政治学三方面来看，事权与支出责任的匹配原则是：政府职能是事权划分的前提，政府职能要保证效率、公平与稳定的目标。事权与财力匹配的问题首要解决中央和地方政府如何划分资源配置权限，最优配置资源提供公共品的法定决策过程。资源配置的权利包括中央和地方政府资源的汲取权和配置决策权及资源配置执行权。资源的汲取权与税收安排相关，按照《预算法》以支定收的原则，中央和地方政府的支出责任决定了其政府资源汲取的范围和数量。

我国以往的预算安排没有基于风险防范的考虑，与国际上的中期预算改革潮流不相适应。我国已经进入风险时代，这意味着风险意识应该融入预算的编制过程中。我们应该运用风险严重性—紧急性的矩阵排列风险发生的优先秩序，建立相应的风险预警机制和指标评估机制，以确保财政资源用于环境保护、社会老龄化等公共风险集中爆发的地方。中期绩效预算的基本理念是以未来风险防控为导向的支出安排，世界各国都在摸索适合本国国情的中期预算模式，中国也不能例外。因此，如何在具体操作层面上指导中期预算编制的改革，将风险防范理念纳入预算编制尤为重要。另外，在建构中期预算的同时，结合绩效预算的考核更有助于财政资金的使用效率最优。而本书的风险控制指标不仅有助于地方财政风险的评估，也有助于地方政府在编制预算时作为防范中长期风险的项目预设。

参考文献

[1]（英）阿代尔·特纳著，王胜邦、徐惊蛰译：《债务和魔鬼：货币、信贷和全球金融体系重建》，中信出版社2016年版。

[2]（英）阿尔弗雷德·马歇尔著，王小亮、高金龙编译：《财富、信用与商贸》，人民日报出版社2009年版。

[3] 安体富、朱青：《贯彻落实科学发展观与深化财税体制改革研究》，中国人民大学出版社2014年版。

[4] 巴曙松："地方债务问题应当如何化解"，《西南金融》，2011年第10期。

[5] 白彦锋、张静："国家治理与我国现代财政制度构建"，《河北大学学报（哲学社会科学版）》，2016年第1期。

[6] 蔡昉："'人口红利'与低劳动力成本时代的终结"，《信息化纵横》，2008年第8期。

[7] 财政部基层财政干部培训教材编审委员会：《财政体制与政府预算管理》，经济科学出版社2011年版。

[8] 财政科学院研究所：《财政透明度/国际货币基金组织》，人民出版社2001年版。

[9] 财政科研协作课题组："加快构建事权与支出责任相适应财政体制——基于山东、吉林、焦作、龙岩的分析与思考"，《公共财政研究》，2015年第2期。

[10] 曹春："公共风险与政府社会保障责任"，《财政研究》，2013年第3期。

[11] 陈雨露、郭庆旺：《现中国财政金融制度变迁事件解读》，中

国人民大学出版社 2013 年版。

[12] 陈玉和等:《风险评价》，中国标准出版社 2009 年版。

[13] 成涛林:“新常态背景下地方财政风险及防范——以苏州为例”,《地方财政研究》，2015 年第 11 期。

[14] 丛中笑:“全球金融风暴下财政风险的立法控制”，《吉林大学社会科学学报》，2009 年第 3 期。

[15] 崔艳武、高晓红、汤万金:“公共风险、社会风险与公共部门风险管理——基于国内外文献挖掘的理论思考”，《标准科学》，2013 年第 2 期。

[16] 法兰克 · H. 奈特:《风险、不确定性与利润》，华夏出版社 2011 年版。

[17] 高培勇:《共和国财税 60 年》，人民出版社 2009 年版。

[18] 葛灵志、翁燕珍、刘斌蒋、桂芹、姚春宇:“公路水路领域中央与地方财政事权和支出责任划分改革分析研究”，《财政科学》，2022 年第 5 期。

[19] 龚强、王俊、贾珅:“财政分权视角下的地方政府债务研究:一个综述”,《经济研究》，2011 年第 7 期。

[20] 官永彬:“基于 DEA 模型的我国地方政府环境保护支出效率评价”,《重庆师范大学学报（哲学社会科学版)》，2015 年第 4 期。

[21] 郭玮:“地方财政部门内部控制理论架构与优化设计研究”，东北财政大学学位论文，2016 年 6 月。

[22] 韩文琰:“我国地方政府债务信用 3C 评价系统设计”，《征信》，2016 年第 4 期。

[23] 郝东洋:“基于财政风险控制导向的政府会计改革研究”，《财会通讯》，2011 年第 22 期。

[24] 何杨、满燕云:“地方融资平台债务:规模、风险与治理”，《财政研究》，2012 年第 2 期。

[25] 吉富星:《中国 PPP 模式的案例解析》，中国财政经济出版社 2017 年版。

［26］吉富星：《中国 PPP 模式的理论与政策》，中国财政经济出版社 2017 年版。

［27］吉富星：《中国 PPP 模式的运作实务》，中国财政经济出版社 2017 年版。

［28］贾康、苏京春：《供给侧改革：新供给简明读本》，中信出版社 2016 年版。

［29］贾康：《转轨时代的执着探索：贾康财经文萃》，中国财政经济出版社 2003 年版。

［30］贾康等：《中国住房制度与房地产税改革》，企业管理出版社 2017 年版。

［31］靳继东："政府间事权与财力匹配改革的法治思路"，《税务研究》，2015 年第 7 期。

［32］经济合作发展组织编，财政部科研所译：《比较预算——透视公共支出管理》，人民出版社 2001 年版。

［33］金荣学、宋菲菲、周春英："从分税制视角看地方政府性债务治理"，《税务研究》，2014 年第 1 期。

［34］景宏军："城市化进程中地方财政风险形成与防控"，《地方财政研究》，2015 年第 10 期。

［35］冷永生："中国政府间公共服务职责划分问题研究"，财政部财政科学研究所学位论文，2010 年 12 月。

［36］李淑霞：《财政分权与财政激励》，经济科学出版社 2009 年版。

［37］李婉：《中国财政分权与地方政府财政行为研究》，立信会计出版社 2009 年版。

［38］廖婷："治理视角下的地方政府职能转变研究"，广西大学学位论文，2014 年 5 月。

［39］刘剑文：《中央与地方财政分权法律问题研究》，人民出版社 2009 年版。

［40］刘丽波："基于 DEA 的区域环境治理投资效率分析"，《会计

之友》，2016 年第 1 期。

[41] 刘蓉、黄洪：“我国地方政府债务风险的度量、评估与释放”，《经济理论与经济管理》，2012 年第 1 期。

[42] 刘尚希：“不确定性：财政改革面临的挑战”，《财政研究》，2015 年第 12 期。

[43] 刘尚希：“财政风险：一个分析框架”，《经济研究》，2003 年第 5 期。

[44] 刘尚希：“财政新常态：公共风险与财政风险的权衡”，《光明日报》，2015 年 3 月。

[45] 刘尚希：“财政与国家治理：基于三个维度的认识”，《中国财经报》，2015 年 7 月。

[46] 刘尚希：《公共风险视角下的公共财政》，经济科学出版社 2010 年版。

[47] 刘尚希：“公共风险与财政抉择”，《财贸经济》，1999 年第 10 期。

[48] 刘尚希：“宏观经济、资产负债表与会计计量”，《会计研究》，2016 年第 11 期。

[49] 刘尚希：“化解‘财政三角困局’需向改革要空间”，《中国财政》，2017 年第 3 期。

[50] 刘尚希：“控制公共风险是化解政府性债务风险的源头”，《经济经纬》，2012 年第 2 期。

[51] 刘尚希：《面向“两个一百年”目标的中国财税改革》，经济科学出版社 2015 年版。

[52] 刘尚希：“认识积极财政政策需要破除三个误区”，《中国经贸导刊（理论版）》，2017 年第 23 期。

[53] 刘尚希：“事权履行要解决三大偏好问题”，《财政科学》，2018 年第 1 期。

[54] 刘尚希：《谈财论治》，经济科学出版社 2015 年版。

[55] 刘尚希：“转变传统思路，促进财政金融政策协调发展”，

《清华金融评论》，2017 年第 3 期。

[56] 刘尚希、程瑜等："财政经济运行新常态下的新问题与新思路——基于江西省的调研报告"，《经济研究参考》，2017 年第 1 期。

[57] 刘尚希、程瑜等："当前财政改革运行中的重点问题及政策建议——基于湖南省的调研报告"，《经济研究参考》，2017 年第 1 期。

[58] 刘尚希、程瑜等："关于中部地区财政经济运行的调研报告——基于湖南、江西的调研"，《财政科学》，2017 年第 1 期。

[59] 刘尚希等：《大国财政》，人民出版社 2016 年版。

[60] 刘尚希等："基于治理、资源置视角对政府特许经营和对 PPP 的认识"，《经济研究参考》，2016 年第 15 期。

[61] 刘尚希等："税收负担只占企业综合成本的 6%——来自中国财政科学研究院调研数据的分析"，《新金融评论》，2017 年第 1 期。

[62] 刘尚希、樊轶侠："公共资源产权收益形成与分配机制研究"，《中央财经大学学报》，2015 年第 3 期。

[63] 刘尚希、韩晓明等："对降成本政策的评估分析——基于黑龙江省和内蒙古自治区的调研报告"，《财政科学》，2017 年第 10 期。

[64] 刘尚希、韩晓明等："进一步降低企业税费负担的难点与对策——基于内蒙古、黑龙江的调研报告"，《财政科学》，2017 年第 9 期。

[65] 刘尚希、蒋毅："地方政府债券风险管理——基于区域差异性的分析"，《财政研究》，2021 年第 11 期。

[66] 刘尚希、李成威："大国财政：理念、实力和路径"，《地方财政研究》，2016 年第 1 期。

[67] 刘尚希、李成威："基于公共风险与财政风险的公共服务评估——兼论财政是国家治理的基础和重要支柱"，《铜陵学院学报》，2014 年第 5 期。

[68] 刘尚希、石英华、武靖州："制度主义公共债务管理模式的失灵——基于公共风险视角的反思"，《管理世界》，2017 年第 1 期。

[69] 刘尚希、许航敏、葛小南、孙洁："地方政府投融资平台：

风险控制机制研究”，《经济研究参考》，2011 年第 10 期。

[70] 刘尚希、于国安：《地方政府或有负债：隐匿的财政风险》，中国财政经济出版社 2002 年版。

[71] 楼继伟：《中国政府间财政关系再思考》，中国财政经济出版社 2013 年版。

[72] （美）罗伯特·D. 李、（美）约翰逊、（美）乔伊斯著，荀燕楠译：《公共预算体系（第八版）》，中国财政经济出版社 2011 年版。

[73] 吕炜、许宏伟：“土地财政的经济影响及其后续风险应对”，《经济社会体制比较》，2012 年第 6 期。

[74] 倪红日：“防范地方融资债务财政风险”，《中国报道》，2011 年第 4 期。

[75] 马海涛：“政府间事权与财力、财权划分的研究”，《理论视野》，2009 年第 10 期。

[76] 马静：《财政分权与中国财政体制改革》，上海三联书店 2009 年版。

[77] 马骏、刘亚平：“中国地方政府财政风险研究：‘逆向软预算约束’理论的视角”，《学术研究》，2005 年第 11 期。

[78] 梅冬州、温兴春、王思卿：“房价调控、地方政府债务与宏观经济波动”，《金融研究》，2021 年第 1 期。

[79] （美）莫罗主编，马蔡琛等译：《削减公共债务：财政调控的成功之道与失败之源》，东北财经大学出版社 2013 年版。

[80] 潘孝珍：“中国地方政府环境保护支出的效率分析”，《中国人口·资源与环境》，2013 年第 11 期。

[81] 齐守印等：《构建现代公共财政体系：基本框架、主要任务与实现路径》，中国财政经济出版社 2012 年版。

[82] 乔宝云、刘乐峥主编：《中国政府间财政关系与财政风险分担职能》，中国财政经济出版社 2013 年版。

[83] （美）乔纳森·雷登等：《财政分权与硬预算约束的挑战》，中国财政经济出版社 2009 年版。

[84] 宋海、张红地："关于防范和化解地方政府隐性债务风险研究"，《全球化》，2021 年第 6 期。

[85] 宋立："各级政府事权及支出责任划分存在的问题与深化改革的思路及措施"，《经济与管理研究》，2007 年第 4 期。

[86] 孙立新："基于 BP 神经网络的地方财政风险预警模型研究"，《管理学刊》，2012 年第 6 期。

[87] 孙鹏云："地方政府资产负债表重构思考"，《财会通讯》，2016 年第 16 期。

[88] 孙玉栋、庞伟："我国中央与地方事权与支出责任划分的再思考"，《财政监督》，2017 年第 9 期。

[89] 田志刚：《地方财政风险识别、预警与规避的内控制度研究》，中国财政经济出版社 2013 年版。

[90] 田志刚："地方财政内部控制框架及构建研究"，《中南财经政法大学学报》，2009 年第 2 期。

[91] 田志刚、毛翠英："地方财政风险内控制度的量化管理研究——基于等级全息建模 HHM 框架"，《国家行政学院学报》，2015 年第 6 期。

[92] 王朝才等：《部分国家中期预算制度》，中国财政经济出版社 2016 年版。

[93] 王敬尧：《地方财政与治理能力》，商务印书馆 2010 年版。

[94] 王浦劬："中央与地方事权划分的国别经验及其启示——基于六个国家经验的分析"，《政治学研究》，2016 年第 5 期。

[95] 王庆："地方债券发行的效应分析"，《经济界》，2016 年第 1 期。

[96] 王印红、李萌竹："地方政府生态环境治理注意力研究——基于 30 个省市政府工作报告（2006—2015）文本分析"，《中国人口·资源与环境》，2017 年第 2 期。

[97] 王雍君："'全口径预算'改革探讨"，《中国财政》，2013 年第 3 期。

[98] 王玉波："土地财政区域差异与替代融资机制研究"，《经济

地理》，2015 年第 10 期。

[99] 魏加宁："我国地方政府债务风险化解对策研究"，《新金融评论》，2014 年第 4 期。

[100] 温来成、刘洪芳、彭羽："政府与社会资本合作（PPP）财政风险监管问题研究"，《中央财经大学学报》，2012 年第 12 期。

[101] 文政：《中央与地方事权划分》，中国经济出版社 2008 年版。

[102] 辛波：《政府间财政能力配置问题研究》，中国经济出版社 2005 年版。

[103] 亚洲开发银行编著，财政部财政科学研究所译：《政府支出管理》，人民出版社 2001 年版。

[104] 杨志勇："分税制改革中的中央和地方事权划分研究"，《经济社会体制比较》，2015 年第 2 期。

[105] 杨志勇：《现代财政制度探索：国家治理视角下的中国财税改革》，广东经济出版社 2015 年版。

[106] 杨志勇："中央和地方事权划分思路的转变：历史与比较的视角"，《财政研究》，2016 年第 9 期。

[107] 姚金海："人口老龄化，养老金收支缺口与财政风险的传导与化解——以 A 市为例的一项实证研究"，《管理评论》，2016 年第 4 期。

[108] 于长革：《中国财政分权的演进与创新》，经济科学出版社 2010 年版。

[109] 余文恭：《PPP 模式与结构化融资》，经济日报出版社 2017 年版。

[110] 张道庆："论中央与地方财政关系法律调控机制的建构"，《西南政法大学学报》，2006 年第 4 期。

[111] 张继峰：《PPP 项目融金术：融资结构、模式与工具》，法律出版社 2017 年版。

[112] 张乐才、刘尚希："收入差距影响环境污染的机理——基于

我国省级面板数据的实证分析”，《兰州学刊》，2015 年第 11 期。

［113］张平：“后土地财政时代我国地方政府偿债问题研究”，《当代财经》，2013 年第 1 期。

［114］张志新、徐海清、刘大鹏：“地方政府财政风险的非线性预警研究”，《中国商论》，2016 年第 10 期。

［115］章江益：《财政分权条件下的地方政府负债》，中国财政经济出版社 2009 年版。

［116］赵福昌：“央地财政关系重构的新思路”，《紫光阁》，2016 年第 10 期。

［117］赵福军：《中国 PPP 理论与实践研究》，中国财政经济出版社 2015 年版。

［118］赵全厚：“风险预警、地方政府性债务管理与财政风险监管体系催生”，《改革》，2014 年第 4 期。

［119］赵全厚、王珊珊：“做好应对地方政府债务危机的预案——美国地方政府破产与债务重组的启示与借鉴”，《公共财政研究》，2015 年第 6 期。

［120］赵彦志：《收益、风险与监管：中外合作办学的经济分析》，中国社会科学出版社 2010 年版。

［121］郑毅：“浅议中央与地方纠纷之协商解决模式”，《政法学刊》，2010 年第 2 期。

［122］中国财政科学研究院：《城镇化、债务融资与风险防控》，中国财政经济出版社 2016 年版。

［123］中国财政科学研究院：《建立现代预算制度研究》，中国财政经济出版社 2016 年版。

［124］中国财政科学研究院：《降成本：我们的调查与看法》，中国财政经济出版社 2016 年版。

［125］中国财政科学研究院调研组：“分化趋势与风险双升背景下的政策协调——当前地方财政经济运行情况调研报告”，《财政科学》，2017 年第 1 期。

［126］中国财政科学研究院宏观经济研究中心课题组：“财政风险指数框架研究”，《财政科学》，2016 年第 4 期。

［127］中国农村财经研究会课题组：“中央财政与地方财政支农事权和支出责任划分研究”，《当代农村财经》，2015 年第 3 期。

［128］中华人民共和国财政部编：《中国财政情况（2014—2015）》，经济科学出版社 2015 年版。

［129］中央财经大学财政税务学院编：《2016/2017 中国税收发展报告：全面营改增试点：大变局、大格局》，中国税务出版社 2017 年版。

［130］周昂：“我国地方政府财政反应函数及财政空间分析——基于跨周期调节视角”，《浙江金融》，2022 年第 3 期。

［131］周波：《政府间财力与事权匹配问题研究》，东北财经大学出版社 2009 年版。

［132］周天勇、谷成：“中央与地方事务划分中的四大问题”，《中国党政干部论坛》，2007 年第 11 期。

［133］Acemoglu, Daron and James A. Robinson (2002) “Economic Backwardness In Political Perspective” NBER Working Paper 8831.

［134］Acemoglu, Daron, Simon Johnson, and James A. Robinson (2002), “Reversal of Fortune: Geography and Institutions in the Making of the Modern World Income Distribution.

［135］Aghion, Philippe, Alberto Alesina and Francesco Trebbi (2004), “Endogenous Political Institutions” Quarterly Journal of Economics, volume 119, pp. 527 – 565.

［136］Alesina, Alberto and Dani Rodrik (1994), “Distributive Politics and Economic Growth”, Quarterly Journal of Economics, volume 109, pp. 465 – 490.

［137］Aliona Cebotari, Fiscal Risks – Sources, Disclosure, and Management, International Monetary Fund Working Paper, 2009.

［138］Anastasia Guscina, Impact of Macroeconomic, Political, and Institutional Factors on the Structure of Government Debt in Emerging Market

Countries, IMF Working Paper, 20.

[139] Andrei Timofeev, Fiscal Decentralization and Soft Budget Constraints, Economics Education and Research Consortium Working Paper Series, 2001.

[140] Andrés Rodríguez – Pose, Sylvia A. R. Tijmstra, Fiscal decentralisation, efficiency, and growth, 47th Congress of the European Regional Science Association, 2007.

[141] Arjan Hille Schakel, A Postfunctionalist Theory of Regional Government.

[142] Barro, Robert and Xavier Sala – i – Martin (1992), "Public Finance Models of Economic Growth" Review of Economic Studies, 59, 645 – 661.

[143] Barry R. Weingast, Second Generation Fiscal Federalism: Implications for Decentralized Democratic Governance and Economic Development, Department of Political Science.

[144] Bayar Tumennasan, Fiscal Decentralization and Corruption in the Public Sector, Department of Economics, Andrew Young School of Policy Studies, Georgia State University.

[145] Benhabib, Jess, Aldo Rustichini, and Andres Velasco (2001), "Public Spending and Optimal Taxes without Commitment" Review of Economic Design, 6, 371 – 96.

[146] Brian Dollery, Review Note, Local Government Reform and Local Government Finance, Commonwealth Journal of Local Governance Issue 4: November 2009, http: //epress. lib. uts.

[147] Budapest, International Seminar on Strengthening Public Investment and Managing Fiscal Risks from Public – Private Partnerships, March 7 – 8, 2007.

[148] Carlo Cottarelli and José Viñals, Crisis – Related Measures in the Financial System and Sovereign Balance Sheet Risks, International Mone-

tary Fund Working Paper, July.

[149] Carlo Cottarelli, Fiscal Transparency, Accountability, and Risk, International Monetary Fund Working Paper August 7, 2012.

[150] Charles M. Tiebout, A Pure Theory of Local Expenditures, The Journal of Political Economy, Vol. 64, Issue 5, (Oct. , 1956), pp. 416 – 424.

[151] Christine Cheyne, Empowerment of local government in New Zealand: a new model for contemporary local – central relations?, Commonwealth Journal of Local Governance Issue.

[152] Christine P. W. Wong, Central – Local Relations in an Era OF Fiscal Decline: The Paradox of Fiscal Decentralization in Post – Mao China, China Quaterly, vol. 128, Dec. , 1999.

[153] Christopher M. Lewis and Ashoka Mody, The Management of Contingent Risks, IMF Working Paper, 2011.

[154] Daria Zakharova, Fiscal Coverage in the Countries of theMiddle East and Central Asia: Current Situation and a Way Forward, IMF Working Paper, April 2008.

[155] David E. Wildasin, The Institutions of Federalism: Toward an Analytical Framework, Martin School of Public Policy University of Kentucky, 2004.

[156] Delh, Government Accounting Standards Advisory Board. Indian Government Accounting Standard (IGAS) 1: Guarantees Given by Government: Disclosure Requirements, pp. 142.

[157] Department of Finance Canada, Debt Management Strategy, 2003 – 2004, 2010, www. collectionscanada. gc. ca.

[158] Desmond Uelese Amosa, Local government and good governance: The case of Samoa, Commonwealth Journal of Local Governance, Issue 7: November 2010 http: //epress. lib. uts. e.

[159] Economic Policy and Debt Department (PRMED), Banking and Debt Management Department (TRE – BDM), Debt Managemeng Per-

formance Assessment Tool (DEMPA), Report No. 44267, 20.

[160] Elena Ianchovichina, Lili Liu, and Mohan, Subnational Fiscal Sustainability Analysis Commonwealth Journal of Local Governance Special Issue March 2010.

[161] Eris D. Schoburgh. Modernising local government by fragmentation: Lessons from the Portmore municipal experiment, Jamaica, Commonwealth Journal of Local Governance.

[162] Eva Jenkner and Zhongjin Lu: Sub – National Credit Risk and Sovereign Bailouts—Who Pays the Premium?, IMF Working Paper, January, 2014.

[163] Fabiana Rocha, Paulo Picchetti, Fiscal adjustment in Brazil, RBE R io de Janeiro 57 (1): 239 –252 Jan/Mar 2003.

[164] Fiscal Risk Assessment of Contingent Liabilities Associated with Natural Disasters: The Colombian Experience, World Bank, Working Paper, June 2012.

[165] Gilberto M. Llanto, Dealing with Contingent Liabilitie: The Philippines, June 23 –25, 2005, http: //www. nber. org/books/ito_07 –1.

[166] H. B., Chenery, Patterns of Industrial Growth, American Economic Review, 1960.

[167] Hana Polackova Brixi: Contingent Liabilities in New Member States, World Bank, Working Paper, November 12, 2004.

[168] Haryo Kuncoro, The Indonesia's State Budget Sustainability and Its Implication for Financial System Stability, Romanian Journal of Fiscal Policy Volume 2, Issue 1.

[169] Hills, Roderick, Federalism and Public Choice, Munich Personal RePEc Archive Paper, 2009, mpra. ub. uni – muenchen. de.

[170] International Monetary Fund, Balancing Fiscal Policy Risks, Fiscal Monitor.

[171] International Monetary Fund, “Public Sector Debt Statistics:

Guide for Compilers and Users", Washington, DC: 2011.

[172] International Monetary Fund. Manual on Fiscal Transparency (esp. pp. 47 –48) . Washington, D. C 2007.

[173] International Monetary Fund. Government fnance statistics manual 2014. Washington, D. C. : 2014.

[174] James Alm, Municipal Finance of Urban Infrastructure: Knowns and Unknowns, Tulane Economics Working Paper Series, 2011.

[175] Jamie Boex, Jorge Martinez – V zquez, Andrey Timofeev. Subnational Government Structure and Intergovernmental Fiscal Relations, An Overlooked Dimension of Decentralizati.

[176] John Joseph Wallis, Barry R. Weingast, Dysfunctional or Optimal Institutions?: State Debt Limitations, the Structure of State and Local Governments, and the Finance of American Infrastructure.

[177] Jun Ma, Hidden Fiscal Risks in Local China, Australian Journal of Public Administration, vol. 72, No. 3, pp. 278 –292.

[178] Jun Ma, Modeling Central – local Fiscal Relations in China, China Economy Review, Vol. 6, No. 1, 1995, pp. 105 –136.

[179] Kai A. Konrad and Helmut Seitz: Fiscal Federalism and Risk Sharing in Germany: The Role of Size Differences, Seminar Paper.

[180] Lorenzo Robotti, Structural Reform, Revenue Adequacy And Optimal Tax Assignment In Local Government, Commonwealth Journal of Local Governance Issue 3: May 2009.

[181] Lucy Slack, The Commonwealth Local Government Forum: An Overview, Commonwealth Journal of Local Governance Issue 1: May 2008, http: //epress. lib. uts. edu. au/ojs/index. ph.

[182] Luiz de Mello, Fiscal Decentralisation and Public Investment: TheExperiance of Latin America, OECD Economics Department Working Papers, 2010.

[183] Marcel Rommerts, The Role of EU – Supported Projects in Poli-

cy Transfer in Urban Transport, doctorial paper, Feb, 2012.

[184] Miguel Braun, Mariano Tommasi, Fiscal Rule for Subnational agaovernments: Some Organizing Principles and Latin American Experiences, IMF/World Bank Conference, 2009.

[185] Neda Kassaipour, Mehdi Taghavi and Maryam Ghadimi, The Effect of Fiscal Policy in Terms of Government Spending on Private Consumption in Recessions and Booms in Iran.

[186] Nicholas, Lardy, Centralization and Decentralization in China's Fiscal Managemnet, China Quarterly, vol. 61, (March, 1975), pp. 26 – 65.

[187] Nirvikar Singh, Fiscal Decentralization in China and India: Competitive, Cooperative or Market Preserving Federalism?, MPRA Working Paper Series, 2007.

[188] Nirvikar Singh, Fiscal Federalism and Decentralization in India, UCSC's Economics Department Working Papers, 2007.

[189] Ricardo Velloso, Good Practices in Fiscal Risks Disclosure – International Experience, IMF, Presentation at the High – Level Conference on Fiscal Risks in Paris, October.

[190] Richard M. Bird, Roy Bahl, Subnational Taxes in Developing Countries: The Way Forward, Institute for International Business Working Paper Series, University of Toronto.

[191] Richard, Musgrave, The Theory of Public Finance, New York: McGraw – Hill, 1959.

[192] RichardI M. Bird, Subnational Taxation in Developing Countries: A Review of the Literature, Journal of International Commerce, Economics and Policy, 2011.

[193] Robert C. Asogwa, Charles C. Ezema, Domestic Government Debt Structure, Risk Characteristics and Monetary Policy Conduct: Evidence from Nigeria, Department of Economics.

[194] Roy Bahl, Jorge Martinez – Vazquez, Sequencing Fiscal Decen-

tralization, Annals of Economics and Finance, 2013.

[195] S. S. Kuznets, Economic Growth and Income Inequality, American Ecnomic Review, 1995.

[196] Sanhita Sucharita, Narayan Sethi, Fiscal Discipline in India, Romanian Journal of Fiscal Policy Volume 2, Issue 1, January – June 2011 (2), Pages 1 – 23.

[197] Sarra Ben Slimance, Why Is Fiscal Policy Procyclical in MENA Countries? International Journal of Economics and Finance, Vol. 2, No. 5; November 2010, www. ccsenet. org.

[198] Susan Rhodes, A decade of improvement for local government, Commonwealth Journal of Local Governance Special Issue March 2010, Commonwealth Local Government Conference.

[199] Tarun Das, Contingent Liability Management – A Study on India, http: //www. thecommonwealth. org.

[200] Thushyanthan Baskaran, Decentralization and public debt, University of Heidelberg, 2009.

[201] Thushyanthan Baskaran, Soft Budget Constraints and Strategic Interactions in Subnational Borrowing: Evidence from the German States, 1975 – 2005, University of Gothenbur.

[202] Tomas Jandik, Anil K. Makhija, The Impact of the Structure of Debt on Target Gains, Sam M. Walton College of Business, University of Arkansas; Fisher College of Busine.

[203] Tulia G. Falleti, A Sequential Theory of Decentralization and Its Effects on The Intergovernmental Balance of Power: Latin Amerian Cases in Comparative Perspective, Un.

[204] Validation of the Regional Authority Index, Munich Personal RePEc Archive Paper, 2009.

[205] Wallance E. Oates, Fiscal Decentralization and Economic Development, National Tax Journal, Vol, (June, 1993), pp. 237 – 243.

[206] Yingyi, Qian and Chenggang, Xu, Why China's Ecnomic Reforms Differ: The M – Form Hierarchy and Entry/Expansion of the Non – State Sector, Economics of Transition, Vol. 1.

[207] Yue. Lai, Tianzhu. Cheng, Intergovernmental Allocation of Public Resources, Fiscal Decentralization and Economic Growth, I. J. Information Engineering and Electronic Bu.

后　记

光阴似箭，岁月如梭。进入国家税务总局税收科学研究所之后，我一直在税收领域继续开展研究工作，希望从税收新视角找到地方财政风险研究的突破点。回望我在财科所博士后流动站工作的两年时间里，除了独自完成出站报告外，公开发表各类文章 11 篇。其中南京大学 CSSCI 文章 3 篇，北大核心 2 篇，报纸 2 篇，国内学术会议 1 篇，国际学术会议 2 篇，国内普通期刊 1 篇。特别是在国外基金的支持下到台湾国立大学大学演讲“Framework of China and Europe Green Financing for Sustainable Development”，在塞尔维亚诺维萨德大学主办的 17th International Conference on Industrial Systems（IS'17）会议上发表文章“The Possible Choices of EU - China Cooperation under BRI”，为促进中欧国家的友好合作提供广阔前景，向世界展现中国“一带一路”发展前景下的中国历史观和发展观，获得国际学界的认可。参加了第二届全国中青年税收学术研讨会，并作报告《动态税制改革理论综述》，与税收领域中青年老师实现良好的互动。

这段从未在学校里体验过的人生经历，帮助我逐渐成长。在刘尚希导师的指导下提升了思维的深度，在国外研讨会中开阔了视野，在师兄师姐的指点下逐步拓宽研究的方向，在与其他博士后的日常交流中逐渐形成解决问题的思路和应对的策略。

在税收科学研究所工作期间，在《上海经济研究》《税收经济研究》《财会通讯》《财会月刊》《财政监督》等报刊杂志上陆续发表文章共计 12 篇。《中国税务报》发表文章 5 篇，在 2022 年数字经济税收征文比赛中荣获三等奖。参与国家税务总局重大课题一项，并主持税收科研所课题两项。参与税收科研所多本著作的撰写，负责编辑国家税务总局内部刊物《G20税收动态》和《税收研究资料》，撰写的要参多次上报中办国办。

这些成果的背后离不开默默指导我的刘尚希院长，白景明老师、王朝才老师、赵福昌主任，以及师姐韩凤芹、樊轶侠、孙静、崔慧玉、王子林、贾英姿等，师兄赵福军、吉富昌、李正旺、钟玮、余波等，同学陈龙、夏楸、贾建宇、潘旭亮、吴园林、娄飞鹏、张行，师弟师妹孙亚、伍丽菊、朱小玉、张峰、周晓亚、万晓萌、于智媛的帮助。在此表示深深的感谢！

同时要感谢国家税务总局税收科学研究科研所的各位领导和同事。感谢他们不厌其烦指出我的不足，帮我改正并不断完善自我；帮我在北京解决实际生活的困难，逐渐在北京扎根成长。感谢在税务系统工作的同门师兄、师姐，在我迷茫之际，帮我答疑解惑并指出前进的方向。

最后，感谢养育我多年的父母，与我共渡生活难关的丈夫，我的哥哥和嫂子以及嫂子的妹妹及其父母，祝福他们身体健康，万事如意。